Prüfungstraining für Bankkaufleute

Wolfgang Grundmann · Marion Leuenroth · Rudolf Rathner

Abschlussprüfung Teil II

Vermögen aufbauen und Risiken absichern, Finanzierungsvorhaben begleiten, Wirtschafts- und Sozialkunde

4. Auflage

Springer Gabler

Wolfgang Grundmann
Norderstedt, Deutschland

Marion Leuenroth
Göttingen, Deutschland

Rudolf Rathner
Hamminkeln, Deutschland

ISSN 2627-8588 ISSN 2627-8596 (electronic)
Prüfungstraining für Bankkaufleute
ISBN 978-3-658-48143-8 ISBN 978-3-658-48144-5 (eBook)
https://doi.org/10.1007/978-3-658-48144-5

Die Deutsche Nationalbibliothek verzeichnet diese Publikation in der Deutschen Nationalbibliografie; detaillierte bibliografische Daten sind im Internet über https://portal.dnb.de abrufbar.

Planung/Lektorat: Guido Notthoff
Springer Gabler ist ein Imprint der eingetragenen Gesellschaft Springer Fachmedien Wiesbaden GmbH und ist ein Teil von Springer Nature.
Die Anschrift der Gesellschaft ist: Abraham-Lincoln-Str. 46, 65189 Wiesbaden, Germany

Vorwort

Liebe Bankauszubildende, liebe Leserinnen und Leser,

seit der Neugestaltung des Berufsbildes Bankkaufmann/Bankkauffrau und der neuen Ausbildungsordnung besteht Ihre Abschlussprüfung in Zukunft aus einem Teil I, einem Teil II und einer mündlichen Prüfung, die „Kunden beraten“ genannt wird.

Die schriftliche Abschlussprüfung wird in den beiden Teilen I und II in Form von offenen Aufgaben und Multiple-Choice-Aufgaben durchgeführt. Die Lehrkräfte müssen die offenen Aufgaben korrigieren, während die programmierten Aufgaben automatisiert bei der Industrie- und Handelskammer ausgewertet werden.

Für angehende Bankkaufleute ist es eine besondere Herausforderung, ihr handlungsorientiertes Wissen in einer fallorientierten, gebundenen Form unter Beweis zu stellen. Eine sorgfältige Vorbereitung – inhaltlich aber auch „taktisch“ – auf diese Art von Abschlussprüfung ist eine wichtige Voraussetzung dafür, auch unter diesen Bedingungen eine den praktischen Fertigkeiten und Kenntnissen entsprechende Note zu erlangen. Vor allem für Auszubildende, die eine „sehr gute“ Note in der Prüfung erreichen möchten, ist es wichtig, sich rechtzeitig vorher auf die offenen und programmierten Aufgaben vorzubereiten.

Die Abschlussprüfung für Bankkaufleute gliedert sich in drei Teile, Teil I und Teil II sowie dem mündlichen Teil „Kunden beraten“ und findet zu verschiedenen Zeitpunkten ihrer Ausbildung statt. Die Abschlussprüfung Teil I findet nach Ihrem ersten Ausbildungsjahr statt. Die Abschlussprüfung Teil II und der Teil „Kunden beraten“ werden am Ende Ihrer Ausbildung durchgeführt.

Der Prüfungsteil I der Abschlussprüfung besteht aus folgenden Prüfungsinhalten:

Konten führen und Anschaffungen finanzieren

01 Liquidität sicherstellen

02 Vermögen bilden mit Sparformen

03 Konsumentenkredite anbieten und Abschlüsse vorbereiten

Die Abschlussprüfung Teil I geht mit 20 % in das Prüfungsendergebnis ein.

Die **Abschlussprüfung Teil II** enthält folgende Bereiche bzw. Inhalte und geht mit 50 % in das Prüfungsendergebnis ein:

„Vermögen aufbauen und Risiken absichern“ wird mit 20 %,

„Finanzierungsvorhaben begleiten“ wird mit 20 %,

„Wirtschafts- und Sozialkunde“ wird mit 10 % bewertet.

Der abschließende mündliche Teil der Prüfung „Kunden beraten“ geht mit 30 % in das Prüfungsendergebnis ein.

Damit Sie bei den Themen, die Sie im zweiten Abschnitt Ihrer Ausbildung lernen, am Ball bleiben, haben wir mit diesem Buch für die Vorbereitung auf die gestreckte Abschlussprüfung Teil II die prüfungsrelevanten Inhalte in fünf Prüfungssätzen zusammengestellt.

Die einzelnen Prüfungssätze enthalten im Teil 1 „Vermögen aufbauen und Risiken absichern" unterschiedliche Fälle aus dem Effektengeschäft, der Altersvorsorge und dem Controlling sowie im Teil 2 „Finanzierungsvorhaben begleiten" Fälle zu den Themen Firmenkredite, Baufinanzierungsvorhaben und Controlling. Für beide Teile haben Sie jeweils 90 Minuten Bearbeitungszeit. Der Teil 3 „Wirtschafts- und Sozialkunde" enthält ausschließlich programmierte Aufgaben und muss innerhalb von 60 Minuten bearbeitet sein.

Grundlage für die inhaltliche Zusammenstellung der fünf Prüfungssätze war die Inhaltsvorgabe aus der neuen Ausbildungsordnung: „Vermögen aufbauen und Risiken absichern" und „Finanzierungsvorhaben begleiten".

Die einzelnen Fälle im Teil 1 und Teil 2 eines Prüfungssatzes enthalten sowohl offene Aufgaben wie auch programmierte Aufgaben. Jede Aufgabe wurde mit einer Punktzahl bewertet, die Sie für die Beantwortung der Aufgabe maximal erreichen können. Die programmierten Aufgaben im Teil 3 „Wirtschafts- und Sozialkunde" werden alle gleich bewertet. Mit der Beantwortung der Aufgaben in einem Prüfungssatz können Sie im Teil 1, Teil 2 und Teil 3 jeweils maximal 100 Punkte erreichen.

Mit diesem Prüfungsbuch können Sie sich also optimal auf Ihre kommende Abschlussprüfung Teil II vorbereiten.

Die 4. Auflage wurde überarbeitet und auf den aktuellen Stand gebracht. Hauptversammlungen der Aktiengesellschaften können nach einer Satzungsänderung virtuell abgehalten werden. Das Wahlalter im Betriebsverfassungsgesetz (BetrVG) ist für Arbeitnehmer auf 16 Jahre gesenkt worden. Die Beitragssätze und Beitragsbemessungsgrenzen sowie die Arbeitsentgeltgrenze wurden in den Aufgaben auf den Stand 2025 gebracht.

Fragen zu den Aufgaben und kommentierten Lösungen beantworten Ihnen die Autoren gern unter den unten angegebenen E-Mail-Adressen. Trotz größtmöglicher Sorgfalt können wir Fehler nicht ausschließen. Für Hinweise darauf sowie Anregungen und Tipps sind wir sehr dankbar.

Autoren und Verlag wünschen viel Erfolg beim Bearbeiten der Aufgaben und viel Power für die Prüfung.

Hamburg, Göttingen und Bocholt, im April 2025

Wolfgang Grundmann Marion Leuenroth Rudolf Rathner
wolfgang@grundmann-norderstedt.de marion.leuenroth@posteo.de r@thner.de

Inhaltsverzeichnis

	Aufgaben	Lösungen
Prüfungssatz I		
1 Vermögen aufbauen und Risiken absichern	3	175
2 Finanzierungsvorhaben begleiten	13	181
3 Wirtschafts- und Sozialkunde	23	187
Prüfungssatz II		
1 Vermögen aufbauen und Risiken absichern	37	193
2 Finanzierungsvorhaben begleiten	47	201
3 Wirtschafts- und Sozialkunde	53	205
Prüfungssatz III		
1 Vermögen aufbauen und Risiken absichern	67	209
2 Finanzierungsvorhaben begleiten	75	215
3 Wirtschafts- und Sozialkunde	83	221
Prüfungssatz IV		
1 Vermögen aufbauen und Risiken absichern	97	229
2 Finanzierungsvorhaben begleiten	107	235
3 Wirtschafts- und Sozialkunde	117	243
Prüfungssatz V		
1 Vermögen aufbauen und Risiken absichern	131	249
2 Finanzierungsvorhaben begleiten	141	261
3 Wirtschafts- und Sozialkunde	149	267
Info-Pool		
Formelsammlung		163
Aktuelle Eurobeträge, Freigrenzen und Freibeträge		169

PRÜFUNGSSATZ I

W. Grundmann et al., *Abschlussprüfung Teil II*, Prüfungstraining für Bankkaufleute,
https://doi.org/10.1007/978-3-658-48144-5_1

1 Vermögen aufbauen und Risiken absichern

Bearbeitungszeit: 90 Minuten, 100 Punkte

Lösungen ab Seite 175

1. Fall: Geldanlage, Kapitalerhöhung
(42,5 Punkte, ca. 38 Minuten Bearbeitungszeit)

Situation

Sie sind Kundenberater/in der Nordbank AG. Sie haben mit Ihrer Kundin Annika Schmalfuß, 55 Jahre alt, konfessionslos, für heute einen Gesprächstermin im Zusammenhang mit ihrem Depot vereinbart. Zur Vorbereitung auf dieses Gespräch haben Sie die folgenden Daten zum Depot von Frau Schmalfuß abgerufen.

Depot von Frau Schmalfuß

Depotwert	Stückzahl
Pharma AG-Aktie	142
Airline AG-Inhaberaktien	290
Nordbank AG-Aktien	50

Frau Schmalfuß teilt Ihnen mit, dass die Hauptversammlung der Airline AG im Mai an ihre Altaktionäre Berichtigungsaktien emittieren möchte. Frau Schmalfuß ist der Begriff „Berichtigungsaktie" nicht geläufig. Wie informieren Sie Frau Schmalfuß über die Ausgabe von Berichtigungsaktien richtig?

Aufgabe 1.1 (2,5 Punkte)

A Die Hauptversammlung kann eine Erhöhung des Grundkapitals durch Umwandlung von Kapital- und Gewinnrücklagen in Grundkapital beschließen.

B Mit der Eintragung des Beschlusses über die Erhöhung des Grundkapitals in das Handelsregister ist das Grundkapital erhöht.

C Die neuen Aktien (Berichtigungsaktien) gelten als nicht voll eingezahlt und sind daher noch nicht dividendenberechtigt.

D Die Ausgabe von Berichtigungsaktien kann nicht bei vinkulierten Namensaktien genutzt werden, da die Eigentumsübertragung an diesen Aktien von der Zustimmung der jeweiligen Aktiengesellschaft abhängig ist.

E Die Ausgabe von Berichtigungsaktien erleichtert den Handel mit Aktien, da die Rechte aus diesen Wertpapieren auch ohne Übergabe der Urkunden übertragen werden können.

F Das vorhandene Eigenkapital wird auf eine größere Anzahl von Aktien verteilt. Mit dem Stichtag für die Ausgabe der Berichtigungsaktien werden die alten Aktien „ex Bezugsrecht " (ex B) gehandelt.

☐ ☐

Aufgabe 1.2 (2 Punkte)

Von der Pharma AG hat Frau Schmalfuß das nachstehende Schreiben erhalten, das sie Ihnen heute vorlegt:

Schreiben der Pharma AG Auszug …

> Pharma AG Bezugsangebot
>
> Aufgrund der Ermächtigung in § 5 Abs. 3 der Satzung unserer Gesellschaft und Beschluss der Hauptversammlung vom 21. Juni hat der Vorstand mit Zustimmung des Aufsichtsrats der Gesellschaft beschlossen, das Grundkapital durch Ausgabe von Stück 10.000.000 auf den Namen lautender Aktien im Nennwert von 1,00 EUR auf 40.000.000 EUR zu erhöhen.
>
> Der Preis der neuen Aktien beträgt 15,75 EUR. Die neuen Aktien sind zu 2/3 am Gewinn des laufenden Geschäftsjahres (Geschäftsjahr = Kalenderjahr) beteiligt.
>
> Der Bezugsrechtshandel findet in der Zeit vom 08. August bis 22. August statt.

Frau Schmalfuß teilt Ihnen mit, dass Sie gehört habe, dass die Ausgabe neuer Aktien zu einem Emissionspreis unter dem aktuellen Aktienkurs und damit auch zu einem sinkenden Aktienkurs führt. Erklären Sie der Depotkundin diesen Sachverhalt!

Aufgabe 1.3 (3 Punkte)

Frau Schmalfuß überlegt, nicht an der Kapitalerhöhung teilzunehmen und möchte von Ihnen über mögliche Konsequenzen informiert werden. Erläutern Sie Frau Schmalfuß drei Auswirkungen für sie als Aktionärin, wenn sie nicht an der Kapitalerhöhung teilnimmt.

Nach Ihren Ausführungen zur Bedeutung der Hauptversammlung für Aktionäre einer AG möchte Frau Schmalfuß doch an der Kapitalerhöhung teilnehmen. Sie bittet um Informationen, welche Folgen dies für sie als Aktionärin hat. Die Pharma AG-Aktie notiert heute an der Börse zum Kurs von 24,95 EUR. Für das laufende Geschäftsjahr wird eine Dividende von 0,60 EUR erwartet. Nehmen Sie an, dass der Preis des Bezugsrechts seinem rechnerischen Wert entspricht.

Aufgabe 1.4 (4 Punkte)

Berechnen Sie für Frau Schmalfuß die Anzahl neuer Aktien, die sie aufgrund ihres Depotbestands maximal beziehen kann. Geben Sie den Rechenweg an!

Aufgabe 1.5 (5 Punkte)

Beschreiben Sie Frau Schmalfuß zwei Handlungsalternativen im Zusammenhang mit dem ihr aufgrund ihres Ergebnisses zu 1.5 verbleibenden Bestands an Bezugsrechten und die sich daraus jeweils ergebende Auswirkung auf ihren Depotbestand an Pharma AG-Aktien. Geben Sie den Rechenweg an!

Aufgabe 1.6 (4 Punkte)

Berechnen Sie den rechnerischen Wert des Bezugsrechts. Geben Sie den Rechenweg an!

Aufgabe 1.7 (4 Punkte)

Frau Schmalfuß möchte die ihr aufgrund ihrer Bezugsrechte zustehende maximale Anzahl an Pharma AG-Aktien beziehen. Berechnen Sie die Beträge, über die die beiden Abrechnungen lauten, die in diesem Zusammenhang für die Kundin erstellt werden. Entgelte bleiben unberücksichtigt. Geben Sie den Rechenweg an!

Aufgabe 1.8 (2,5 Punkte)

Die Nordbank AG informiert Frau Schmalfuß über die Kapitalerhöhung und bittet um Weisung, ob sie Bezugsrechte verkaufen oder hinzukaufen möchte und ggf. wie viele neue Aktien sie beziehen will.

Frau Schmalfuß möchte aus dem Verkauf der nicht benötigten Bezugsrechte mindestens deren rechnerischen Wert erzielen. Im Zusammenhang mit diesem Verkaufsauftrag fragt Frau Schmalfuß Sie nach den unterschiedlichen Möglichkeiten der Ordererteilung. Mit welcher Aussage informieren Sie Frau Schmalfuß richtig?

A Bei einer Stop-Loss-Order wird der Auftrag „bestens" ausgeführt, sobald die gesetzte Stop-Marke erreicht oder überschritten wird.

B Bei einem limitierten Verkaufsauftrag besteht das Risiko, dass die Order zu einem niedrigeren Kurs als das gesetzte Limit ausgeführt wird.

C Künftige Unternehmensnachrichten der Pharma AG haben keine Auswirkung auf die Gültigkeit des limitierten Verkaufsauftrags, wenn Frau Schmalfuß diese Unternehmensereignisse beim Setzen des Limits berücksichtigt.

D Die getrennte Notierung des Bezugsrechts auf neue Aktien der Pharma AG hat keine Auswirkung auf die Gültigkeit eines limitierten Verkaufsauftrags, da der Kursabschlag proportional bei allen vorliegenden Aufträgen berücksichtigt wird.

E Erteilt Frau Schmalfuß der Nordbank AG weder einen limitierten noch einen unlimitierten Verkaufsauftrag, wird der Auftrag am letzten Börsentag an der Börse „bestens" ausgeführt.

☐

Aufgabe 1.9 (4 Punkte)

Der Vorstand der United Internet AG beabsichtigt in seiner diesjährigen Hauptversammlung, ein Aktienrückkaufprogramm zu beschließen. Frau Schmalfuß hatte diese Information aus dem Wirtschaftsteil ihrer Tageszeitung, entnommen. Da sie diesen Begriff nicht kennt, möchte Sie von Ihnen als Kundenberater/in wissen, was ein Aktienrückkaufprogramm ist und welche Bedeutung dieser Sachverhalt für Aktionäre hat. Erklären Sie Frau Schmalfuß den Sachverhalt und seine Bedeutung an drei Aspekten für Aktionäre der betreffenden AG.

Aufgabe 1.10 (2,5 Punkte)

Im weiteren Verlauf des Beratungsgesprächs erwähnen Sie das Börsensegment „Amtlicher Markt“, in dem die Aktien von Frau Schmalfuß gelistet sind. Da Frau Schmalfuß der Begriff „Börsensegment“ nicht bekannt ist, bittet sie Sie um nähere Informationen zu dem Börsensegmente. Welche Information zu den Börsensegmenten der Deutsche Börse AG ist richtig?

A Die Börsensegmente unterscheiden sich durch die Zulassungsvoraussetzungen der im jeweiligen Segment gehandelten Wertpapiere.

B Die Börsensegmente sowie die im jeweiligen Segment gehandelten Wertpapiere sind im Aktiengesetz geregelt.

C Die Einhaltung der Regelwerke eines Börsensegments wird von den Börsenmaklern überwacht.

D Die Bundesanstalt für Finanzdienstleistungsaufsicht (BaFin) entscheidet über die Zulassung eines Wertpapiers zu einem bestimmten Börsensegment.

E Die für Emittenten geltenden Publizitätspflichten sind bei den Börsensegmenten gleich.

☐

Aufgabe 1.11 (2,5 Punkte)

in Rahmen des Beratungsgesprächs informieren Sie Frau Schmalfuß auch über den Deutschen Aktienindex (DAX).

Wie informieren Sie Frau Schmalfuß richtig?

A Der DAX misst die Wertentwicklung der 50 größten Unternehmen des Präsenzhandels des deutschen Aktienmarkts.

B Der DAX wird als Performance-Index berechnet und veröffentlicht und enthält 40 Aktienwerte.

C Die Werte im DAX werden nach den Bilanzsummen der Unternehmen gewichtet.

D Der DAX wird einmal täglich nach Abschluss des Börsenhandels berechnet und veröffentlicht.

E Die Gewichtung der DAX-Werte wird monatlich neu berechnet.

☐

Aufgabe 1.12 (4 Punkte)

Die Nordbank AG plant die Schaffung eines genehmigten Kapitals zur Finanzierung eines neuen Verwaltungsgebäudes. Die Investition soll auch in einem Tagesordnungspunkt der nächsten Hauptversammlung der Nordbank AG angesprochen und diskutiert werden. Frau Schmalfuß besitzt Stammaktien der Nordbank AG. Frau Schmalfuß möchte über diese Kapitalerhöhung und die Auswirkungen auf ihren Aktienbestand informiert werden. Nennen Sie der Kundin zwei Auswirkungen auf ihren Aktienbestand.

Aufgabe 1.13 (2,5 Punkte)

In der kommenden Woche findet auch die Hauptversammlung der Nordbank AG statt, an der Frau Schmalfuß mit 50 Aktien beteiligt ist. Frau Schmalfuß möchte nicht selbst an der Hauptversammlung der Nordbank AG teilnehmen und fragt Sie, ob die Nordbank AG ihre erteilte Stimmrechtsvollmacht auch für die eigene Hauptversammlung ausüben kann. nach. Mit welcher Aussage informieren Sie Frau Schmalfuß über die Erteilung einer Stimmrechtsvollmacht für die eigene Hauptversammlung der Nordbank AG richtig?

A Da es sich um die Hauptversammlung der depotführenden Bank handelt, darf die Nordbank AG die erteilte Stimmrechtsvollmacht nicht ausüben.

B Die Erteilung einer Stimmrechtsvollmacht ist immer auf ein Jahr befristet. Danach muss Frau Schmalfuß die Vollmacht neu erteilen.

C Um Dritten keine Möglichkeit der Einflussnahme auf die Nordbank AG zu geben, ist die Vollmachterteilung an Aktionärsvereinigungen gemäß Aktiengesetz ausgeschlossen. Frau Schmalfuß muss stattdessen ein anderes Kreditinstitut bevollmächtigen.

D Wenn Frau Schmalfuß der Nordbank AG die Stimmrechtsvollmacht erteilt, muss sie ausdrückliche Weisungen erteilen, wie die Nordbank AG für sie abzustimmen hat.

E Erhält ein anderes Kreditinstitut die Stimmrechtsvollmacht von Frau Schmalfuß, so darf sich dieses Kreditinstitut von seinen eigenen Interessen bei der Ausübung des Stimmrechts leiten lassen.

☐

Fall 2: Aktienanleihe
(33,5 Punkte, ca. 30 Minuten Bearbeitungszeit)

Situation
Sie sind Kundenberater/-in der Nordbank AG. Ihr Kunde Uwe Metzner hat mit Ihnen für heute einen Gesprächstermin vereinbart, da er einen Geldbetrag von 10.000,00 EUR anlegen möchte, den er aufgrund einer Erbschaft erhalten hat. Zur Vorbereitung auf das Beratungsgespräch haben Sie sich die nachstehende Übersicht über das Depot des Kunden ausgedruckt. Die Depotwerte hat der Kunde von seiner kürzlich verstorbenen Patentante geschenkt bekommen.

Depotwerte	Stück bzw. Nennwert	aktueller Kurs in EUR bzw. Prozent
Konsum AG-Aktie	150 Stück	20,37 EUR
Mode AG-Aktie	280 Stück	15,80 EUR
3,5 % Hypothekenbank AG-Pfandbrief von 2018 Zinstermin 1.8. gzj. Fälligkeit 1.8.2028	nom. 5.000,00 EUR	103,28 %
2,6 % Landwirtschaftsbank AG-Anleihe von 2021	nom. 7.500,00 EUR	100,40%

Aufgabe 2.1 (2,5 Punkte)
Zu Beginn des Beratungsgesprächs möchte Herr Metzner von Ihnen wissen, warum ihm jährlich ein Depotentgelt in Rechnung gestellt wird. Welche Leistungen werden Herrn Metzner von der Depotführung der Nordbank AG nicht erbracht.

A Einlösung von Zins-, Gewinnanteilsschein- und Ertragsscheinen

B Erstellung einer Jahressteuerbescheinigung

C Wahrnehmung des Stimmrechts an Hauptversammlungen von AG durch Bankmitarbeiter, an denen Herr Metzner nicht teilnehmen kann.

D Benachrichtigung über die Einräumung von Bezugsrechten

E Überwachung von Auslosungen und Kündigungen von Schuldverschreibungen

F Erstellung von monatlichen Depotauszügen

☐ ☐

Aufgabe 2.2 (2 Punkte)
Im Verlauf des Beratungsgesprächs erfahren Sie, dass Herr Metzner 5.000,00 EUR in Aktien der Internet AG anlegen möchte. Sie füllen mit dem Kunden gemeinsam den Kaufauftrag aus. Der Abrechnungsbetrag soll dem in Ihrem Haus geführten Kontokorrentkonto belastet werden. Nennen Sie Herrn Metzner außer der Bestimmung eines Kurslimits zwei weitere Weisungen, die der Kunde im Rahmen des Kaufauftrags erteilen kann!

Aufgabe 2.3 (2,5 Punkte)

Im Zusammenhang mit dem Kaufauftrag fragt Herr Metzner Sie noch nach der gesetzlichen Regelung zur Kapitalertragsbesteuerung bei Dividendenausschüttungen.

Welche Information zur Besteuerung von Kapitalerträgen trifft nicht zu?

A Die Kapitalertragsbesteuerung bei Zinsen und Dividenden ist unterschiedlich hoch.

B Der Abgeltungssteuersatz bei Zinsen und Dividenden beträgt 25 Prozent.

C Kapitalerträge werden grundsätzlich unabhängig von ihrer Art besteuert.

D Die persönliche Steuerschuld ist mit der Abgeltungssteuer und dem Solidaritätszuschlag abgegolten, selbst bei einem höheren Einkommensteuersatz des Kapitalanlegers.

E Die Kapitalerträge werden bei ihrem Zufluss besteuert.

☐

Aufgabe 2.4 (2,5 Punkte)

Im Zusammenhang mit der Anlage des restlichen Anlagebetrages teilt Ihnen Herr Metzner mit, dass er im Internet von einer Aktienanleihe als attraktive Anlageform gelesen habe.

Er möchte nun 5.000,00 EUR in Aktienanleihen anlegen. Herr Metzner möchte sich zunächst über diese Anlageform informieren. Sie erklären Herrn Metzner die Aktienanleihe anhand der 6 %ige Commerzbank-Aktienanleihe, Nennwert 5.000,00 EUR je Stück, Laufzeit ein Jahr, Rückzahlung wahlweise zum Nennwert oder Andienung von Adidas-Aktien, Strike 89,40 EUR vor. Welche Aussagen zu dieser Anlageform treffen zu?

A Die Aktienanleihe ist börsenfähig und damit eine liquide Anlageform. Beim Verkauf dieser Anlage werden die aufgelaufenen Zinsen dem Käufer der Anlage gutgeschrieben.

B Die Rückzahlung dieser Schuldverschreibung erfolgt entweder zum Nennwert, falls der Schlusskurs der Basisaktie am Bewertungstag mindestens den festgesetzten Kurs erzielt, oder durch Lieferung einer bestimmten Zahl von Adidas-Aktien, falls der Schlusskurs unter dem festgesetzten Kurs liegt.

C Bei einem Kurs der Adidas-Aktie am Bewertungsstichtag von z. B. 79,90 EUR erhält Herr Metzner von der Commerzbank AG die Rückzahlung der Schuldverschreibung zum Nennwert zuzüglich der vereinbarten Zinsen.

D Die Aktienanleihen sind nicht börsenfähig; sie können jedoch börsentäglich an den Emittenten zum Hauskurs zurückgegeben werden.

E Herr Metzner erwirbt mit dieser Anlage sowohl ein Forderungsrecht, d. h. den Anspruch auf die Rückzahlung der Wertpapiere zum Nennwert, als auch ein Umtauschrecht in Aktien der vereinbarten Gattung zu einem vorher festgelegten Umtauschkurs.

F Herr Metzner erhält bei einer Anlage in Aktienanleihen eine hohe Verzinsung unabhängig von der Kursentwicklung der Basisaktie; sie nimmt allerdings mittelbar an Kursverlusten der Basisaktie teil, ohne jedoch an Wertsteigerungen der Aktie teilzunehmen.

☐ ☐

Aufgabe 2.5 (3 Punkte)

Sie teilen Herrn Metzner mit, dass Aktienanleihen an die Kursentwicklung einer Aktie gekoppelt sind und zudem einen Kupon besitzen, der Zinszahlungen garantiert. Am Ende der Laufzeit kann der Emittent den Nominalbetrag plus Zinsen oder eine zuvor festgelegte Zahl von Aktien plus Zinsen auszahlen.

Herr Metzner ist von dieser Anlageform sehr angetan und bittet Sie, ihm eine aktuelle Aktienanleihe als Anlageform anzubieten. Sie stellen Herrn Metzner die Aktienanleihe der Landwirtschaftsband AG vor.

Emittentin	Landwirtschaftsbank AG
Stückelung	1.000,00 EUR Nennwert
Ausgabetag	28. April 2025
Zinssatz	5,65 %
Zinstermin	28. April
Fälligkeit	28. April 2027
Basiswert	KWS Saat AG-Aktie
Feststellungstag	20. April 2027
Tilgung	Nennwert oder 32 Aktien je 1.000,00 EUR Nennwert
Basispreis	31,25 EUR

Herr Metzner möchte von Ihnen über Unterschiede dieser Aktienanleihe zu der in seinem Depot befindlichen Landwirtschaftsbank AG- Anleihe informiert werden.

Erläutern Sie Herrn Metzner, wie sich diese beiden Anleihen im Zusammenhang mit ihrer Rückzahlung unterscheiden!

Aufgabe 2.6 (2 Punkte)

Erläutern Sie Herrn Metzner, warum die Aktienanleihe deutlich höher verzinst wird als die vor wenigen Monaten emittierte Anleihe der Landwirtschaftsbank AG in seinem Depot!

Aufgabe 2.7 (4 Punkte)

Herr Metzner möchte von Ihnen über die Risiken der Anlage in diese Aktienanleihe aufgeklärt werden. Erläutern Sie dem Kunden zwei Gründe, warum der Kurs der Aktienanleihe während der Laufzeit sinken könnte!

Aufgabe 2.8 (4 Punkte)

Herr Metzner entscheidet sich zum Erwerb von nominal 5.000,00 EUR dieser Aktienanleihe.

Sie weisen Herrn Metzner darauf hin, dass der Abrechnungsbetrag auch Stückzinsen enthalten wird. Erläutern Sie Herrn Metzner, warum im vorliegenden Fall Stückzinsen berechnet werden!

Aufgabe 2.9 (5 Punkte)

Der Auftrag wurde noch am 2. Mai 2025 (Freitag) zu einem Kurs von 99,85 % ausgeführt. Folgende Entgelte wurden noch berücksichtigt:
Bankprovision: 1 % vom Kurswert, mindestens vom Nennwert
Börsenentgelt: 0,5 %o vom Nennwert

Berechnen Sie den Betrag, mit dem das Kundenkonto belastet wurde (Geben Sie den Rechenweg an)!

Aufgabe 2.10 (3 Punkte)

Abschließend möchte Herr Metzner noch über das Ertrags- und Verlustpotenzial der erworbenen Aktienanleihe bei Fälligkeit informiert werden.

Berechnen Sie für Herrn Metzner (ohne Berücksichtigung von Steuern, Bankprovision und Börsenentgelt) den Nettoerfolg für den von ihm erworbenen Nennwert der Aktienanleihe! Legen Sie einen Aktienkurs der KWS Saat AG von 41,00 EUR am Feststellungstag zugrunde. Gehen Sie davon aus, dass sich der Kurs bis zum Fälligkeitstag der Aktienanleihe nicht verändert (Geben Sie den Rechenweg an!)!

Aufgabe 2.11 (3 Punkte)

Berechnen Sie für Herrn Metzner (ohne Berücksichtigung von Steuern, Bankprovision und Börsenentgelt) den Nettoerfolg für die Aktienanleihe! Legen Sie einen Aktienkurs der KWS Saat AG von 24,00 EUR am Feststellungstag zugrunde! Gehen Sie davon aus, dass sich der Kurs bis zum Fälligkeitstag der Aktienanleihe nicht verändert. Geben Sie den Rechenweg an!

Fall 3: Rentenfonds

(24 Punkte, ca. 22 Minuten Bearbeitungszeit)

Situation

Frau Sandra Wallmann, 41 Jahre alt, ist Kundin der Nordbank AG. Sie sind Kundenberater/in der Nordbank AG und führen heute ein Beratungsgespräch mit Frau Wallmann. Frau Wallmann ist geschieden und ist als Klinikärztin im Klinikum Nord tätig. Sie hatte gerade die letzte Rate für ihre Eigentumswohnung bezahlt. Sie teilt Ihnen mit, dass sie künftig jeden Monat 500,00 EUR anlegen möchte. Nach Analyse der Kundensituation empfehlen Sie Frau Wallmann die Anlage ihres monatlichen Sparbeitrags in einen Rentenfonds.

Es stehen zwei Rentenfonds zur Auswahl, zu denen u. a. folgenden Informationen vorliegen:

	Fonds I	**Fonds II**
Währung	EUR	USD
Fondsvolumen	2,3 Mrd. EUR	2,9 Mrd. USD
Ausgabeaufschlag	3,0 %	3,0 %
Verwaltungsvergütung	0,75 % p.a.	0,90 % p.a.
Ertragsverwendung	thesaurierend	ausschüttend

Aufgabe 3.1 (2,5 Punkte)

Zu Beginn des Beratungsgesprächs über die Geldanlage in einen Rentenfonds erläutern Sie Frau Wallmann die Geeignetheitserklärung. Welche Aussage zur Geeignetheitserklärung trifft zu?

A Die Geeignetheitserklärung muss bei allen Beratungsgesprächen über eine Geldanlage erstellt werden.

B Bei einer Geldanlage in einen Rentenfonds darf auf die Erstellung einer Geeignetheitserklärung verzichtet werden.

C Die Geeignetheitserklärung muss Frau Wallmann spätestens mit der Abrechnung über den Kauf eines Rentenfonds zur Verfügung gestellt werden.

D Die Geeignetheitserklärung muss Anlass und Dauer des Beratungsgesprächs protokollieren und vom Berater unterzeichnet werden.

E Bei einer Empfehlung zur Geldanlage in einen Rentenfonds muss eine Geeignetheitserklärung erstellt werden.

☐

Aufgabe 3.2 (2 Punkte)

Erklären Sie Frau Wallmann jeweils ein Risiko, das sie eingeht, wenn sie sich für Fonds I oder Fonds II entscheidet!

Aufgabe 3.3 (2 Punkte)

Sie erklären Frau Wallmann, dass das Bonitätsrisiko einer Geldanlage in Rentenpapieren durch die Geldanlage in einen Rentenfond reduziert werden kann.

Erklären Sie Frau Wallmann das Bonitätsrisiko bei Rentenpapieren!

Aufgabe 3.4 (2 Punkte)

Erklären Sie Frau Wallmann das Kursrisiko bei einer Geldanlage in Rentenpapieren, wenn sich das Zinsniveau am Kapitalmarkt ändert!

Aufgabe 3.5 (2 Punkte)

Erklären Sie Frau Wallmann, inwieweit die Geldanlage in einen Rentenfonds diese beiden Risiken reduzieren kann!

Aufgabe 3.6 (2,5 Punkte)

Nennen Sie Frau Wallmann fünf Rechte, die mit dem Erwerb von Anteilen an einem Rentenfonds verbunden sind!

Aufgabe 3.7 (2 Punkte)

Frau Wallmann erscheint der Ausgabeaufschlag sehr hoch. Sie informieren daher Frau Wallmann, dass der Fonds I auch ohne Ausgabeaufschlag angeboten wird. Dafür erhöht sich die Verwaltungsvergütung auf 1,75 % p. a. Ermitteln Sie, ab welcher Haltedauer die Geldanlage in den Fonds mit Ausgabeaufschlag kostengünstiger als die Geldanlage in den Fonds ohne Ausgabeaufschlag ist (Geben Sie den Rechenweg an!)!

Aufgabe 3.8 (2,5 Punkte)

Frau Wallmann hatte in einem Anlageprospekt die Anlageempfehlung in einen Dachfonds gelesen. Sie möchte jetzt von Ihnen wissen, was ein Dachfonds ist. Welche Aussage trifft auf einen Dachfonds zu?

A Bei Dachfonds bestimmt sich die Zusammensetzung des Fondsvermögens nach einem bestimmten Index, z. B. DAX 40 oder MDAX.

B Bei Dachfonds sind die Verwaltungskosten niedriger als bei aktiv gemanagten oder thesaurierenden Fonds.

C Viele Dachfonds können nur im Xetra Handelssystem an der Deutsche Börse AG gehandelt werden.

D Dachfonds investieren die Fondsmittel ihrer Investmentanleger vorwiegend in andere Investmentfonds.

E Die Kapitalverwaltungsgesellschaft ermittelt und veröffentlicht während der Börsenzeiten laufend den aktuellen Nettoinventarwert des Dachfonds, von dem der Börsenpreis i.d.R. nur gering abweicht.

☐

Aufgabe 3.9 (2 Punkte)

Sie informieren Frau Wallmann, dass sie anstelle der beiden vorgestellten aktiv gemanagten Rentenfonds auch einen Renten-Indexfonds erwerben kann. Erklären Sie der Kundin, inwieweit sich die Anlagestrategien dieser beiden Fondstypen voneinander unterscheiden!

Aufgabe 3.10 (2 Punkte)

Beschreiben Sie einen Vorteil und einen Nachteil des Renten-Indexfonds gegenüber einem aktiv gemanagten Rentenfonds!

Aufgabe 3.11 (2,5 Punkte)

Nennen Sie Frau Wallmann zwei Arten von Erträgen eines Rentenfonds!

A Dividenden

B Bezugsrechtserlöse

C Zinsen

D Stückzinsen

E Ausgabeaufschläge

F Kursgewinne

☐ ☐

2 Finanzierungsvorhaben begleiten

Bearbeitungszeit: 90 Minuten, 100 Punkte

Lösungen ab Seite 181

Fall 1: Avalkredit, Kontokorrentkredit
(55 Punkte, ca. 50 Minuten Bearbeitungszeit)

Situation

Sie sind Kundenberater der Nordbank AG. Zu Ihren Kunden gehört die *Windenergie GmbH*, die Windanlagen für Großbetriebe herstellt. Im Rahmen der Jahresabschlussanalyse haben Sie festgestellt, dass die Liquiditätslage des Unternehmens nur als durchschnittlich zu bewerten ist. Um zu klären, wie die Liquiditätslage des Unternehmens zu verbessern ist, haben Sie mit Jürgen Zander, dem alleinigen geschäftsführenden Gesellschafter der *Windenergie GmbH*, für heute einen Beratungstermin vereinbart. Im Verlauf dieses Gesprächs erfahren Sie, dass ein Kunde der *Windenergie GmbH* vertragsgemäß 5% des Rechnungsbetrags von 400.000,00 EUR einbehält. Dieser Betrag dient dem Kunden als Sicherheit. Die *Windenergie GmbH* erhält den Restbetrag erst zwei Jahre nach Abnahme der Windanlagen, sofern bis dahin keine Mängel aufgetreten sind. Sie schlagen Herrn Zander einen Avalkredit vor. Herrn Zander ist diese Kreditart unbekannt.

Aufgabe 1.1 (3 Punkte)

Die *Windenergie GmbH* hat bei Ihnen ein Gewährleistungsaval über 20.000,00 EUR beantragt. Welche der nachfolgenden Aussagen zur Prüfung des Kreditantrags sind richtig?

A Rechtswirksame Erklärungen für die *Windenergie GmbH* kann Herr Zander als Geschäftsführer der GmbH abgeben.

B Bei der Kreditwürdigkeitsprüfung ist zu berücksichtigen, dass Gesellschafter Gläubigern der GmbH gegenüber nicht persönlich haften, wenn sie ihre Gesellschaftseinlagen bereits in voller Höhe geleistet haben.

C Für die Prüfung der Kreditfähigkeit kommen auch Informationen der Schufa in Betracht.

D Die Höhe der Gesellschaftseinlagen der GmbH kann aus dem Handelsregister entnommen werden.

E Bei Prüfung des Kreditantrags muss eine Bonitätsprüfung der Gesellschafter der GmbH durchgeführt werden.

F Der Kreditantrag muss von allen Geschäftsführern und Gesellschaftern gemeinsam gestellt werden.

☐ ☐

Aufgabe 1.2 (2,5 Punkte)

Die *Windenergie GmbH* beantragt bei der Nordbank AG ein Gewährleistungsaval in Höhe von 5 % der Rechnungssumme von 400.000,00 EUR einer Windkraftanlage. Welche Aussage über das Gewährleistungsaval ist richtig?

A Mit Abschluss des Kreditvertrages gibt Herr Zander gegenüber der Nordbank AG eine selbstschuldnerische Bürgschaftserklärung ab.

B Gewährleistungsavale werden von Kreditinstituten nach Bonitätsprüfung des Antragstellers stets als Blankokredite gewährt.

C Bei einem Gewährleistungsaval stellt die Nordbank AG der Windkraft GmbH keine liquiden Mittel zur Verfügung.

D Für die Nordbank AG bestehen bei einem Gewährleistungsaval bis auf die Gefahr des Ausfalls der Zahlung der Avalprovision keine weiteren Risiken.

E Da die Nordbank AG mit der Gewährung des Gewährleistungsavals nur eine Eventualverbindlichkeit eingeht, ist diese Verpflichtung nicht aus der Bilanz der Nordbank AG ersichtlich.

☐

Aufgabe 1.3 (4 Punkte)

Erklären Sie Herrn Zander das Prinzip des Avalkredits.

Aufgabe 1.4 (2 Punkte)

Erklären Sie Herrn Zander die Auswirkung des Avalkredits für die *Windenergie GmbH*.

Aufgabe 1.5 (5 Punkte)

Herr Zander möchte von Ihnen nähere Einzelheiten über die Abwicklung dieses Avalkredits wissen. Beschreiben Sie Herrn Zander die Abwicklung dieses Avalkredits ab Vorliegen des Kreditantrags bis zur Bereitstellung des Avalkredits.

Aufgabe 1.6 (2,5 Punkte)

Sie erklären Herrn Zander im Zusammenhang mit der Gewährung des Gewährleistungsavalkredits wie finanzierungsbedingte Risiken in einem Unternehmen entstehen können. Welche der folgenden Kreditrisiken stellen finanzierungsbedingte Risiken dar?

A Die Bildung von Rückstellungen oder Wertberichtigungen zur Risikovorsorge ist unzureichend.

B Sicherungsübereignete Gegenstände des Kreditnehmers sind mit Eigentumsvorbehalten belastet.

C Der Kreditnehmer hat eine schwache Eigenkapitalbasis.

D Die erzielten Erlöse werden zu wachsenden Teilen durch Gewährleistungsansprüche aufgezehrt.

E Die Preisvorstellungen des Kreditnehmers lassen sich auf dem Absatzmarkt auf Grund starken Wettbewerbs nicht durchsetzen.

F Der Kreditnehmer ist bei der Beschaffung auf wenige marktbeherrschende Lieferanten angewiesen.

☐ ☐

Aufgabe 1.7 (5 Punkte)

Herr Zander möchte von Ihnen über Einzelheiten zu den Kosten des Avalkredits informiert werden. Nennen Sie Herrn Zander drei Faktoren, die Einfluss auf die Höhe der Kosten eines Avalkredits haben.

Aufgabe 1.8 (4 Punkte)

Herr Zander erkundigt sich bei Ihnen nach den Kosten für diesen Avalkredit. Für die Bereitstellung dieses Avalkredits gelten bei der Nordbank AG folgende Konditionen:
- Avalprovision: 3,0 % p.a.
- Einmaliges Entgelt für die Ausstellung der Avalurkunde: 50,00 EUR

Ermitteln Sie unter Angabe des Rechenwegs die Gesamtkosten für diesen Avalkredit, die der Windenergie AG entstehen werden.

Aufgabe 1.9 (4 Punkte)

Herr Zander fragt Sie, ob die Inanspruchnahme der bestehenden KK-Kreditlinie der *Windenergie GmbH* für das Unternehmen nicht vorteilhafter wäre.

Wie hoch ist die Differenz für die *Windenergie GmbH*, wenn sie in Höhe des Avalkreditbetrags den Kontokorrentkredit mit 8,5 % p.a. für zwei Jahre in Anspruch nimmt? Ermitteln Sie den Differenzbetrag unter Angabe des Rechenwegs ohne Berücksichtigung von Zinseszinsen.

Aufgabe 1.10 (2 Punkte)

Herr Zander entscheidet sich für den Avalkredit und erhält die Avalurkunde. Es wurde Zahlung auf erstes Anfordern vereinbart. Nach einem halben Jahr wendet sich der Begünstigte aus dem Aval an die Nordbank AG. Er weist einen eingetretenen Schaden nach und fordert die Nordbank AG zur Zahlung des Gesamtbetrags aus dem Aval auf.

Nennen Sie die Voraussetzung, unter der die Nordbank AG Zahlung leisten wird.

Aufgabe 1.11 (3 Punkte)

Sie informieren die *Windenergie GmbH* über die Inanspruchnahme aus dem Aval durch den Begünstigten.

Nennen Sie drei notwendige Schritte, mit denen die Nordbank AG den Avalkredit abschließend bearbeitet.

Aufgabe 1.12 (4,5 Punkte)

Durch welche Maßnahmen können Kreditinstitute

1 ausgefallene Forderungen eintreiben?

2 Verluste durch Forderungsausfälle vermeiden?

Ordnen Sie zu!

A Vergabe von erstrangig gesicherten Avalkrediten
B Sperrung aller Werte nach AGB
C Kreditwürdigkeitsprüfung
D Bestellung von Kreditsicherheiten
E Verwertung der Sicherheiten
F Kreditstreuung
G Kreditüberwachung
H Abschluss von Kreditversicherungen
I Offenlegung von Zessionen

A	B	C	D	E	F	G	H	I

Aufgabe 1.13 (2,5 Punkte)

Die Nordbank AG hat der *Windenergie GmbH* einen Gewährleistungsavalkredit über 20.000,00 EUR gewährt. Um das Kreditrisiko während der Kreditlaufzeit zu minimieren, hat die Nordbank AG Maßnahmen zur Kreditüberwachung bei Firmenkrediten ergriffen. Welche der folgenden Aussagen bezüglich der Kreditüberwachung sind zutreffend?

A Die Nordbank AG bewertet nach Beanspruchung des Gewährleistungsavals die Umsatzerlöse der *Windenergie GmbH*, um bei Bedarf neue Sicherheiten anzufordern.

B Die Nordbank AG überprüft einmal jährlich die wirtschaftliche Entwicklung der *Windenergie GmbH*, wobei die Branchenentwicklung vernachlässigt werden kann.

C Die Nordbank AG beobachtet das wirtschaftliche Umfeld der *Windenergie GmbH*, ihrer Lieferanten und Kunden, um auf eine negative Entwicklung frühzeitig reagieren zu können.

D Die Nordbank AG überwacht die Umsätze auf dem Konto der *Windenergie GmbH* sowie die Art der Kontoführung, um Risiken vorbeugen zu können.

E Die Nordbank AG überprüft laufend die familiäre Situation der Geschäftsführung der GmbH, um Anhaltspunkte für deren Kreditwürdigkeit zu erlangen.

F Die Nordbank AG muss regelmäßig Betriebsbesichtigungen bei der *Windenergie GmbH* durchführen, um die stillen Reserven der GmbH zu bewerten.

☐ ☐

Situation zu den Aufgaben 1.14 bis 1.17

Auch die Regionalmarkt KG ist Firmenkundin der Nordbank AG. Herr Willem Becker ist Komplementär und Geschäftsführer der KG.

Herr Becker plant den Einkauf von Tourenfahrrädern für die nächste Sommersaison in Höhe von 150.000,00 EUR. Dieser zusätzliche Kapitalbedarf soll über die Nordbank AG finanziert werden. Die Fahrräder werden von zwei Lieferanten aus der näheren Region bezogen, die Herr Becker bei einer Mobilitätsmesse in Hamburg kennenlernte. Heute kommt Herr Becker zu einem Beratungsgespräch zu Ihnen. Zur Vorbereitung auf dieses Gespräch haben Sie Herrn Becker vorab gebeten, Ihnen die Jahresabschlüsse der Regionalmarkt KG, eine aktuelle Debitorenliste und die Angebote der Lieferanten zur Verfügung zu stellen. Außerdem stehen Ihnen die abgebildeten Informationen zur Verfügung.

Gesamtengagement der Sportmode KG bei der Kreditbank AG		
Kontokorrentkonto	S 12.200,13 EUR	Kreditlimit 15.000,00 EUR
Darlehen	S 10.250,00 EUR	
Festgeld	10.000,00 EUR	30 Tage Laufzeit, Zinssatz 0,05 % p. a.

Gesamtengagement von Herrn Willem Becker		
Girokonto	H 2.200,00 EUR	Dispositionskredit 5.000,00 EUR
Depot	20.000,00 EUR	6,25 % Bundesanleihe 96/26, Kurs: 148,82 %

Aufgabe 1.14 (2 Punkte)

Die Regionalmarkt KG benötigt das Darlehen über 150.000,00 EUR für ca. sechs Monate. Sie empfehlen eine Erhöhung des Kontokorrentkredits. Nennen Sie Herrn Becker zwei Merkmale dieser Kreditart!

Aufgabe 1.15 (3 Punkte)

Herr Becker erklärt Ihnen, dass er die Zahlungsziele der Lieferanten von 60 Tagen in Anspruch nimmt, obwohl er bei Zahlung innerhalb von 15 Tagen 3 % Skonto abziehen könnte. Sie bieten Herrn Becker die Inanspruchnahme eines Kontokorrentkredits bis zum Ablauf des Zahlungsziels an, um das Skonto ausnutzen zu können.

Berechnen Sie, welchen Betrag die Regionalmarkt KG bei Inanspruchnahme des Kontokorrentkredits sparen würde, wenn sich der Rechnungsbetrag auf 80.000,00 EUR beläuft und der Zins für den Kontokorrentkredit bei 6,00 % p. a. liegt! Gehen Sie davon aus, dass die Zahlung am 15. Tag erfolgt.

Aufgabe 1.16 (2 Punkte)

Herr Becker hat Ihnen für die Regionalmarkt KG die Jahresabschlüsse der vergangenen Geschäftsjahre eingereicht. Die Auswertung des Jahresabschlusses 2024 hat unter anderem folgende Werte ergeben:

	Geschäftsjahr 2024 Werte (in TEUR)
Betriebsergebnis	117
Abschreibungen auf Sachanlagen	36
Abschreibungen auf Forderungen	24
Zuführungen zu den Pensionsrückstellungen	5

Berechnen Sie den Cash-Flow für das Geschäftsjahr 2024.

Aufgabe 1.17 (4 Punkte)

Erläutern Sie anhand von zwei Aspekten die Aussagekraft des Cash-Flows im Rahmen der Kreditwürdigkeitsprüfung!

Fall 2: Baufinanzierung

(45 Punkte, ca. 40 Minuten Bearbeitungszeit)

Situation

Theodor Schneider hatte vor 14 Jahren ein Zweifamilienhaus erworben. Herr Schneider ist Kunde der Nordbank AG in Hamburg.

Zur Absicherung der damaligen Finanzierung wurde eine Buchgrundschuld über 120.000,00 EUR zugunsten der Unionbank AG in das Grundbuch eingetragen. Zurzeit besteht noch ein Restdarlehen von 84.000,00 EUR, das mit einer monatlichen Annuität von 700,00 EUR bedient wird.

Herr Schneider möchte sein Zweifamilienhaus sanieren lassen und benötigt für dieses Vorhaben ein Darlehen.

Folgende Kostenvoranschläge liegen ihnen vor:

Erneuerung der beiden Bäder 15.000,00 EUR

Wärmedämmung der Fassade 35.000,00 EUR

Einbau neuer Fenster, 2 Wohnungstüren, eine Haustür 17.000,00 EUR

Eine Wohnung des Hauses ist vermietet. Aus den Mieteinnahmen hat Herr Schneider ein Guthaben von 23.000,00 EUR angespart, von dem 13.000,00 EUR für die Erneuerungsinvestition verwendet werden sollen. Die zweite Wohnung im Haus wird von Herrn Schneider selbst bewohnt.

Aufgabe 2.1 (2 Punkte)

Berechnen Sie den Kreditbedarf für die Sanierungsmaßnahme (Geben Sie den Rechenweg an)!

Aufgabe 2.2 (4 Punkte)

Als Sicherheit für das benötigte Darlehen soll das Zweifamilienhaus herangezogen werden. Der Beleihungswert des Zweifamilienhauses wurde mit 240.000,00 EUR festgestellt. Mit Ausnahme der Grundschuld sind im Grundbuch keine wertbeeinflussenden Eintragungen enthalten. Die Nordbank AG legt einen Beleihungssatz von 60 % zugrunde.

Berechnen Sie den Betrag, der unter Berücksichtigung des freien Teils der Grundschuld zugunsten der Unionbank AG zur Sicherung des benötigten Darlehens herangezogen werden kann (Geben Sie den Rechenweg an)!

Aufgabe 2.3 (4 Punkte)

Da noch mit einigen Zusatzarbeiten gerechnet werden muss, einigen Sie sich mit Herrn Schneider auf einen Darlehensbetrag von 58.000,00 EUR. Die vereinbarten Konditionen sind 3,2 % p. a. Zinsen und eine anfängliche Tilgung von 3 %.

Berechnen Sie die monatliche Belastung für das neue Darlehen (Runden Sie den Betrag auf volle EUR auf)!

Aufgabe 2.4 (2 Punkte)

Die Mieteinnahmen aus der vermieteten Wohnung betragen monatlich netto 950,00 EUR. Diese Einnahmen reichen nicht aus, um die Raten für beide Darlehen zu bedienen. Berechnen Sie den Betrag, den Herr Schneider monatlich zusätzlich aufbringen muss (Geben Sie den Rechenweg an!)

Aufgabe 2.5 (4 Punkte)

Im Zusammenhang mit der Besicherung des gewünschten Darlehens schlagen Sie Herrn Schneider die Einbeziehung des freien Teils der im Grundbuch zugunsten der Unionbank AG eingetragenen Buchgrundschuld vor. Beschreiben Sie Herrn Schneider unter Angabe der Beträge die rechtlichen Maßnahmen, durch die die Darlehensabsicherung in der von Ihnen benötigten Höhe erreicht werden kann!

A Änderung der 1. Grundschuldeintragung über 120.000,00 EUR auf jetzt 84.000,00 EUR im Grundbuch

B Löschung der Grundschuld über 120.000,00 EUR im Grundbuch

C Eintragung einer Grundschuld über 58.000,00 EUR

D Eintragung einer weiteren Grundschuld über 22.000,00 EUR zugunsten der Nordbank AG

E Abtretung des freien Grundschuldanteils von 36.000,00 EUR von der Unionbank AG an die Nordbank AG und Eintragung der Abtretung im Grundbuch.

F Abtretung einer Grundschuld über 36.000,00 EUR an die Nordbank AG und Eintragung einer weiteren Grundschuld über 58.000,00 EUR an die Nordbank AG

☐ ☐

Aufgabe 2.6 (4 Punkte)

Im Darlehensvertrag wird eine 15-jährige Sollzinsbindung vereinbart. Ein Sondertilgungsrecht besteht nicht. Herr Schneider berichtet Ihnen, dass er von der Möglichkeit der Rückzahlung eines grundpfandrechtlich gesicherten Kredits vor Ablauf der Sollzinsbindung ohne Berechnung eines Vorfälligkeitsentgelts gehört habe und bittet Sie um nähere Informationen hierzu. Erläutern Sie Herrn Schneider anhand von zwei Aspekten das ihm gesetzlich zustehende Kündigungsrecht!

Welche Aussage trifft zu?

A Die Kündigung des restlichen Darlehensbetrages kann erst nach 10 Jahren erfolgen.

B Die Kündigung des Darlehensbetrages kann jederzeit ohne Berechnung eines Vorfälligkeitsgeldes erfolgen.

C Die Kündigung des Darlehensbetrages kann jederzeit erfolgen; die Berechnung eines Vorfälligkeitsentgelts ist in den ersten 5 Jahren der Darlehensgewährung möglich.

D Die 10-Jahres-Frist beginnt erst mit Auszahlung des vollständigen Darlehnsbetrages.

E Die Kündigungsfrist eines Darlehensbetrages mit einer Laufzeit über 10 Jahre beträgt 3 Monate.

F Die Kündigung des Darlehnsbetrages kann erst nach 15 Jahren erfolgen.

☐ ☐

Aufgabe 2.7 (2,5 Punkte)

In Abteilung III des Grundbuchs wurde unter dem Datum 17. September 2008 folgende Grundbucheintragung eingetragen: „120.000,00 EUR Grundschuld nebst 15 % Jahreszinsen für die Unionbank AG in Hamburg. Sofort gegen den Grundstückseigentümer vollstreckbar".

Wie ist diese Eintragung zu interpretieren?

A Wenn die Unionbank AG das gewährte Darlehen kündigt, wird auch die Grundschuld fällig.

B Für dieses Grundpfandrecht muss im Zwangsvollstreckungsfall von der Unionbank AG keine Klage auf Duldung der Zwangsvollstreckung geführt werden.

C Der Unionbank AG steht für das von ihr gewährte Darlehen ein Darlehenszins von 15 % zu.

D Die Eintragung sichert der Unionbank AG im Falle der Zwangsversteigerung ein Vorkaufsrecht am Grundstück.

E Diese Eintragung sichert der Unionbank AG ein außerordentliches Kündigungsrecht.

☐

Aufgabe 2.8 (6 Punkte)

Sie legen Herrn Schneider die Grundschuldbestellungsurkunde vor und gehen auf wesentliche Inhalte ein. Diese Urkunde enthält u. a. die folgenden Textpassagen:

(1.) „Der jeweilige Eigentümer unterwirft sich der sofortigen Zwangsvollstreckung ..."

(2.) „Der Kreditnehmer übernimmt die persönliche Haftung und unterwirft sich der sofortigen Zwangsvollstreckung ..."

Erläutern Sie Herrn Schneider, welche Bedeutung die zwei Textpassagen jeweils für ihn hat!

Aufgabe 2.9 (2,5 Punkte)

Zur Vervollständigung der Vertragsunterlagen legen Sie Herrn Schneider noch die Sicherungsabrede (Sicherungszweckerklärung) vor. Erläutern Sie Herrn Schneider die Notwendigkeit dieser Vereinbarung! Welche Aussage ist richtig?

A Durch die Sicherungszweckerklärung soll eine vorherige Zwangsvollstreckungsklage in das Grundstück des Darlehensnehmers verhindert werden.

B Durch die Sicherungsabrede verzichtet der Darlehensnehmer auf die Einrede der Vorausklage.

C Durch die Sicherungsabrede wird die abstrakte Grundschuld zur akzessorischen Grundschuld.

D Durch die Sicherungsabrede (Sicherungszweckerklärung) wird eine Verbindung zwischen der abstrakten Grundschuld und dem zu sichernden Darlehen hergestellt.

E Durch die Sicherungsabrede wird die abstrakte Grundschuld zur persönlichen Schuld des Darlehensnehmers.

☐

Aufgabe 2.10 (2 Punkte)

Am Ende des Beratungsgesprächs schlagen Sie Herrn Schneider noch den Abschluss eines Bausparvertrags vor. Begründen Sie Herrn Schneider anhand von zwei Aspekten, warum der Abschluss eines Bausparvertrags für ihn in seiner Situation sinnvoll sein kann!

Situation zu den Aufgaben 2.11 bis 2.15

Es liegen folgende Aufwendungen und Erträge für die Nordbank AG vor:

Aufwendungen in Mio. EUR	
Zinsaufwendungen	200
Provisionsaufwendungen	3
Personalaufwendungen	140
Abschreibungen und Wertberichtigungen auf Sachanlagen	23
Abschreibungen und Wertberichtigungen auf Forderungen sowie Zuführungen zu Rückstellungen im Kreditgeschäft	15
Sonstige betriebliche Aufwendungen	1
Außerordentliche Aufwendungen	4
Erträge in Mio. EUR	
Zinserträge aus den Bankgeschäften	400
Laufende Erträge aus Aktien	8
Provisionserträge	45
Nettoerträge aus Finanzgeschäften	15
Sonstige betriebliche Erträge	7
Außerordentliche Erträge	28
durchschnittliche Bilanzsumme	5.000

Aufgabe 2.11 (3 Punkte)

Ermitteln Sie das Teilbetriebsergebnis in Mio. EUR.

Aufgabe 2.12 (2 Punkte)

Ermitteln Sie die Risikospanne in %.

Aufgabe 2.13 (3 Punkte)

Ermitteln Sie die Bruttoertragsspanne in % von der Bilanzsumme (Ergebnisse auf zwei Stellen nach dem Komma runden).

Aufgabe 2.14 (2 Punkte)

Ermitteln Sie die Bruttobedarfsspanne in % von der Bilanzsumme (Ergebnisse auf zwei Stellen nach dem Komma runden).

Aufgabe 2.15 (2 Punkte)

Ermitteln Sie die Nettogewinnspanne in % von der Bilanzsumme (Ergebnisse auf zwei Stellen nach dem Komma runden).

3 Wirtschafts- und Sozialkunde

Bearbeitungszeit: 60 Minuten, 100 Punkte

Lösungen ab Seite 187

Aufgabe 1

Ordnen Sie die folgenden Aussagen dem formellen Recht (A) oder dem materiellen Recht (B) zu:

1 Das Mahnverfahren wird von den Amtsgerichten durchgeführt (siehe § 688 ff. ZPO).

2 Das gesetzliche Mindeststammkapital einer GmbH beträgt gem. § 5 GmbHG 25.000,00 Euro.

3 Rechtsanwalt Dr. Haines prüft den Tatbestand des Diebstahls gem. § 242 StGB.

4 Die Berufungszeit für Zivilsachen beträgt einen Monat (siehe § 517 ZPO).

5 Die Verjährungsfrist bei Mängeln an Bauwerken gem. § 634a BGB beträgt fünf Jahre.

1	2	3	4	5

Aufgabe 2

Welche Formen der Eigentumsübertragungen kommen in den nachstehenden Fällen zur Anwendung? Ordnen Sie zu!

Formen der Eigentumsübertragung

1 Einigung und Übergabe

2 Bloße Einigung

3 Einigung und Vereinbarung eines konkreten Besitzkonstituts

4 Einigung und Abtretung des Herausgabeanspruchs

Fälle

A Verkauf von Waren, die bei einem Lagerhalter eingelagert sind.

B Verkauf von Waren, die der Verkäufer dem Käufer zur Ansicht überlassen hatte.

C Verkauf einer Goldmünze am Bankschalter.

D Verkauf des geleasten Pkw an den Leasingnehmer nach Ablauf der Grundmietzeit, den der Leasingnehmer (Käufer) bereits in Besitz hat.

A	B	C	D

Aufgabe 3

Der bei der Nordbank AG seit 10 Jahren beschäftigte Rainer Maschner, 35 Jahre alt, möchte am 16.07.20.. bei der Vermögensberatung AG eine neue Arbeitsstelle antreten. Ermitteln Sie das Datum (TT.MM.), bis zu dem seinem alten Arbeitgeber die Kündigung von Herrn Maschner unter Beachtung der gesetzlichen Kündigungsfrist zugegangen sein muss.

		.		
		.		

Auszug aus dem BGB

§ 622 (Kündigungsfristen bei Arbeitsverhältnissen)

(1) Das Arbeitsverhältnis eines Arbeiters oder eines Angestellten (Arbeitnehmers) kann mit einer Frist von vier Wochen zum 15. oder zum Ende eines Kalendermonats gekündigt werden.

(2) Für eine Kündigung durch den Arbeitgeber beträgt die Kündigungsfrist, wenn das Arbeitsverhältnis in dem Betrieb oder Unternehmen

1. zwei Jahre bestanden hat, einen Monat zum Ende eines Kalendermonats,
2. fünf Jahre bestanden hat, zwei Monate zum Ende eines Kalendermonats,
3. acht Jahre bestanden hat, drei Monate zum Ende eines Kalendermonats,
4. zehn Jahre bestanden hat, vier Monate zum Ende eines Kalendermonats,
5. zwölf Jahre bestanden hat, fünf Monate eines Kalendermonats,
6. fünfzehn Jahre bestanden hat, sechs Monate zum Ende eines Kalendermonats,
7. zwanzig Jahre bestanden hat, 7 Monate zum Ende eines Kalendermonats.

Bei der Berechnung der Beschäftigungsdauer werden Zeiten, die vor der Vollendung des 25. Lebensjahres des Arbeitnehmers liegen, nicht berücksichtigt.

(3) Während einer vereinbarten Probezeit, längstens für die Dauer von sechs Monaten, kann das Arbeitsverhältnis mit einer Frist von zwei Wochen gekündigt werden.

(4) Von den Absätzen 1 bis 3 abweichende Regelungen können durch Tarifvertrag vereinbart werden. Im Geltungsbereich eines solchen Tarifvertrages gelten die abweichenden tarifvertraglichen Bestimmungen zwischen nichttarifgebundenen Arbeitgebern und Arbeitnehmern, wenn ihre Anwendung zwischen ihnen vereinbart ist.

(5) Einzelvertraglich kann eine kürzere als die in Absatz 1 genannte Kündigungsfrist nur vereinbart werden,

1. wenn ein Arbeitnehmer zur vorübergehenden Aushilfe eingestellt ist; dies gilt nicht, wenn das Arbeitsverhältnis über die Zeit von drei Monaten hinaus fortgesetzt wird;
2. wenn der Arbeitgeber in der Regel nicht mehr als zwanzig Arbeitnehmer ausschließlich der zu ihrer Berufsbildung Beschäftigten beschäftigt und die Kündigungsfrist vier Wochen nicht unterschreitet. ...

(6) Für die Kündigung des Arbeitsverhältnisses durch den Arbeitnehmer darf keine längere Frist vereinbart werden als für die Kündigung durch den Arbeitgeber.

Situation zu den Aufgaben 4 bis 6

In der Baumaschinen GmbH wurde die Jugend- und Auszubildendenvertretung im März diesen Jahres zusammen mit dem Betriebsrat erstmalig gewählt. In der GmbH sind zur Zeit beschäftigt:

Anzahl der Arbeiter und Angestellten	Alter	Anzahl der Auszubildenden
1 Arbeiter 17 Jahre alt 4 Arbeiter unter 16 Jahre alt	Zwischen 16 und 18 Jahre	8
214	16 bis einschließlich 24 Jahre	103
2.574	25 Jahre und älter	3

Unter anderem wollten sich Kristin Bergmeier (17 Jahre alt, seit 1. August 2023 Auszubildende), Gabriel Hinz (25 Jahre alt, seit dem 1. September 2023 Angestellter) und Michael Huber (24 Jahre alt, seit 1. August 2023 Auszubildender) als Kandidaten aufstellen lassen. Sie hatten sich dazu den abgebildeten Gesetzesauszug herausgesucht.

Auszug aus dem Betriebsverfassungsgesetz

Betriebliche Jugend- und Auszubildendenvertretung

§ 60 (Errichtung und Aufgaben)

(1) In Betrieben mit in der Regel mindestens fünf Arbeitnehmern, die das 18. Lebensjahr noch nicht vollendet haben (jugendliche Arbeitnehmer) oder die zu ihrer Berufsausbildung beschäftigt sind, werden Jugend- und Auszubildendenvertretungen gewählt.

§ 61 (Wahlberechtigung und Wählbarkeit)

(1) Wahlberechtigt sind alle in § 60 Abs. 1 genannten Arbeitnehmer des Betriebs.

(2) Wählbar sind alle Arbeitnehmer des Betriebs, die das 25. Lebensjahr noch nicht vollendet haben oder die zu ihrer Berufsausbildung beschäftigt sind; Mitglieder des Betriebsrats können nicht zur Jugend- und Auszubildendenvertretern gewählt werden.

§ 62 (Zahl der Jugend- und Auszubildendenvertreter, Zusammensetzung der Jugend- und Auszubildendenvertretung)

(1) Die Jugend- und Auszubildendenvertretung besteht in Betrieben mit in der Regel
5 bis 20 der in § 60 Abs. 1 genannten Arbeitnehmer aus einer Person,
21 bis 50 ... 3 Mitgliedern,
51 bis 150 ... aus 5 Mitgliedern,
151 bis 300 ... aus 7 Mitgliedern,
301 bis 500 ... aus 9 Mitgliedern ...

(2) Die Jugend- und Auszubildendenvertretung soll sich möglichst aus Vertretern der verschiedenen Beschäftigungsarten und Ausbildungsberufe der im Betrieb tätigen in § 60 Abs. 1 genannten Arbeitnehmer zusammensetzen.

(3) Das Geschlecht, das unter den in § 60 Abs. 1 genannten Arbeitnehmern in der Minderheit ist, muss mindestens entsprechen seinem zahlenmäßigen Verhältnis in der Jugend- und Auszubildendenvertretung vertreten sein, wenn diese aus mindestens drei Mitgliedern besteht.

Aufgabe 4

Ermitteln Sie, aus wie viel Mitgliedern die Jugend- und Auszubildendenvertretung der Baumaschinen GmbH laut Betriebsverfassungsgesetz maximal bestehen konnte!

☐

Aufgabe 5

In welcher Zeile sind die Personen dem aktiven und passiven Wahlrecht zur Jugend- und Auszubildendenvertretung richtig zugeordnet?

	Aktives Wahlrecht	Passives Wahlrecht
A	Nur Kristin Bergmeier	Kristin Bergmeier, Gabriel Hinz
B	Kristin Bergmeier, Michael Huber	Kristin Bergmeier, Michael Huber
C	Kristin Bergmeier, Michael Huber	Kristin Bergmeier, Gabriel Hinz, Michael Huber
D	Kristin Bergmeier, Gabriel Hinz	Kristin Bergmeier, Gabriel Hinz
E	Kristin Bergmeier, Gabriel Hinz, Michael Huber	Kristin Bergmeier, Michael Huber

☐

Aufgabe 6

Welche Rechte bzw. Pflichten ergaben sich für die gewählte Jugend- und Auszubildendenvertretung der Baumaschinen GmbH?

A Die Jugend- und Auszubildendenvertretung verhandelt selbstständig mit dem Vorstand der Baumaschinen GmbH.

B Für die jüngeren Mitarbeiter der Baumaschinen GmbH gibt es durch die Jugend- und Auszubildendenvertretung Ansprechpartner in ihrem Alter, die ihre Anliegen über den Betriebsrat beim Vorstand der Baumaschinen GmbH vortragen können und durchzusetzen versuchen.

C Mitglieder der Jugend- und Auszubildendenvertretung müssen an allen Sitzungen des Betriebsrates teilnehmen und aktuelle Informationen an die jungen Mitarbeiter in der Baumaschinen GmbH weitergeben.

D Wenn es in einer Betriebsratssitzung um Angelegenheiten der Jugendlichen und Auszubildenden der Baumaschinen GmbH geht, kann die gesamte Jugend- und Auszubildendenvertretung an der Betriebsratssitzung teilnehmen.

E Die Jugend- und Auszubildendenvertretung kann beispielsweise der Kündigung eines Mitauszubildenden während der Probezeit, die sozial ungerechtfertigt erscheint, über den Betriebsrat widersprechen.

Aufgabe 7

Je nach Ausgestaltung der Kooperation und Konzentration von Unternehmen werden die Unternehmenszusammenschlüsse in Kartelle, Konzerne und Fusionen unterschieden.
Ordnen Sie den Aussagen die entsprechenden Formen der Unternehmenszusammenschlüsse zu.

Formen der Unternehmenszusammenschlüsse

1 Kartell
2 Konzern
3 Fusion

Aussagen

A Zwei Reifenproduzenten vereinbaren, dass sie künftig einen bestimmten Reifen nicht mehr unter einem bestimmten Mindestpreis anbieten werden.

B Das Vermögen der Solartec GmbH wird in das Vermögen der Phönix AG eingegliedert.

C Fünf Produzenten von Fertighäusern teilen sich Deutschland in fünf Verkaufsgebiete auf und verpflichten sich, diese Verkaufsgebiete der jeweils anderen vier Wettbewerber nicht zu beliefern.

D Die unter einer einheitlichen Leitung stehenden beteiligten Unternehmen bleiben rechtlich selbstständig, geben aber ihre wirtschaftliche Selbstständigkeit auf.

E Sechs Bauunternehmen sprechen ihre Angebote bei der öffentlichen Ausschreibung einer Flughafenerweiterung ab.

F Drei Unternehmen übertragen ihr gesamtes Vermögen auf eine gemeinsam von ihnen gegründete neue Gesellschaft.

A	B	C	D	E	F

Situation zu den Aufgaben 8 bis 10

Versicherungsart	Beitragssatz in %	Beitragsbemessungsgrenze monatlich/jährlich in EUR
Krankenversicherung	14,6 % zuzüglich 1,5 % der AOK	5.512,50 / 66.150,00 EUR
Pflegeversicherung (Auszug)	Arbeitgeberanteil 1,8% Arbeitnehmer unter 23 Jahre: Beitragssatz 1,8 % Arbeitnehmer über 23 Jahre alt und kinderlos 1,8 % + 0,6 % = 2,4 % u.s.w	5.512,50 EUR/66.150,00
Rentenversicherung	18,6 %	8.050,00 /96.600,00
Arbeitslosenversicherung	2,6 %	8.050,00 /96.600,00

Bei der Nordbank AG in Hamburg werden die Beiträge für den Arbeitgeberanteil zur Sozialversicherung im Monat August 2025 ermittelt. Hierbei sind u.a. 13 Angestellte zu berücksichtigen, deren monatliches Bruttogehalt über der Beitragsbemessungsgrenze liegt. Alle Angestellten sind in der AOK krankenversichert.

Aufgabe 8

Ermitteln Sie für diese 13 Angestellten die Gesamtsumme des Arbeitgeberbeitrags Sozialversicherung im Monat August 2025.

☐☐☐☐☐ , ☐☐ EUR

Aufgabe 9

Wie hoch ist der von einem Angestellten monatlich zu tragende Arbeitnehmerbeitrag zur Krankenversicherung und Pflegeversicherung. Der Angestellte ist 30 Jahre alt und kinderlos, sein zu versteuerndes Einkommen beträgt 7.950,00 EUR.

☐☐☐ , ☐☐ EUR

Aufgabe 10

Welche der folgenden Aussagen zur Versicherungspflicht in der Pflegeversicherung trifft für Arbeitnehmer zu, deren Arbeitslohn die Versicherungspflichtgrenze in der gesetzlichen Krankenversicherung dauerhaft übersteigt?

Für diese Arbeitnehmer besteht …

A keine Versicherungspflicht in einer Pflegeversicherung, sofern die Krankenversicherung einen entsprechenden Kapitalstock aufweist.

B nur eine Versicherungspflicht in der sozialen Pflegeversicherung.

C nur eine Versicherungspflicht in der privaten Pflegeversicherung.

D ein Wahlrecht zwischen privater und sozialer Pflegeversicherung.

E ein Recht auf Mitgliedschaft in einer privaten Pflegeversicherung, allerdings nur unter der Voraussetzung, dass ein Anspruch auf Kostenerstattung für allgemeine Krankenhausleistungen besteht.

☐

Situation zu den Aufgaben 11 und 12

Die Fahrrad Hertel GmbH produziert Tourenfahrräder für das In- und Ausland. Die Firma Fahrräder Leon Sachs GmbH bestellt bei der Fahrrad Hertel GmbH 60 Tourenräder zum Preis von 950,00 EUR je Stück. Im Handelsregisterauszug finden Sie den Hinweis, dass die Firma Fahrräder Leon Sachs GmbH von dem Geschäftsführer Luca Blume alleine vertreten werden kann.

Angebotsabgabe der Fahrrad Hertel GmbH	24. März 20..
Bestellung durch Luca Blume	29. März 20..
Bestellmenge	60 Tourenräder
Preis je Stück	950,00 EUR
Versandfertige Verpackung der Tourenräder	7. April 20..
Abholung im Auftrag der Leon Sachs GmbH durch ABX-Logistik GmbH	11. April 20..
Übergabe der Tourenräder an die Wareneingangsabteilung der Fahrräder Leon Sachs GmbH	12. April 20..
Zahlung der Rechnung in einer Summe	13. Mai 20..

Aufgabe 11

Stellen Sie fest, an welchem Tag die Fahrräder Leon Sachs GmbH Eigentümerin der Fahrräder geworden ist (TT.MM.JJ..).

[ ][ ] . [ ][ ] . [ ][ ][ ][ ]

Aufgabe 12

Am 18. April 20.. erhält die Fahrrad Hertel GmbH folgendes Schreiben von der Fahrräder Leon Sachs GmbH, das vom 12. April 20.. datiert ist.

> **Mängelrüge**
>
> Sehr geehrter Herr Bürger,
>
> wir bestellten am 29. März 20.. 60 Tourenräder zur Lieferung im April 20... Die Lieferung erfolgte am 12. April 20... Bei der unverzüglich vorgenommenen Prüfung haben wir Folgendes festgestellt:
> 5 Tourenräder sind durch Verschulden der ABX Logistik GmbH total zerstört.
> Wir fordern Sie daher auf, innerhalb von acht Tagen 5 neue Tourenfahrräder an uns zu liefern.
>
> Mit freundlichen Grüßen
>
> Luca Blume

Prüfen Sie anhand der Bestellung, ob die in der Mängelrüge genannte Forderung berechtigt ist.

A Nein, da der gesetzliche Erfüllungsort gilt, trägt der Käufer das volle Transportrisiko ab der Übergabe an den Frachtführer ABX Logistik GmbH. Der Schaden muss gegenüber der ABX Logistik GmbH geltend gemacht werden.

B Ja, das Risiko von Transportschäden trägt stets der Versender.

C Ja, da der gesetzliche Erfüllungsort der Wohnsitz bzw. die Niederlassung des Käufers ist, muss die Fahrrad Hertel GmbH nochmals liefern.

D Ja, nach dem Produkthaftungsgesetz trägt der Verkäufer alle Risiken, die mit der Ware und dem Transport verbunden sind.

E Nein, der Frachtführer ABX Logistik GmbH muss die Ware neu liefern.

Situation zu den Aufgaben 13 bis 16

Im nachstehenden Wirtschaftskreislauf wird angenommen, dass alle Wirtschaftssektoren die eingenommenen Geldeinheiten dem Kreislauf wieder zuführen.

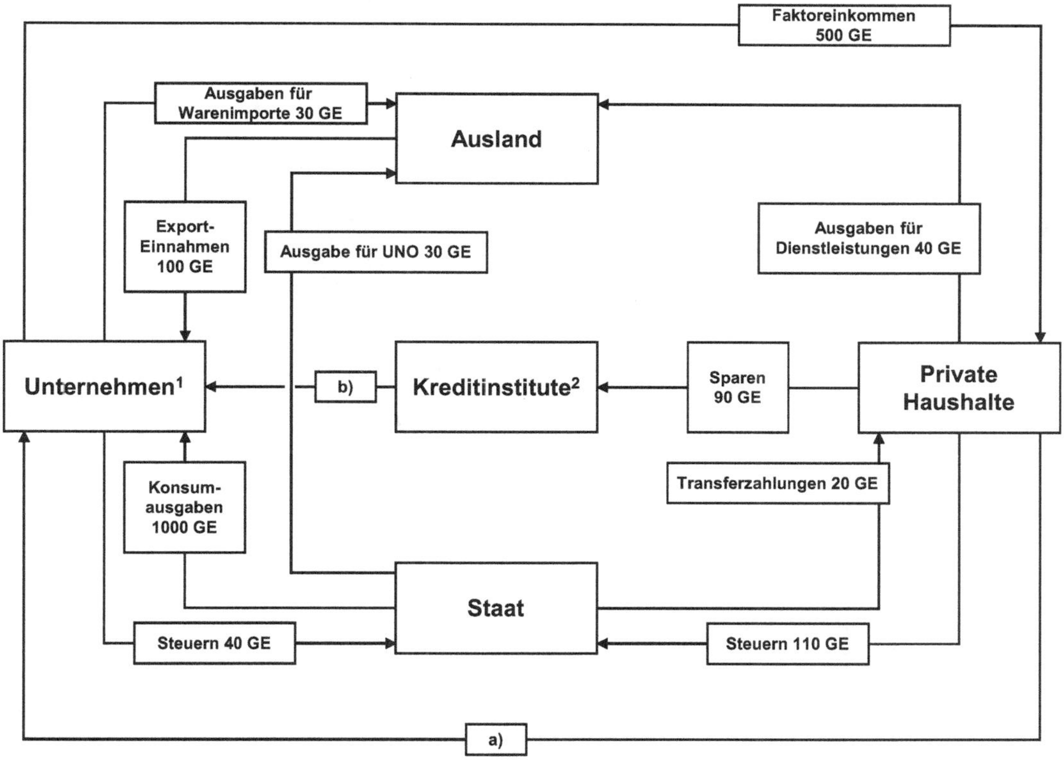

Aufgabe 13

Ermitteln Sie in Geldeinheiten die Investitionen der Unternehmen.

Aufgabe 14

Ermitteln Sie in Geldeinheiten den inländischen Konsum der privaten Haushalte.

Aufgabe 15

Ermitteln Sie den Saldo der Handelsbilanz.

Aufgabe 16

Ermitteln Sie den Saldo der Kapitalbilanz.

Aufgabe 17

Gehen Sie von folgenden Nachfragefunktionen aus:

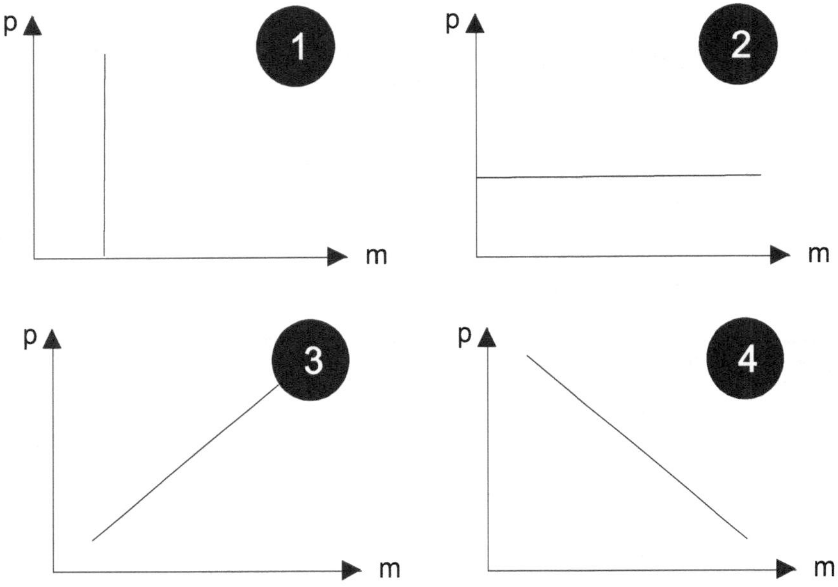

Ordnen Sie die Funktionen den nachfolgenden Begriffen zu:

A Völlig unelastische Nachfrage

B Völlig elastische Nachfrage

C Normales Nachfrageverhalten

D Anomales Nachfrageverhalten

A	B	C	D

Situation zu den Aufgaben 18 und 19

Die Kapazität eines Herstellers von Taschenrechnern beträgt 20.000 Taschenrechner monatlich. Die Gesamtkosten betragen bei einer Produktion von 16.000 Taschenrechnern 985.000,00 EUR und bei einer Produktion von 17.500 Taschenrechnern 1.063.000,00 EUR. Der Verkaufspreis beträgt 70,00 EUR je Taschenrechner.

Aufgabe 18

Wie hoch sind die variablen Kosten pro Taschenrechner?

☐☐ , ☐☐ EUR

Aufgabe 19

Errechnen Sie die monatlichen Fixkosten

					,			EUR

Aufgabe 20

Wie viele Taschenrechner müssen produziert werden, um die Gewinnschwelle zu erreichen?

Aufgabe 21

Errechnen Sie das Betriebsergebnis bei einer Produktions- und Absatzmenge von 15.000 Taschenrechnern!

					,			EUR

Aufgabe 22

Die Bundesregierung beabsichtigt, den Bundeshaushalt durch die Erhöhung von indirekten Steuern bzw. Abbau von Transferzahlungen bzw. Subventionen zu konsolidieren. Bei welchen der nachstehenden Maßnahmen handelt es sich um

1 indirekte Steuern?
2 Transferzahlungen?
3 direkte Steuern?
4 Keine Zuordnung möglich

Maßnahmen

A Die Bundesregierung erhöht die Tabaksteuer um 0,20 EUR pro Packung sowie die Mineralölsteuer um 2 Cent pro Liter und das Heizöl sowie das Benzin um die neue CO2-Abgabe..

B Die Pendlerpauschale wird aufgrund der Coronapandemie um eine zusätzliche Coronapauschale erhöht.

C Geringwertige Wirtschaftsgüter können nicht mehr vollständig im Jahr der Anschaffung abgeschrieben werden.

D Das Erziehungsgeld wurde durch das neue Elterngeld ersetzt und durch zusätzliche Geldleistungen durch die Abschaffung der EEG-Umlage erhöht.

E Die Einkommen- und Körperschaftsteuer werden gesenkt.

F Die Wohnungsbau-Prämie wird von 8,8 % auf 10 % auf einen Förderungshöchstbetrag von 700,00 bzw. 1.400,00 EUR für Ledige bzw. Verheiratete erhöht.

A	B	C	D	E	F

Aufgabe 23

Entscheiden Sie, welche der folgenden Aussagen zutreffend für

1 das Angebotsmonopol
2 das Angebotsoligopol
3 das Angebotspolypol sind.

Aussagen

A Der Anbieter setzt den Preis so fest, dass die Differenz zwischen Gesamterlösen und Gesamtkosten am größten ist.

B Der Anbieter muss sowohl mit Reaktionen der Nachfrager als auch der Konkurrenten rechnen.

C Der relativ scharfe Wettbewerb zwischen Anbietern führt häufig dazu, dass Preisabsprachen vorgenommen werden bzw. das Marktverhalten aufeinander abgestimmt wird.

D Der einzelne Anbieter hat kaum Möglichkeiten, die Preisgestaltung zu beeinflussen. Er wird deshalb versuchen, die von ihm angebotene Menge so zu variieren, dass der größtmögliche Gewinn entsteht.

E Der Anbieter muss, obwohl er in seiner Preisgestaltung völlig frei ist, die Reaktionen der Nachfrager beachten, wenn er einen möglichst hohen Gewinn erzielen will.

A	B	C	D	E

Aufgabe 24

Im letzten Quartal ist in unserer Volkswirtschaft das Preisniveau stärker gestiegen als die Nettolöhne. Welche der nachstehenden Folgen hat diese Veränderung für die Arbeitnehmer?

A Der Reallohn ist gestiegen.

B Die Kaufkraft des Lohnes ist gestiegen.

C Die Kaufkraft des Geldes ist gestiegen.

D Die Kaufkraft des Geldes ist gesunken.

E Der Reallohn ist gleich geblieben.

F Der Reallohn ist gesunken.

Situation zu den Aufgaben 25 und 26

	Mrd. EUR für 2023	Mrd. EUR für 2024
Arbeitnehmerentgelte	1970,2	1999,8
Unternehmens- und Vermögenseinkommen	795,8	848,5
Volkseinkommen	2766,0	2848,3
Bruttosozialprodukt	3658,6	3768,6
Bruttoinlandsprodukt	3675,8	3799,4

Aufgabe 25

Ermitteln Sie die Lohnquote für 2024 (auf zwei Stellen nach dem Komma runden)!

□□,□□ %

Aufgabe 26

Wie hat sich die Lohnquote im Vergleich zu 2023 verändert?

□,□□ %

Aufgabe 27

Die Geldpolitik des Europäischen Systems der Zentralbanken (ESZB) ist ein wichtiges Instrument zur Beeinflussung der Geldmenge. Welche der folgenden Aussagen ist in diesem Zusammenhang richtig?

A Eine Senkung des Refinanzierungssatzes durch die Europäische Zentralbank führt tendenziell zu einer Senkung der inländischen Geldmenge.

B Wenn die Nachfrage der Nichtbanken nach Krediten zinselastisch ist, kann die Europäische Zentralbank über den Refinanzierungssatz die Entwicklung der Geldmenge tendenziell beeinflussen.

C Wenn das Angebot an Bankkrediten über die Verminderung des Refinanzierungssatzes ausgeweitet wird, resultiert daraus kurzfristig stets eine höhere Geld- und Kreditmenge.

D Die Europäische Zentralbank besitzt mit dem Instrument der Mindestreserve eine direkte Steuerungsgewalt über die Geldmenge und übt so einen starken Einfluss auf die gesamtwirtschaftliche Entwicklung aus.

E Die Geldmenge ist kurzfristig beeinflussbar, weil bei einer Erhöhung des Refinanzierungssatzes die Kreditinstitute ihr Kreditangebot sofort taggenau anpassen können.

☐

Aufgabe 28

Von welchen der folgenden Sachverhalte gehen in einer Volkswirtschaft tendenzielle Veränderungen des Geldwertes aus? Ordnen Sie zu.

<u>Auswirkungen auf das Preisniveau</u>

1 inflationäre Wirkung
2 deflationäre Wirkung
3 keine der beiden vorgenannten Wirkungen

<u>Sachverhalte</u>

A Die Tarifpartner handeln Lohnerhöhungen aus, die dem Produktivitätszuwachs entsprechen.

B Infolge einer Senkung der Lohn- und Einkommensteuersätze steigt die Nachfrage am Konsumgütermarkt. Alle Produktionskapazitäten für die Herstellung dieser Güter sind ausgelastet.

C Inländische Haushalte erhöhen ihre Sparquote erheblich. Gleichzeitig geht die Auslandsnachfrage zurück.

D Die inländische Geldmenge steigt kontinuierlich parallel zum nominalen Bruttoinlandsprodukt.

A	B	C	D

Situation zu den Aufgaben 29 und 30

Geldpolitische Geschäfte des Eurosystems (Tenderverfahren)						
Datum der Gutschrift	Gebote Betrag	Zuteilung Betrag	Fest-satz	Marginaler Zuteilungssatz	Gewichteter Durchschnittssatz	Laufzeit
	Mio. EUR		% p. a.			Tage
Hauptrefinanzierungsgeschäfte						
12.03.20..	300.000	54.000	0,012			7
19.03.20..	1.505.405	92.000	0,012			7
26.03.20..	485.825	90.000	0,012			7
Längerfristige Refinanzierungsgeschäfte						
28.12.Vorj.	41.443	15.000		0,046	0,047	88
30.01.20..	74.430	25.000		0,039	0,042	91
27.02.20..	74.988	25.000		0,028	0,027	98
26.03.20..	91.088	25.000		0,056	0,049	98

Aufgabe 29

Welche der nachstehenden Tenderverfahren kamen bei den

A Hauptrefinanzierungsgeschäften

B längerfristigen Refinanzierungsgeschäften zur Anwendung?

1 Mengentender
2 Zinstender (holländisches Verfahren)
3 Zinstender (amerikanisches Verfahren)
4 Keines der o. a. Verfahren vor?

A	B

Aufgabe 30

Berechnen Sie die Repartierungsquote (Zuteilungsquote) des Tenderverfahrens vom 12.03.20.. in %.

| | | % |

Aufgabe 31

Berechnen Sie die Gutschrift für ein Gebot vom 12.03.20.. über 25 Mio. EUR.

| , | Mio. EUR |

Aufgabe 32

Berechnen Sie den Saldo der Hauptrefinanzierungsgeschäfte (Saldo aus neu abgeschlossenen und auslaufenden Geschäften) vom 19.03.20...

| | | Mrd. EUR |

PRÜFUNGSSATZ II

W. Grundmann et al., *Abschlussprüfung Teil II*, Prüfungstraining für Bankkaufleute,
https://doi.org/10.1007/978-3-658-48144-5_2

1 Vermögen aufbauen und Risiken absichern

Bearbeitungszeit: 90 Minuten, 100 Punkte

Lösungen ab Seite 193

1. Fall: Geldanlage in Investmentanteilen
(32,5 Punkte, ca. 30 Minuten Bearbeitungszeit)

Situation

Sie sind Kundenberater/-in der Nordbank AG. Leo Wohltmann kommt heute wegen eines Beratungstermins zu Ihnen. Herr Wohltmann hatte vor einigen Wochen das Wertpapierdepot seines Vaters geerbt. Die Umschreibung des Depots erfolgte in der letzten Woche. Herr Wohltmann möchte nun über die Anlage mit Ihnen sprechen.

Kundenübersicht Leo Wohltmann		
Konto/Depot	Saldo/ aktueller Wert	Anmerkungen
Girokonto 4984381400	H 478,28 EUR	Dispositionskredit: 4.000,00 EUR
Sparkonto 4984381405	1.566,67 EUR	dreimonatige Kündigungsfrist, Verwendungszweck: Mietkaution
Sparkonto 4984381406	4.273,56 EUR	dreimonatige Kündigungsfrist
VL-Bausparkonto 4984381407	988,50 EUR	monatliche VL-Zahlung 40,00 EUR
Depot 50599739: Das Depot wird bei der Kapitalanlagegesellschaft mbH geführt.		
Dachfonds „Global Euro Profit" ISIN DE9876543210	6.104,31 EUR	Wertpapierfonds im Euro-Raum, Aktien- und Rentenwerte
Aktienfonds „Global Standard Profit" ISIN DE1234897654	4.797,48 EUR	weltweite Standardwerte
Es liegt ein Freistellungsauftrag über 500,00 EUR vor.		

Herr Wohltmann teilt Ihnen mit, dass er bisher keine Erfahrungen mit Investmentanteilen hat und deshalb keine Kenntnisse zu dieser Anlageform besitzt.

Aufgabe 1.1 (6 Punkte)

Erklären Sie Herrn Wohltmann das Grundprinzip des Investmentsparens anhand von 3 Merkmalen.

Aufgabe 1.2 (4 Punkte)

Welche Vorteile und Nachteile hat die Anlage in Investmentanteilen gegenüber der Anlage auf dem Sparkonto? Erklären Sie dies Herrn Wohltmann an jeweils 2 Vor- und 2 Nachteilen.

Aufgabe 1.3 (4 Punkte)

Herr Wohltmann legt Ihnen die nachfolgende Übersicht über seine Investmentanteile vor und bittet um Informationen dazu.

Dachfonds:	„Global Euro Profit" Wertpapierfonds im Euro-Raum Aktien- und Rentenwerte	Aktienfonds:	„Global Standard Profit " weltweite Standardwerte
Ausgabeaufschlag:	3,00 %	Ausgabeaufschlag:	5,00 %
Ertragsbehandlung:	Ausschüttung 10.07. d. J.	Ertragsbehandlung:	Thesaurierung 31.10.
Ausgabepreis:	65,11 EUR	Ausgabepreis:	125,16 EUR
Rücknahmepreis:	63,21 EUR	Rücknahmepreis:	119,20 EUR
Verwaltungskosten:	0,50 % p. a.	Verwaltungskosten:	keine

Welche unterschiedlichen Anlageziele verfolgen die beiden Investmentfonds?

Aufgabe 1.4 (4 Punkte)

Erklären Sie Herrn Wohltmann, mit welchen Maßnahmen die Investmentgesellschaft ihre Anlageziele erreichen kann.

Aufgabe 1.5 (2,5 Punkte)

Herr Wohltmann bittet um weitere Erläuterungen zu diesem Produkt. Welche Auskunft ist richtig?

A Der Preis von Investmentzertifikaten bildet sich direkt durch Angebot und Nachfrage, da alle Fondsanteile an den jeweiligen Börsen gehandelt werden.

B Rentenfonds beinhalten kein Kursrisiko, da sie laufend Zinszahlungen aus den enthaltenen Rentenpapieren beziehen.

C Bei der Veräußerung von Fondsanteilen eines Investmentfonds kann der Anleger eventuelle Veräußerungsgewinne abgeltungssteuerfrei vereinnahmen.

D Gewinne durch die Veräußerung von Anteilen an offenen Immobilienfonds sind abgeltungssteuerpflichtig.

E Grundlage für die Ermittlung des Anteilwerts ist die Ermittlung des Inventarwerts, geteilt durch die Anzahl der umlaufenden Anteile.

☐

Aufgabe 1.6 (3 Punkte)

Herr Wohltmann möchte von Ihnen wissen, warum die Investmentgesellschaft beim Kauf von Investmentanteilen einen Ausgabeaufschlag erhebt.

Aufgabe 1.7 (4 Punkte)

Sie teilen Herrn Wohltmann mit, dass die Wertentwicklung der beiden Investmentfonds in den vergangenen Monaten positiv verlaufen ist.

Nennen und erklären Sie Herrn Wohltmann zwei Faktoren, die eine positive Auswirkung auf die Wertentwicklung seiner Fondsanteile gehabt haben können.

Aufgabe 1.8 (2,5 Punkte)

Herr Wohltmann möchte regelmäßig monatlich fünf Anteile kaufen. Welcher Hinweis zur regelmäßigen Anlage in Investmentzertifikaten ist richtig?

A Auf Grund der geringen Preisschwankungen bietet es sich an, regelmäßig eine bestimmte Anzahl von Anteilen zu kaufen, um den Cost-Average-Effekt zu nutzen.

B Die regelmäßige Anlage eines gleichbleibenden Betrags ergibt einen niedrigeren durchschnittlichen Einstandspreis gegenüber dem regelmäßigen Kauf einer bestimmten Anzahl an Anteilen (Cost-Average-Effekt).

C Der Cost-Average-Effekt ergibt sich nur bei fallenden Kursen.

D Der Cost-Average-Effekt ergibt sich nur bei steigenden Kursen.

E Der Cost-Average-Effekt bedeutet, dass weniger Depotgebühren bei Investmentanteilen zu bezahlen sind als bei einer Direktanlage in Inhaberaktien.

☐

Aufgabe 1.9 (2,5 Punkte)

Im Rahmen dieses Gespräches erklären Sie Herrn Wohltmann den Steuerabzug auf Kapitalerträge aus Geld- und Vermögensanlagen. Wie informieren Sie Herrn Wohltmann richtig?

A Bei jeder Auszahlung von Kapitalerträgen wird bei Kreditinstituten ein Steuerabzug (Abgeltungssteuer) von 25 % vorgenommen.

B Zusätzlich zur Abgeltungssteuer sind die Nettozinsen in der Einkommensteuererklärung anzugeben und erhöhen das zu versteuernde Einkommen.

C Ein Abzug der Abgeltungssteuer kann durch Vorlage einer Nichtveranlagungsbescheinigung vermieden werden.

D Neben der Abgeltungssteuer behält die Nordbank AG den Solidaritätszuschlag in Höhe von 5,5 % des Zinsbetrages ein.

E Die Nordbank AG behält neben der Abgeltungssteuer noch die Kirchensteuer in Höhe von 5,5 % der Abgeltungssteuer ein.

☐

2. Fall: Geldanlage in Aktien
(22,5 Punkte, ca. 20 Minuten Bearbeitungszeit)

Situation

Britta Fehrmann, 32 Jahre alt, ledig, unterhält ein Aktiendepot mit Standardwerten bei der Nordbank AG in Hamburg. Eine gültige Stimmrechtsvollmacht liegt der Nordbank AG vor. Am 22.07. bittet sie ihren Kundenberater Thomas Busch um eine Beratung. Im Rahmen des Beratungsgesprächs äußert Frau Fehrmann den Wunsch, die nächste Hauptversammlung der Reederei AG in Hamburg, die am 16.08. stattfinden soll, zu besuchen. Frau Fehrmann möchte das Stimmrecht für ihre 200 Inhaber-Stammaktien dieser AG selbst ausüben. Herr Busch teilt Frau Fehrmann mit, dass die Hauptversammlung der Reederei AG dieses Mal von den Aktionärinnen/Aktionären nur virtuell besucht werden kann.

Aufgabe 2.1 (2 Punkte)

Frau Fehrmann möchte von Herrn Busch wissen, was eine virtuelle Hauptversammlung ist und wie eine virtuelle Hauptversammlung gesetzlich geregelt ist.

Aufgabe 2.2 (4 Punkte)

Frau Fehrmann möchte an der virtuellen Hauptversammlung teilnehmen. Beschreiben Sie Frau Fehrmann, wie sie sich für die Hauptversammlung anmelden und ihr Stimmrecht zu den einzelnen Tagesordnungspunkten ausüben kann.

Aus der Tagesordnung der Reederei AG sind u.a. folgende Tagesordnungspunkte zu entnehmen:

Zu 2. Beschlussfassung über die Verwendung des Bilanzgewinns der Reederei AG zur Ausschüttung einer Dividende von 4,70 EUR …

Zu 3. Beschlussfassung über die Entlastung der Mitglieder des Vorstands und des Aufsichtsrats …

Zu 6. Beschlussfassung über die Billigung des Vergütungssystems für den Vorstand

Zu 8. Beschlussfassung über die Schaffung eines Genehmigten Kapitals gegen Bar- und/oder Sacheinlagen mit der Ermächtigung zum Abschluss des Bezugsrechts und entsprechende Satzungsänderungen

Mehrheiten

Aufgabe 2.3 (2 Punkte)

Nennen Sie zwei Rechte, die sich aus der Anmeldung zur virtuellen Hauptversammlung neben der Stimmrechtsausübung für Frau Fehrmann ergeben!

Aufgabe 2.4 (4 Punkte)

Nennen Sie die Mehrheitsverhältnisse zu den vier o.a. Tagesordnungspunkten!

A 50 % und mehr des anwesenden Kapitals

B 75 % des anwesenden Kapitals

Tagesordnungspunkte	2.	3.	6.	8.
Mehrheitsverhältnisse				

Aufgabe 2.5 (3 Punkte)

Frau Fehrmann hat auch Immobilien-Aktien in ihrem Depot. Im weiteren Verlauf des Beratungsgesprächs bittet Sie Frau Fehrmann um eine Entscheidungshilfe über ihren Besitz an 500 Stück Immobilien AG-Aktien. Die Aktien wurden vor einem Jahr im Rahmen eines Kommissionsgeschäfts zum Kurs von 15,40 EUR erworben und werden zurzeit zwischen 37,00 EUR und 38,00 EUR gehandelt. Frau Fehrmann ist unsicher, ob sie die Aktien weiter halten soll.

Aufgabe 2.6 (2,5 Punkte)

Frau Fehrmann hat in der Zeitschrift „Börse und Finanzen“ gelesen, dass deutsche Aktien zurzeit ein niedriges Kurs-Gewinn-Verhältnis aufweisen und eine relativ hohe Dividendenrendite erzielen. Frau Fehrmann erwägt den Erwerb von Aktien entweder der Finanz AG oder der Software AG.

Auszug aus der Zeitschrift „Börse und Finanzen“:

	Finanz AG	**Software AG**
Kurs der Aktie	61,80 EUR	41,80 EUR
Erwartete Dividendenzahlung	1,40 EUR	1,00 EUR
Erwarteter Gewinn je Aktie	5,13 EUR	3,19 EUR

Ermitteln Sie das Kurs-Gewinn-Verhältnis für die Aktie der Finanz AG. Welches Ergebnis trifft zu?

A 13,10

B 12,04

C 13,11

D 12,05

E 12,15

☐

Aufgabe 2.7 (2,5 Punkte)

Welche der beiden Aktien sollte Frau Fehrmann auf Grund Ihrer Ergebnisse erwerben?

A Aktien der Finanz AG

B Aktien der Software AG

☐

Aufgabe 2.8 (2,5 Punkte)

Welches der untenstehenden Rechte erwirbt Frau Fehrmann mit dem Kauf einer dieser beiden Aktien?

A Anspruch auf Rabatte, sofern sie Dienstleistungen der Nordleben AG in Anspruch nimmt.

B Stimmrecht in der Hauptversammlung

C Uneingeschränktes Auskunftsrecht gegenüber dem Vorstand

D Stimmrecht im Aufsichtsrat

E Anspruch auf eine feste jährliche Gewinnbeteiligung

☐

3. Fall: Erwerb von Aktienoptionen
(22,5 Punkte, ca. 20 Minuten Bearbeitungszeit)

Situation

Mario Baum ist Depotkunde der Nordbank AG. Herr Baum möchte für sein Depot Aktien erwerben. Da ihm die Unterscheidung der verschiedenen Aktienarten noch nicht so geläufig ist, bittet er Sie um Auskunft.

Aufgabe 3.1 (5 Punkte)

Auf welche Aktienarten treffen die nachfolgenden Aussagen zu? Orden Sie die Aktienarten den Aussagen A bis F zu.

A Der Inhaber dieser Aktie wird im Aktienbuch der Unternehmung eingetragen. Der Vorstand der AG muss einem Aktionärswechsel nicht zustimmen.

B Diese Aktien haben i. d. R. kein Stimmrecht in der Hauptversammlung. Als Ausgleich kann den Aktionären eine höhere Dividende bezahlt werden.

C Die Aktien werden ausgegeben, wenn die AG Gewinnrücklagen in gezeichnetes Kapital umwandelt.

D Die Aktie verbrieft ohne Einschränkung alle Aktionärsrechte.

E Die Aktiengesellschaft erhöht das gezeichnete Kapital gegen Bareinlagen.

F Bei dieser Aktie muss der Vorstand der AG dem Aktionärswechsel ausdrücklich zustimmen.

Aktienarten

1. Stammaktien sowie Namensaktie
2. Vorzugsaktien
3. Junge Aktien
4. Namensaktien
5. Berichtigungsaktien
6. Vinkulierte Namensaktien

A	B	C	D	E	F

Aufgabe 3.2 (2,5 Punkte)

Herr Baum möchte 100 Stück Vorzugsaktien der Chip AG erwerben. Im Zusammenhang mit diesem Kaufauftrag fragt Herr Baum nach den unterschiedlichen Möglichkeiten der Ordererteilung. Welche Aussage zur Ordererteilung trifft zu?

A Wünscht Herr Baum keine Limitierung seines Kaufauftrags, wird der Auftrag an der Börse „bestens" ausgeführt und er erhält die Chip-Aktien zum nächsten festgestellten Kurs.

B Bei einem limitierten Kaufauftrag besteht das Risiko, dass die Order zu einem höheren Kurs als das gesetzte Limit ausgeführt wird.

C Im Rahmen einer Kapitalerhöhung gegen Einlagen hat die getrennte Notierung des Bezugsrechts auf neue Aktien der Chip AG keine Auswirkung auf die Gültigkeit einer limitierten Kauf-Order.

D Künftige Dividendenzahlungen der Chip AG haben keine Auswirkung auf die Gültigkeit des limitierten Kaufauftrags, wenn Herr Baum die Höhe der Dividende beim Setzen des Limits berücksichtigt.

E Bei einer Stop-Buy-Order wird der Auftrag „billigst" ausgeführt, sobald die gesetzte Stop-Marke erreicht oder überschritten wird.

☐

Aufgabe 3.3 (2,5 Punkte)

Herr Baum möchte von Ihnen im Rahmen dieses Beratungsgesprächs noch wissen, wo das Aktienregister geführt wird.

Bei welcher der folgenden Stellen wird das Aktienregister geführt?

A Zuständiges Handelsregister

B Hauptsitz der Gesellschaft

C Hausbank der Gesellschaft

D Bundesaufsichtsamt für den Wertpapierhandel

E deutsche Börse AG

☐

Aufgabe 3.4 (2 Punkte)

In einem Beratungsgespräch bittet Herr Baum Sie wegen seiner *Chemie AG*-Aktien um Informationen. Sie rufen das Depot von Herrn Baum auf und teilen ihm mit, dass der Depotwert seiner *Chemie AG*-Aktien derzeit ca. 48.000,00 EUR beträgt. Herr Baum stellt fest, dass der Kurswert dieser Aktien sich seit dem Kauf vor etwa einem Jahr gut entwickelt hat. Aufgrund Ihrer Informationen teilen Sie Herrn Baum mit, dass die Kursaussichten für diesen Wert auch für die nächsten 6 Monate positiv sind. Spätestens in 6 Monaten benötigt Herr Baum allerdings ca. 48.000,00 EUR, da dann eine größere Investition an seinem Hause anfällt. Bis zu diesem Zeitpunkt möchte Herr Baum die voraussichtlichen Kurssteigerungen *Chemie AG*-Aktien mitnehmen. Herr Baum wünscht von Ihnen eine Beratung über die Absicherung des gesamten Kurswertes dieser Aktie für die nächsten 6 Monate. Sie empfehlen Herrn Baum den Abschluss eines Optionsgeschäftes.

Optionsliste Optionen – Chemie AG						
Name	Symbol	Erster	Hoch	Tief	Aktuell	Vortag
Chemie AG	CEM	43,50	44,40	43,76	43,85	43,89

CALL				PUT	
Geld (Bid)	Brief (Ask)	Monat	Basis	Geld (Bid)	Brief (Ask)
3,55	3,75	06/20..	42,00	1,75	2,00
2,49	2,52	06/20..	44,00	2,50	2,80
1,35	1,50	06/20..	46,00	3,10	3,30
1,00	1,20	06/20..	48,00	5,05	6,05
4,20	4,54	09/20..	42,00	2,10	2,30
3,40	3,90	09/20..	44,00	3,25	3,43
1,95	2,35	09/20..	46,00	4,30	5,10
1,35	1,60	09/20..	48,00	5,40	6,40

Kontraktgröße jeweils 100 Aktien

Kosten der Eurex: 0,20 EUR pro Kontrakt

Nennen Sie Herrn Baum das konkrete Geschäft, mit dem er seine Aktien der *Chemie AG* an der Terminbörse Eurex gegen Kursverluste absichern kann.

Aufgabe 3.5 (4 Punkte)

Sie beschreiben Herrn Baum die Strategie dieses Kurssicherungsgeschäftes.

Erläutern Sie Herrn Baum, wie sich steigende Aktienkurse auf ihre Gesamtposition aus Aktien der *Chemie AG* und dem entsprechenden Optionsgeschäft auswirken.

Aufgabe 3.6 (4 Punkte)

Erläutern Sie Herrn Baum, wie sich fallende Aktienkurse auf ihre Gesamtposition aus Aktien der *Chemie AG* und dem entsprechenden Optionsgeschäft auswirken.

Aufgabe 3.7 (2,5 Punkte)

Herr Baum hat am 26.07.20.. einen DAX-Future zu folgenden Konditionen verkauft:

Basiswert:	DAX (Deutscher Aktienindex)
Kontraktwert:	25,00 EUR je DAX-Punkt
Fälligkeit:	18.09.20..
DAX-Stand am 26.07.20..:	15.950 Punkte

Welche der folgenden Aussagen zur Beurteilung dieses Future-Geschäfts ist für Herrn Baum zutreffend?

A Herr Baum kann den DAX-Future verfallen lassen, wenn der DAX über 15.950 Punkte steigt.

B Herr Baum kann theoretisch einen unbegrenzten Verlust erzielen.

C Der maximale Gewinn ist für Herrn Baum auf die eingenommene Prämie begrenzt.

D Herr Baum kann maximal 15.950,00 EUR verlieren.

E Steigt der DAX auf 15.975 Punkte, beträgt der Verlust für Herrn Baum 25,00 EUR.

☐

4. Fall: Anlage in Altersvorsorgeprodukten
(22,5 Punkte, ca. 20 Minuten Bearbeitungszeit)

Situation

Sie sind Kundenberater/in der Nordbank AG. Die Eheleute Jan und Martina Schneider haben mit Ihnen im Juni einen Gesprächstermin vereinbart. Herr Schneider ist 35 Jahre alt, arbeitet als Versicherungskaufmann bei einer örtlichen Agentur und hatte im Vorjahr einen Bruttoarbeitslohn von 38.000,00 EUR. Seine Frau Martina ist auch 35 Jahre alt, und arbeitet als Angestellte im öffentlichen Dienst. Sie hatte im Vorjahr einen Bruttoarbeitslohn von 25.000,00 EUR. Die zwei Kinder der Familie Schneider sind vier Jahre bzw. ein Jahr alt. Die Eheleute Schneider interessieren sich für staatlich geförderte Möglichkeiten der privaten Altersvorsorge. Im Gespräch mit dem Ehepaar gehen Sie zunächst auf die Grundlagen der Altersvorsorge und der vom Staat geförderten Möglichkeiten ein. In diesem Zusammenhang fallen die Begriffe „Versorgungslücke" und „demografischer Wandel".

Aufgabe 4.1 (2 Punkte)

Erklären Sie dem Ehepaar den Begriff „Versorgungslücke".

Aufgabe 4.2 (4 Punkte)

Begründen Sie, warum es tendenziell immer wichtiger wird, neben der gesetzlichen Rentenversicherung auch private finanzielle Vorsorge für das Alter zu treffen.

Aufgabe 4.3 (6 Punkte)

Beschreiben Sie dem Ehepaar Schneider das Schichtenmodell in der Altersvorsorge. Benennen Sie dazu die Schichten und führen Sie jeweils ein Beispiel aus jeder Schicht an.

Aufgabe 4.4 (3 Punkte)

Prüfen Sie, ob Herr und Frau Schneider zum geförderten Personenkreis der staatlich geförderten privaten Altersvorsorge gehören und begründen Sie Ihre Einschätzung.

Aufgabe 4.5 (2,5 Punkte)

Familie Schneider interessiert sich auch für den Erwerb einer Kapitallebensversicherung. Welche Auskunft über die Kapitallebensversicherung trifft zu?

A Handelt es sich beim Versicherungsnehmer gleichzeitig um die versicherte Person, kann der Versicherungsnehmer eine Kapitallebensversicherung nur gegen laufende Beitragszahlungen, nicht aber gegen Zahlung eines Einmalbeitrags abschließen.

B Die Erträge aus der Kapitallebensversicherung sind im Erlebensfall steuerfrei, wenn die Laufzeit mindestens zwölf Jahre beträgt und die Auszahlung nach Vollendung des 63. Lebensjahres erfolgt.

C Die Kapitallebensversicherung wird aktuell mit einer gesetzlichen Garantieverzinsung in Höhe von 2 % p. a. verzinst.

D Die Ablaufleistung einer Kapitallebensversicherung errechnet sich aus den eingezahlten Beiträgen, der Garantieverzinsung und der Überschussbeteiligung.

E Dynamisierte Kapitallebensversicherungen bieten den Vorteil einer inflationsgeschützten Anlage bei konstanten Beitragszahlungen.

☐

Aufgabe 4.6 (2,5 Punkte)

Familie Schneider hat im Rahmen der Beratung Fragen zu den gesetzlichen Regelungen des Datenschutzes: Wie informieren Sie Familie Schneider korrekt über die Bedeutung des Begriffs „Datenschutz“?

A Der Betroffene soll vor der versehentlichen Verbreitung der eigenen und der unsachgemäßen Nutzung fremder Daten geschützt werden.

B Der Betroffene soll vor dem Missbrauch seiner Daten durch Unternehmen und Behörden geschützt werden.

C Personenbezogene Daten dürfen nur verarbeitet werden, sofern die betroffene Person der Nutzung der sie betreffenden Daten für einen oder mehrere bestimmte Zwecke nicht widersprochen hat.

D Personenbezogene Daten dürfen nur verarbeitet werden, sofern aus diesen die ethnische Herkunft, politische Meinungen, religiöse oder weltanschauliche Überzeugungen oder die Gewerkschaftszugehörigkeit der betroffenen Person hervorgeht.

E Unternehmen und Behörden sollen vor unsachgemäßer Nutzung und Verbreitung ihrer vertraulichen Daten geschützt werden.

☐

Aufgabe 4.7 (2,5 Punkte)

Familie Schneider möchte von Ihnen wissen, was „Vertraulichkeit von Daten“ bedeutet.

Welche Aussage trifft zu?

A Nur die Unternehmensleitung hat Datenzugriff.

B Es haben nur vertrauenswürdige Personen des Unternehmens Zugriff.

C Es haben nur berechtigte Personen Datenzugriff.

D Es haben nur datenschutzbeauftragte Personen Datenzugriff.

E Es hat nur der Betriebsrat Datenzugriff.

☐

2 Finanzierungsvorhaben begleiten

Bearbeitungszeit: 90 Minuten, 100 Punkte

Lösungen ab Seite 201

1. Fall: Immobilienerwerb mit Hilfe des Bausparens
(50 Punkte, ca. 45 Minuten Bearbeitungszeit)

Situation

Ihr Kunde Herr Simon Schulte kommt zu einem Beratungsgespräch in die Nordbank AG. Er teilt Ihnen mit, dass er beabsichtigt eine Eigentumswohnung zu erwerben. Die Eigentumswohnung wurde ihm von der Nordimmobilien GmbH aktuell angeboten. Die gesamten Erwerbskosten sollen sich auf 180.000,00 EUR belaufen. Das Angebot der Nordimmobilien GmbH ist auf Ende Juli 2025 befristet.

Herr Schulte stehen Eigenmittel in Höhe von 20.000,00 EUR zur Verfügung.

Aufgabe 1.1 (3 Punkte)

Nennen Sie Herrn Schulte 3 Bedingungen, unter denen eine Vollfinanzierung durch die Nordbank AG möglich sein könnte!

Aufgabe 1.2 (3 Punkte)

Für die geplante Finanzierung benötigt Herr Schulte weitere Unterlagen über das zu finanzierende Objekt. Nennen Sie Herrn Schulte 3 weitere einzureichende Objektunterlagen und begründen Sie deren Notwendigkeit!

Aufgabe 1.3 (2 Punkte)

Einen Teil der Eigentumsfinanzierung möchte Herr Schulte über seinen Bausparvertrag finanzieren.

Bausparübersicht

Bausparsumme	60.000,00 EUR
Bausparguthaben einschließlich Zinsen	23.995,00 EUR
Sparzinssatz	0,10 % p. a.
Darlehenszinssatz	2,0 % p. a.
Mindestansparsumme	40 %
Mindestlaufzeit	18 Monate
Regelsparbeitrag	3 ‰ der Bausparsumme pro Monat
Leistung nach Valutierung	6 ‰ der Bausparsumme pro Monat
Zuteilung	01. Juli 2025
Vertragsabschluss	16. Mai 2020

Berechnen Sie die monatliche Belastung für Herrn Schulte nach erfolgter Zuteilung der Bausparsumme durch die Bauspar AG.

Aufgabe 1.4 (6 Punkte)

Herr Schulte bittet Sie um einen Finanzierungsvorschlag zum Kauf der Eigentumswohnung. Unterbreiten Sie ihm einen Finanzierungsvorschlag inklusive Betragsangaben.

Aufgabe 1.5 (4 Punkte)

Erläutern Sie Herrn Schulte, wie die notwendigen Baudarlehen besichert werden können.

Aufgabe 1.6 (4 Punkte)

Herr Schulte legt Ihnen die Teilungserklärung zur Begründung von Wohneigentum für die Immobilie vor. Herr Schulte möchte von Ihnen Informationen über den in der Teilungserklärung enthaltenen Passus:

> „Mit jedem Miteigentumsanteil am Grundstück ist das Sondereigentum an einer bestimmten Wohnung – das Wohnungseigentum – oder an nicht zu Wohnzwecken bestimmten Räumen – das so genannte Miteigentum – verbunden."

Erklären Sie Herrn Schulte die Begriffe „Sondereigentum“ und „Miteigentumsanteil“!

Aufgabe 1.7 (2,5 Punkte)

Kurz danach einigen sich Herr Schulte und die Nordimmobilien GmbH über die Verkaufsmodalitäten der Eigentumswohnung. Der Verkauf wird vereinbarungsgemäß abgewickelt:

07.05.20...	Abschluss eines Vorvertrags zum Kauf der Eigentumswohnung
28.05.20...	9:30 Uhr Notarieller Abschluss eines Wohneigentum-Kaufvertrages
28.05.20...	10:15 Uhr Auflassung
11.06.20..	Eintragung einer Auflassungsvormerkung zugunsten von Herrn Schulte und erste Teilzahlung des Kaufpreises
13.07.20...	Übergabe der Schlüssel zur frisch renovierten Eigentumswohnung sowie Einzug
20.07.20...	Eintragung der Eigentumsübertragung im Grundbuch und zweite Teilzahlung des Kaufpreises
27.07.20...	Eintragungsbestätigung des Notars und Aushändigung des aktuellen Grundbuchauszugs sowie Restzahlung des Kaufpreises

An welchem Tag hat Herr Schulte einen schuldrechtlichen und dinglichen Anspruch auf Erwerb und Eigentumsübertragung der Eigentumswohnung erworben?

A 28.05. durch den notariellen Abschluss eines Wohneigentum-Kaufvertrages

B 28.05. durch den Anspruch auf Eigentumsübertragung (Auflassung) durch notarielle Beurkundung.

C 07.05, durch Abschluss eines Vorvertrags zum Kauf der Eigentumswohnung

D 11.06., durch Eintragung einer Auflassungsvormerkung zugunsten von Herrn Schulte und erste Teilzahlung des Kaufpreises

E 11.06., durch die erste Teilzahlung des Kaufpreises

☐

Aufgabe 1.8 (4 Punkte)

Aus welchem Grund wurde für Herrn Schulte eine Auflassungsvormerkung eingetragen?

Aufgabe 1.9 (4 Punkte)

An welchem Tag hat Herr Schulte das Eigentum an der Wohnung erworben? Nennen Sie das Datum und begründen Sie Ihre Entscheidung.

Aufgabe 1.10 (2,5 Punkte)

Wann geht die Haftung für die Eigentumswohnung auf Herrn Schulte über?

A 28.05. durch den notariellen Abschluss eines Wohneigentum-Kaufvertrages

B 13.07.20.. mit Übergabe der Wohnungsschlüssel und Inbesitznahme der Eigentumswohnung.

C 07.05. durch Abschluss eines Vorvertrags zum Kauf der Eigentumswohnung

D 11.06. durch Eintragung einer Auflassungsvormerkung zugunsten von Herrn Schulte und erste Teilzahlung des Kaufpreises

E 11.06. durch die erste Teilzahlung des Kaufpreises

☐

Situation zu den Aufgaben 1.11 bis 1.14

Die Nordbank AG gewährt ihren Kunden Anschaffungsdarlehen im Umfang von 30.000,00 EUR mit 4-jähriger Zinsbindung und refinanziert sich über Festgelder mit 2 Monaten Laufzeit in gleicher Höhe.

Konditionen im Kundengeschäft:	
- für Festgeld mit 2 Monaten Laufzeit:	2,3 %
- für Kleinkredite (4 Jahre):	9,0 %
Zinssätze am Geld- und Kapitalmarkt:	
- Tagesgeld:	1,3 %
- Zweimonatsgeld:	2,9 %
- Kapitalmarktanlage (4 Jahre):	5,0 %

Aufgabe 1.11 (2,5 Punkte)

Ermitteln Sie unter Angabe des Rechenwegs den aktiven Konditionenbeitrag in Prozent.

Aufgabe 1.12 (2,5 Punkte)

Ermitteln Sie unter Angabe des Rechenwegs den passiven Konditionenbeitrag in Prozent.

Aufgabe 1.13 (2,5 Punkte)

Ermitteln Sie unter Angabe des Rechenwegs den Strukturbeitrag in Prozent.

Aufgabe 1.14 (2,5 Punkte)

Ermitteln Sie unter Angabe des Rechenwegs die Bruttozinsspanne in Prozent.

2. Fall: Firmenkredit
(50 Punkte, ca. 45 Minuten Bearbeitungszeit)

Situation

Sie sind Firmenkundenberater/in der Nordbank AG. Ihr Firmenkunde Dirk Lehmann hat um einen Gesprächstermin gebeten. Herr Lehmann ist Glasermeister und hat Mitte letzten Jahres ein örtliches, wirtschaftlich gesundes Glasereiunternehmen übernommen, die Glaserei Meier GmbH. Sein Unternehmen hat insbesondere durch zwei größere Aufträge am Ende des letzten Jahres einen Umsatzzuwachs von 25,00 % verzeichnen können. Durch die Materialbestellung für diese Aufträge ist ein größerer Betrag dem Kontokorrentkonto der Glaserei Meier GmbH bereits belastet worden.

Folgende Daten aus der Geschäftsverbindung liegen Ihnen vor:

Kundendaten Glaserei Meier GmbH

Kontokorrentkonto		
eingeräumte Kreditlinie (unbesichert)	60.000,00 EUR	
aktueller Kontostand	95.280,06 EUR	Soll

Auszug aus dem Konditionentableau der Nordbank AG

Zinssatz für Kontokorrentkredite	9,75 % p. a.
Zinssatz für geduldete Überziehungen	13,75 % p. a.

Aufgabe 2.1 (6 Punkte)

Erläutern Sie anhand von 2 Aspekten, warum es für die Glaserei Meier GmbH zweckmäßig ist, eine Erhöhung der Kontokorrentkreditlinie zu beantragen.

Aufgabe 2.2 (3 Punkte)

Sie teilen Herrn Lehmann mit, dass eine Erhöhung der Kreditlinie gegen die Stellung von Sicherheiten möglich ist. Erläutern Sie Herrn Lehmann von der Glaserei Meier GmbH, warum die Nordbank AG die Stellung von Sicherheiten verlangt!

Aufgabe 2.3 (6 Punkte)

Die Nordbank AG schlägt als Sicherheit eine Globalzession des Forderungsbestandes vor. Erläutern Sie Herrn Lehmann diese Sicherheit anhand von 3 Aspekten!

Aufgabe 2.4 (4 Punkte)

Erklären Sie Herrn Lehmann anhand von zwei Aspekten, welche Bedeutung eine stille Zession für die Drittschuldner der Glaserei Meier GmbH hat, die die Nordbank AG verlangt.

Aufgabe 2.5 (4 Punkte)

Welche Vereinbarung muss die Nordbank AG mit der Glaserei Meier GmbH im Zessionsvertrag treffen, damit sie die Sicherheit gegebenenfalls verwerten kann?

Aufgabe 2.6 (4 Punkte)

Begründen Sie anhand von zwei Aspekten, warum sich die Nordbank AG vierteljährlich Debitorenlisten der Glaserei Meier GmbH einreichen lässt!

Aufgabe 2.7 (2 Punkte)

Begründen Sie, warum sich die Nordbank AG regelmäßig die Jahresabschlüsse der Glaserei Meier GmbH einreichen lässt!

Aufgabe 2.8 (2 Punkte)

Die Glaserei Meier GmbH kann kurzfristig noch einen weiteren Auftrag bekommen, allerdings nur, wenn die Nordbank AG dem Investor ein Gewährleistungsaval über 22.000,00 EUR stellt.

Erläutern Sie, welche Verpflichtung für die Nordbank AG durch die Stellung eines Gewährleistungsavals entsteht!

Aufgabe 2.9 (4 Punkte)

Erläutern Sie zwei Verpflichtungen, die für die Glaserei Meier GmbH mit der Stellung eines Gewährleistungsavals durch die Nordbank AG entstehen

Aufgabe 2.10 (2,5 Punkte)

Die Glaserei Meier GmbH möchte bei der Nordbank AG auch ein Festdarlehen in Höhe von 250.000,00 EUR aufnehmen. Die Kreditlaufzeit soll 8 Jahre betragen. Um den Zinssatz zu ermitteln, mit dem das Darlehen dem Kunden im günstigsten Falle angeboten werden kann, berechnet die Nordbank AG zuerst den Eigenkapitalkostensatz. Hierbei ist zu berücksichtigen, dass das Darlehen mit 8 % Eigenkapital zu unterlegen ist, das sich mit 10 % verzinsen soll.

Zinssatz für alternative Kapitalanlagen am Geld- und Kapitalmarkt	6,5 %
Zinssatz für alternative Kapitalbeschaffung am Geld- und Kapitalmarkt	3,5 %
Bearbeitungskostensatz für Festgelder	0,3 %
Bearbeitungskosten für das Festdarlehen	1.400,00 EUR
Risikokostensatz	0,4 %

Berechnen Sie unter Berücksichtigung der oben stehenden Angaben den Eigenkapitalkostensatz.

☐ , ☐ %

Situation zu den Aufgaben 2.11 bis 2.15

Die Nordbank AG hat die folgende Gewinn- und Verlustrechnung aufgestellt.

Gewinn- und Verlustrechnung (in Mio. EUR)

Zinserträge	250	
Zinsaufwendungen	150	
		100
Laufende Erträge aus Aktien und Beteiligungen		30
Erträge aus Gewinngemeinschaften u.ä.		12
Provisionserträge	90	
Provisionsaufwendungen	40	
		50
Nettoertrag aus Finanzgeschäften		4
Sonstige betriebliche Erträge		15
Personalkosten		50

andere Verwaltungsaufwendungen		25
Abschreibungen auf Sachanlagen		15
Sonstige betriebliche Aufwendungen		3
Abschreibungen auf Forderungen		12
Ergebnis der normalen Geschäftstätigkeit		**106**
Außerordentliche Erträge	12	
Außerordentliche Aufwendungen	9	
Außerordentliches Ergebnis		3
Steuern vom Einkommen und vom Ertrag		25
Jahresüberschuss		**84**
Einstellungen in Gewinnrücklagen		30
Bilanzgewinn		**54**

Die durchschnittliche Bilanzsumme betrug 2 Mrd. EUR.

Aufgabe 2.11 (2,5 Punkte)
Ermitteln Sie unter Angabe des Rechenwegs die Bruttozinsspanne.

Aufgabe 2.12 (2,5 Punkte)
Ermitteln Sie unter Angabe des Rechenwegs die Bruttobedarfsspanne.

Aufgabe 2.13 (2,5 Punkte)
Ermitteln Sie unter Angabe des Rechenwegs das Teilbetriebsergebnis.

Aufgabe 2.14 (2,5 Punkte)
Ermitteln Sie unter Angabe des Rechenwegs das Handelsergebnis.

Aufgabe 2.15 (2,5 Punkte)
Ermitteln Sie unter Angabe des Rechenwegs die Risikospanne.

3 Wirtschafts- und Sozialkunde

Bearbeitungszeit: 60 Minuten, 100 Punkte

Lösungen ab Seite 205

Aufgabe 1

Stellen Sie fest, welches der nachstehenden Rechtsgeschäfte nach den gesetzlichen Bestimmungen nichtig ist!

A Bei Abschluss des Arbeitsvertrags war dem Personalverantwortlichen der Supermarkt AG nicht bekannt, dass der neue Mitarbeiter eine Vorstrafe wegen Steuerhinterziehung erhalten hat.

B Ein Mitarbeiter der Nordbank AG irrte sich beim Ankauf von Goldmünzen eines Kunden im Preis.

C Ein Kundenberater in der Kreditabteilung der Nordbank AG vereinbarte mit einem langjährigen Kunden mündlich eine Bürgschaft zur Absicherung eines Anschaffungsdarlehens.

D Ein Mitarbeiter der Nordbank AG händigte einem Kunden bei einem Sortenverkauf versehentlich polnische Zloty anstatt ungarischer Forint aus.

E Ein 16-jähriger Auszubildender der Supermarkt AG eröffnete ohne die Zustimmung seines gesetzlichen Vertreters ein Konto bei der Nordbank AG für seine Ausbildungsvergütung.

☐

Situation zu den Aufgaben 2 und 3

In einer Fachzeitschrift bietet ein Verlag einen Bestseller zum Preis von 19,95 EUR zum Kauf an. Frau Sonja Schulte hat diese Anzeige gelesen und bestellt am 04.10. das Buch beim Verlag.

Aufgabe 2

Stellen Sie fest, welchen Anspruch Frau Schulte aufgrund ihrer Bestellung vom 04.10. gegenüber dem Verlag hat!

A Frau Schulte hat keinen Anspruch auf Lieferung, da die Anzeige in der Fachzeitschrift nur an Bibliotheken gerichtet war.

B Frau Schulte hat einen Anspruch auf Lieferung, da die Anzeige keine Annahmefrist enthalten hat.

C Frau Schulte hat keinen Anspruch auf Lieferung, da diese Anzeige rechtlich keinen Antrag darstellt.

D Frau Schulte hat einen Anspruch auf Lieferung, da Frau Schulte rechtzeitig bestellt hat und somit ein rechtswirksamer Kaufvertrag zustande gekommen ist.

E Frau Schulte hat einen Anspruch auf Lieferung, da mit dem Abonnement der Zeitschrift dieses Angebot an Frau Schulte gerichtet war.

☐

Aufgabe 3

Nach Zusendung des Buches durch die Post stellt Frau Schulte fest, dass in dem Buch 20 Seiten fehlen. Welche Möglichkeit hat Frau Schulte nach den geltenden gesetzlichen Vorschriften?

A Unmittelbar nach Anzeige des Mangels an den Verlag kann Frau Schulte vom Vertrag zurücktreten, da ihr die Nutzung des Buches nicht zugemutet werden kann.

B Unmittelbar nach Anzeige des Mangels an den Verlag hat Frau Schulte vorrangig die Wahl zwischen einer Minderung des Kaufpreises und einer Neulieferung.

C Unmittelbar nach Anzeige des Mangels an den Verlag hat Frau Schulte nur dann ein Recht auf Nachbesserung, wenn ein Rücktritt vom Kaufvertrag nicht möglich ist.

D Unmittelbar nach Anzeige des Mangels an den Verlag hat Frau Schulte vorrangig das Recht auf Nacherfüllung und kann zwischen Nachbesserung und Neulieferung wählen.

E Unmittelbar nach Anzeige des Mangels an den Verlag hat Frau Schulte nur dann einen Anspruch auf Rücktritt vom Vertrag, wenn sie den sachgemäßen Gebrauch des Buches beweisen kann.

☐

Aufgabe 4

Leon Schulze macht sich selbstständig und eröffnet ein Sonnenstudio. Er wählt die Rechtsform des Einzelkaufmanns nach den Vorschriften des Handelsgesetzbuchs (HGB) und beantragt die Eintragung in das zuständige Handelsregister. Welche Aussagen sind im Rahmen der Wahl dieser Rechtsform richtig?

A Da das Unternehmen mit der Handelsregistereintragung zur juristischen Person wird, haftet Herr Schulze nur noch beschränkt mit seinem Privatvermögen.

B Im Handelsregister wird ein Geldbetrag eingetragen, den Herr Schulze als Geschäftseinlage in das Unternehmen einbringt.

C Herr Schulze haftet mit seinem Privat- und Geschäftsvermögen.

D Herr Schulze kann die Geschäftsführung durch Vertrag nicht auf andere Personen übertragen.

E Herr Schulze kann die Vertretung des Unternehmens auf Mitarbeiter des Unternehmens übertragen.

F Bestellt Herr Schulze einen Geschäftsführer, können er und der Geschäftsführer nur gemeinsam das Unternehmen nach außen vertreten.

☐ ☐

Aufgabe 5

Der Vorstand der Supermarkt AG erteilte dem langjährigen Mitarbeiter Hermann Klingner Einzelprokura. Welche der folgenden Rechtshandlungen darf Herr Klingner nur mit einer besonderen, zusätzlichen Vollmacht vornehmen?

A Die Unterzeichnung des Kaufvertrags für das neue Grundstück zum Bau einer neuen Filiale der Supermarkt AG

B Die Belastung des Grundstücks für die neue Filiale mit einer Grundschuld über 1,5 Mio. EUR

C Die fristlose Kündigung des Filialleiters Torben Fiege

D Die Erteilung einer Gesamtprokura an die Mitarbeiterin Juliane Krämer

E Die Unterzeichnung der Steuerbilanz der Supermarkt AG

F Die Veräußerung eines Grundstücks mit dem Gebäude einer geschlossenen Filiale

Aufgabe 6

Die Supermarkt AG verfügt als Aktiengesellschaft über gesetzlich vorgeschriebene Organe/Gremien. Ordnen Sie zu.

Aufgaben:

A Vertretung der Aktiengesellschaft in allen gerichtlichen und außergerichtlichen Angelegenheiten

B Prüfung des Vorschlags zur Verwendung des Bilanzgewinns

C Beschlussfassung von Maßnahmen zur Kapitalbeschaffung

Organe/Gremien:

1 Betriebsversammlung
2 Gesellschafterversammlung
3 Vorstand
4 Hauptversammlung
5 Geschäftsführer
6 Betriebsrat
7 Aufsichtsrat

A	B	C

Aufgabe 7

Mario Quiatkowski, 17 Jahre alt, arbeitet als Aushilfskraft in der Supermarkt AG. Er erhält am Freitag, den 31.08., seinen Dienstplan für die nächste Woche. Danach soll er am Montag, Dienstag, Mittwoch und Freitag von 9 bis 18 Uhr und am Donnerstag von 11 bis 20 Uhr arbeiten. Täglich hat er jeweils nach 4 Stunden Arbeitszeit eine Pause von 60 Minuten. Ist diese Arbeitszeit für Herrn Quiatkowski gesetzlich zulässig?

A Die Regelung ist zulässig, wenn die Arbeitsstunden, die nach 18 Uhr von Herrn Quiatkowski geleistet werden, als Überstunden vergütet werden.

B Die Regelung ist zulässig, sofern der gesetzliche Vertreter von Herrn Quiatkowski der Arbeitszeitregelung zustimmt.

C Die Regelung ist nicht zulässig, weil das Jugendarbeitsschutzgesetz für Herrn Quiatkowski noch gilt.

D Die Regelung ist zulässig, weil dadurch die tägliche Arbeitszeit von 8 Stunden und die wöchentliche Arbeitszeit von 40 Stunden von Herrn Quiatkowski nicht überschritten werden.

E Die Regelung ist nicht zulässig, da die Supermarkt AG Herrn Quiatkowski als jugendlichen Arbeitnehmer nach 18 Uhr grundsätzlich nicht mehr beschäftigen darf.

Aufgabe 8

Die Supermarkt AG möchte mit Theo Pedak, 19 Jahre alt, einen Ausbildungsvertrag zur Ausbildung zum Einzelhandelskaufmann schließen. Ausbildungsbeginn ist am 01.08. Welcher Inhalt muss unbedingt korrigiert werden, weil er gegen die geltenden gesetzlichen Bestimmungen verstößt?

A Die Probezeit im Ausbildungsvertrag von Theo Pedak beträgt 3 Monate.

B Eine von Theo Pedak aufgenommene Nebentätigkeit ist unabhängig von Art und Umfang unverzüglich der Supermarkt AG anzuzeigen.

C Der Urlaubsanspruch von Theo Pedak wird im ersten Ausbildungsjahr zeitanteilig für 5 Monate berechnet.

D Theo Pedak muss der Supermarkt AG jährlich auf eigene Kosten eine ärztliche Bescheinigung zur Feststellung der Ausbildungseignung vorlegen.

E Die Supermarkt AG zahlt Theo Pedak die Ausbildungsvergütung spätestens am letzten Werktag des Monats.

☐

Situation zu den Aufgaben 9 und 10

Am 04 03. finden in der Supermarkt AG außerordentliche Betriebsratswahlen statt. Zurzeit hat die Supermarkt AG folgende Beschäftigtenstruktur:

Mitarbeiter insgesamt (ohne Auszubildende)	6.820
Mitarbeiter, die zum 1. April 2024 eingestellt werden, die Arbeitsverträge sind bereits unterzeichnet	14
Auszubildende insgesamt	560
davon Auszubildende unter 16 Jahren	20

Auszug aus dem Betriebsverfassungsgesetz (BetrVG)

§ 5 (Arbeitnehmer)

(1) Arbeitnehmer (Arbeitnehmerinnen und Arbeitnehmer) im Sinne dieses Gesetzes sind Arbeiter und Angestellte einschließlich der zu ihrer Berufsausbildung Beschäftigten, unabhängig davon, ob sie im Betrieb, im Außendienst oder mit Telearbeit beschäftigt werden. Als Arbeitnehmer gelten auch die in Heimarbeit Beschäftigten, die in der Hauptsache für den Betrieb arbeiten. …

§ 7 (Wahlberechtigung)

Wahlberechtigt sind alle Arbeitnehmer des Betriebs, die das 16. Lebensjahr vollendet haben. Werden Arbeitnehmer eines anderen Arbeitgebers zur Arbeitsleistung überlassen, so sind diese wahlberechtigt, wenn sie länger als drei Monate im Betrieb eingesetzt werden.

§ 9 (Zahl der Betriebsratsmitglieder)

Der Betriebsrat besteht in Betrieben mit in der Regel
5 bis 20 wahlberechtigten Arbeitnehmern aus einer Person,
21 bis 50 wahlberechtigten Arbeitnehmern aus 3 Mitgliedern,
(…)
6 001 bis 7 000 Arbeitnehmern aus 33 Mitgliedern,
7 001 bis 9 000 Arbeitnehmern aus 35 Mitgliedern.
In Betrieben mit mehr als 9 000 Arbeitnehmern erhöht sich die Zahl der Mitglieder des Betriebsrats für je angefangene weitere 3 000 Arbeitnehmer um 2 Mitglieder.

Aufgabe 9

Ermitteln Sie mit Hilfe des vorstehenden Auszugs aus dem Betriebsverfassungsgesetz die Zahl der zurzeit wahlberechtigten Mitarbeiter.

Aufgabe 10

Ermitteln Sie mithilfe des vorstehenden Auszugs aus dem Betriebsverfassungsgesetz die Anzahl der zu wählenden Betriebsratsmitglieder.

Aufgabe 11

Sophia Schüler, eine neue Auszubildende der Supermarkt AG, bittet Sie, ihr die Beitragsberechnung bzw. die Beitragsbemessungsgrenze in der Sozialversicherung zu erklären. Prüfen Sie, welche Antwort nach den gesetzlichen Bestimmungen richtig ist!

A Die Beitragsbemessungsgrenzen in der Arbeitslosenversicherung und in der Rentenversicherung sind gleich hoch.

B Die Beiträge zur Pflegeversicherung müssen, unabhängig von der Beitragsbemessungsgrenze, vom Arbeitnehmer allein getragen werden.

C Wenn das Arbeitsentgelt über der Beitragsbemessungsgrenze liegt, kann der Arbeitnehmer aus der gesetzlichen Renten- und Arbeitslosenversicherung austreten, sofern er sich privat versichert.

D Die Beiträge zur Rentenversicherung werden vom Nettogehalt berechnet, dabei wird jedoch die Beitragsbemessungsgrenze als Obergrenze beachtet.

E In der Unfallversicherung werden die Beiträge unabhängig von der Beitragsbemessungsgrenze je zur Hälfte vom Arbeitnehmer und vom Arbeitgeber getragen.

Aufgabe 12

Die Supermarkt AG ist im Rahmen der gesetzlichen Unfallversicherung bei der Verwaltungs-Berufsgenossenschaft versichert. Zur Verhinderung von Arbeitsunfällen, Berufskrankheiten und arbeitsbedingten Gefahren werden der Supermarkt AG verschiedene Pflichten auferlegt. Bei welchem Sachverhalt verstößt die Supermarkt AG gegen diese Vorschriften?

A Die Supermarkt AG gibt der Verwaltungs-Berufsgenossenschaft alle Informationen über die im Supermarkt getroffenen Arbeitsschutzmaßnahmen auf deren Wunsch zur Kenntnis.

B Die Supermarkt AG untersagt Mitarbeitern die Ausführung bestimmter Arbeiten, wenn sie erkennbar nicht in der Lage sind, diese ohne Gefahr für sich oder andere auszuführen.

C Die Supermarkt AG hat für jeden neu gestalteten oder neu eingerichteten Arbeitsplatz eine Gefährdungsbeurteilung abgegeben und das Ergebnis der Überprüfung für die Verwaltungs-Berufsgenossenschaft dokumentiert.

D Die Supermarkt AG hat auf ihre Kosten Sicherheitsbeauftragte und Ersthelfer bestellt und ausgebildet. Die Anzahl der zu ernennenden Personen entspricht der Betriebsgröße.

E Die Supermarkt AG unterwiest ihre Mitarbeiter durch den Vorstand in regelmäßigen Abständen, mindestens alle 2 Jahre, über Maßnahmen zur Verhütung von Arbeitsunfällen.

Aufgabe 13

Die Nordbank AG nutzt zur Förderung des Absatzes von Bankdienstleistungen verschiedene Marketing-Maßnahmen. Ordnen Sie zu.

<u>Marketing-Instrumente</u>

1 Distributionspolitik
2 Produktpolitik
3 Kommunikationspolitik
4 Preis- und Konditionenpolitik

<u>Marketing-Maßnahmen</u>

A Die Auszubildenden der Nordbank AG nehmen an einem internen Seminar zur Verbesserung der Beratungsqualität teil.

B Die Nordbank AG führt einen neuen Sparvertrag ein, dessen Verzinsung sich an der jeweiligen Inflationsrate orientiert.

C Die Nordbank AG verzichtet bei Kunden, die ihre Zahlungen über das Internet selbst veranlassen, auf ein Kontoführungsentgelt.

D Nach dem Umzug einer Filiale in ein neues Gebäude werden ausgewählte Privat- und Geschäftskunden zu einer Eröffnungsveranstaltung eingeladen.

E Zur Vertriebsunterstützung werden für längerfristige Anlagen in Produkte der Nordbank AG für einen begrenzten Zeitraum Sonderkonditionen gewährt.

F In einem neu errichteten Einkaufscenter werden an zentralen Standorten Geldautomaten der Nordbank AG aufgestellt.

A	B	C	D	E	F

Aufgabe 14

Die Supermarkt AG überlegt, in den Vertrieb von Wasseraufbereitungsautomaten einzusteigen. Vorher soll allerdings das Marktpotential für dieses Produkt überprüft werden. Stellen Sie fest, was die Supermarkt AG dazu ermitteln wird!

A Den jeweiligen Absatz aller Anbieter auf dem Markt für Wasseraufbereitungsautomaten

B Den maximal möglichen Absatz auf dem Markt für Wasseraufbereitungsautomaten

C Den gegenwärtigen Absatz eines Anbieters auf dem Markt für Wasseraufbereitungsautomaten in einer bestimmten Periode

D Den Absatz eines Anbieters unter Ausnutzung aller Möglichkeiten auf dem Markt für Wasseraufbereitungsautomaten in einer Periode

E Den Anteil eines Unternehmens am Marktvolumen

Aufgabe 15

Aus der Verwendungsrechnung des Bruttoinlandsprodukts der Bundesrepublik Deutschland liegen Ihnen folgende Werte vor:

Private Konsumausgaben	1.650 Mrd. EUR
Staatliche Konsumausgaben	710 Mrd. EUR
Bruttoinvestitionen	510 Mrd. EUR

davon Nettoinvestitionen	290 Mrd. EUR
Exporte	650 Mrd. EUR
Importe	540 Mrd. EUR

Ermitteln Sie das Bruttoinlandsprodukt.

☐☐☐☐ Mrd. EUR

Aufgabe 16

Berechnen Sie aus den nachstehenden volkswirtschaftlichen Größen ...

a) das Volkseinkommen.

☐☐☐☐,☐ Mrd. EUR

b) die Lohnquote.

☐☐,☐ %

c) das verfügbare Einkommen der privaten Haushalte.

☐☐☐☐,☐ Mrd. EUR

d) die Sparquote.

☐☐,☐ %

Volkswirtschaftliche Größen	Mrd. EUR
Arbeitnehmerentgelt	1.225,5
Unternehmens-/Vermögenseinkommen	654,6
Gezahlte Einkommenssteuer, Solidaritätszuschlag (SolZ), Kirchensteuer	265,3
Sozialversicherungsbeiträge	287,7
Transferzahlungen	815,7
Privater Konsum	1.902,6

Aufgabe 17

Welche der folgenden Marktformen sind den nachstehenden Marktsituationen zuzuordnen?

Marktformen

1 Angebotsmonopol
2 Angebotsoligopol
3 Polypol

Situationen

A Auf dem deutschen Markt für Kaffeeautomaten gibt es gegenwärtig 7 Hersteller.

B Auf fast allen Computern in den deutschen Haushalten, die der privaten Nutzung dienen, ist das gleiche Betriebssystem installiert

C Auf dem Wochenmarkt in Norderstedt verkaufen viele Landwirte aus dem Umland ihr Obst und Gemüse.

D Sechs große Unternehmen der Gummiindustrie decken in Deutschland die Nachfrage nach Lkw-Reifen.

E Private Haushalte können sich im Ruhrgebiet nur durch die Gelsenwasser AG mit Trinkwasser versorgen lassen.

A	B	C	D	E

Aufgabe 18

Bei inflationsindexierten Anleihen wird der Nominalzins regelmäßig um die Inflationsrate korrigiert. Nimmt die Inflation zu, steigt der Nominalzins und umgekehrt. Die Bundesrepublik Deutschland emittiert inflationsindexierte Anleihen. Welche der folgenden Aussagen sind in diesem Zusammenhang zutreffend?

A Der Realzins muss bei einer solchen Anleihe gegenüber einer traditionellen Festzinsanleihe erheblich geringer sein.

B Der Staat hat mehr Zinsen zu zahlen, wenn die Inflation geringer ausfällt, als er bei der Begebung einer solchen Anleihe erwartet.

C Mit diesen Anleihen können Geldanleger die Kaufkraft ihrer Vermögensanlage absichern.

D Durch die Ausgabe dieser Schuldverschreibungen trägt der Staat über die Verringerung der Zinszahlung zur Reduzierung der Inflationsrate bei.

E Bei diesen Anleihen liegt der Rückzahlungsbetrag unterhalb des Nennwerts.

F Mit der Emission dieser Anleihe muss dem Staat an einer Politik gelegen sein, die zur Preisstabilität beiträgt.

☐ ☐

Aufgabe 19

Ein Absatzmarkt kann ein Käufer- oder Verkäufermarkt sein. Bei welcher der nachstehenden Situationen in der Automobilzuliefererbranche handelt es sich um einen Verkäufermarkt?

A Bei sinkender Nachfrage nach Autoreifen kommt es durch gleichbleibende Produktionsmengen zu einem Überangebot an Autoreifen.

B Es besteht die Tendenz zu Preissenkungen, da einer relativ konstanten Nachfrage ein ständig steigendes Angebot an Autoreifen gegenüber steht.

C In der Automobilzuliefererindustrie gibt es viele Anbieter, denen eine begrenzte Anzahl an Nachfragern gegenübersteht.

D Die Nachfrager befinden sich in der stärkeren Marktposition. Die Anbieter von Autoreifen versuchen die Produktionskosten zu senken, um die Preise für Autoreifen niedrig zu halten.

E Die Anbieter treten auf dem Markt für Autoreifen aufgrund hoher Nachfrage preisbestimmend auf.

☐

Aufgabe 20

Die Baumarkt AG übernimmt im Rahmen einer Fusion die Hagebau Nord GmbH. In welcher Aussage sind die Auswirkungen dieses Zusammenschlusses für die Hagebau Nord GmbH auf die rechtliche und wirtschaftliche Selbstständigkeit richtig dargestellt?

A Die rechtliche Selbstständigkeit der Hagebau Nord GmbH bleibt erhalten, die wirtschaftliche Selbstständigkeit wird teilweise aufgegeben.

B Die rechtliche Selbstständigkeit der Hagebau Nord GmbH bleibt erhalten, die wirtschaftliche Selbstständigkeit wird vollständig aufgegeben.

C Die rechtliche Selbstständigkeit der Hagebau Nord GmbH wird aufgegeben, die wirtschaftliche Selbstständigkeit wird teilweise aufgegeben.

D Die rechtliche Selbstständigkeit der Hagebau Nord GmbH wird aufgegeben, die wirtschaftliche Selbstständigkeit wird vollständig aufgegeben.

E Die rechtliche und wirtschaftliche Selbstständigkeit der Hagebau Nord GmbH wird teilweise aufgegeben.

☐

Aufgabe 21

Über die Kreditvergabe besteht die Möglichkeit, aktiv Giralgeld zu schöpfen. Gehen Sie von der folgenden Situation aus:

- Ein Kunde der Nordbank AG zahlt auf sein laufendes Konto 5.000,00 EUR bar ein.
- Mindestreservesatz der Europäischen Zentralbank: 1,0 %
- Kassenreservesatz der Kreditinstitute: 9,0 %

Gehen Sie davon aus, dass genügend Kreditnachfrage besteht und die Kreditnehmer nur bargeldlos über die ihnen gewährten Kredite verfügen. Verwenden Sie bei Ihrer Berechnung den Geldschöpfungsmultiplikator, der der reziproke Liquiditätsreservesatz ist.

Welches Kreditvolumen kann aufgrund der Einzahlung von 5.000,00 EUR im gesamten Kreditsektor maximal geschaffen werden?

☐☐☐☐☐ , ☐☐ EUR

Aufgabe 22

Als Inflation bezeichnet man eine anhaltende Steigerung des Preisniveaus und damit einen Prozess sinkenden Geldwerts. Stellen Sie fest, wodurch eine Inflation entstehen kann!

A Eine Inflation entsteht durch starke Erhöhung der Staatsausgaben bei gleichzeitiger Nettoneuverschuldung.

B Eine Inflation entsteht durch Lohnerhöhungen, die unter dem Produktivitätszuwachs liegen.

C Eine Inflation entsteht durch Maßnahmen, die die Liquiditätsverknappung bei den Kreditinstituten bewirken.

D Eine Inflation entsteht durch das Sinken der Konsumgüternachfrage bei gleichbleibendem Angebot.

E Eine Inflation entsteht durch steigende Nachfrage nach Investitionsgütern, die über die ausländische Produktionsgüterindustrie befriedigt wird.

☐

Aufgabe 23

Das durchschnittliche Bruttomonatseinkommen der Beschäftigten der Automobil AG betrug im Vorjahr 3.527,00 EUR. Der Verbraucherpreis-Index ist im Vergleich zum Vorjahr von 116,7 auf 118,5 gestiegen.

Ermitteln Sie das benötigte Durchschnittsgehalt, um den Kaufkraftverlust auszugleichen!

				,			EUR

Aufgabe 24

Ordnen Sie den Definitionen die Konjunkturbegriffe zu.

1 Konjunkturpolitik
2 Konjunkturprognose
3 Trend
4 Konjunkturphasen
5 Frühindikatoren

<u>Definitionen</u>

A Verschiedene Abschnitte der wellenförmigen Bewegung der wirtschaftlichen Entwicklung
B Wirtschaftspolitische Maßnahmen zur Erreichung eines möglichst gleichmäßigen Wachstums
C Rechnerischer Wert, der die langfristige Entwicklung des Wirtschaftsverlaufs darstellt
D Ableitung einer Vorhersage anhand mathematisch-statistischer Verfahren zur künftigen Entwicklung
E Zeitnahe Daten, die einen Anhaltspunkt auf die zukünftige wirtschaftliche Leistung geben

A	B	C	D	E

Situation zu den Aufgaben 25 und 26

Der Euro ist innerhalb kurzer Zeit von 1 EUR/1,0737 USD auf 1 EUR/1,1121 USD kräftig gegenüber dem USD gestiegen. Aus diesem veränderten Wechselkurs ergeben sich verschiedene Folgen für die Volkswirtschaften im Euro-Währungsgebiet.

Aufgabe 25

Welche der folgenden Aussagen sind in diesem Zusammenhang richtig?

A Die Aufwertung des Euro gegenüber dem US-Dollar kann sich negativ auf die Exporte im Euro-Währungsgebiet auswirken und somit die Konjunktur im Eurowährungsraum dämpfen.

B Sofern die deutschen Exporte auf US-Dollar-Basis abgeschlossen werden, kann die Aufwertung des Euro die deutschen Exporte fördern.

C Der neue Wechselkurs kompensiert zumindest teilweise die gestiegenen Preise der Rohölimporte in das Euro-Währungsgebiet, da die Ölimporte auf Dollarbasis abgerechnet werden.

D Die Aufwertung des Euro gegenüber dem US-Dollar hat keinen Einfluss auf die Währungen aller EU-Länder.

E Die Abwertung des US-Dollar bremst tendenziell den Import in das Euro-Währungsgebiet.

F Die Wechselkursänderung ist ungünstig für deutsche Touristen, die in den USA Urlaub machen.

☐ ☐

Aufgabe 26

Die Europäische Zentralbank (EZB) entschließt sich, den negativen Folgen des veränderten Wechselkurses entgegenzuwirken. Welche der folgenden Maßnahmen der EZB sind dazu grundsätzlich geeignet?

Die EZB ...

A erhöht den Mindestreservesatz.
B interveniert am Devisenmarkt, indem sie US-Dollar ankauft.
C verringert das Volumen der Hauptrefinanzierungsgeschäfte.
D senkt die Leitzinsen.
E interveniert am Anleihemarkt, indem sie Euroanleihen ankauft.
F hebt die Leitzinsen an.

☐ ☐

Aufgabe 27

Die Geldwertstabilität ist das primäre Ziel der Europäischen Zentralbank (EZB).

Der EZB liegen folgende volkswirtschaftliche Größen vor:

Handelsvolumen	12 Mrd. EUR
Preisniveau	1,5
Umschlaghäufigkeit der Geldmenge	2,5

Berechnen Sie die Geldmenge in Mrd. EUR.

☐ , ☐ Mrd. EUR

Aufgabe 28

Der Bundesbankbericht für das Jahr 20.. enthält folgende Werte zur Verwendung des Bruttoinlandsprodukts (BIP):

Verwendung des BIP 20..	**in Mrd. EUR**
Private Konsumausgaben	1.645,0
Konsumausgaben des Staates	494,7
Investitionen	390,3
Exporte	1.152,3
Importe	1.020,6
Außenbeitrag	131,7
Bruttoinlandsprodukt (BIP)	2.661,7

Ermitteln Sie die Höhe der inländischen Verwendung!

☐☐☐☐ , ☐☐ Mrd. EUR

PRÜFUNGSSATZ III

W. Grundmann et al., *Abschlussprüfung Teil II*, Prüfungstraining für Bankkaufleute,
https://doi.org/10.1007/978-3-658-48144-5_3

1 Vermögen aufbauen und Risiken absichern

Bearbeitungszeit: 90 Minuten, 100 Punkte

Lösungen ab Seite 209

1. Fall: Geldanlage in Anleihen
(32,5 Punkte, ca. 30 Minuten Bearbeitungszeit)

Situation

Sie sind Kundenberater/-in der Nordbank AG.

Heute, 03.05. haben Sie einen Termin mit Ihren langjährigen Kunden, den Eheleuten Georg und Sabine Lüdemann. Dem Ehepaar steht ein Geldbetrag von ca. 30.000,00 EUR für eine längerfristige Anlage zur Verfügung. Aufgrund des sich aus dem Beratungsgespräch ergebenden Kundenprofils stellen Sie den Eheleuten die folgenden Anleihen vor:

	Bundesanleihe	Unternehmensanleihe
Emittent	Bundesrepublik Deutschland	Energie AG
Nominalzins	0,75 % p. a.	7,00 % p. a.
Fälligkeit	01.08.2030	01.08.2030
Zinstermin	01.08. gzj.	01.08. gzj.
Währung	EUR	EUR
Aktueller Kurs	101,0 %	104,8 %
Rendite	0,62 % p. a.	6,22 % p. a.
Rating	AAA	BBB+

Aufgabe 1.1 (2,5 Punkte)

Das Ehepaar Lüdemann möchte erstmalig einen Betrag in Wertpapieren anlegen. Die Nordbank AG ist vor einer Anlageempfehlung gesetzlich verpflichtet, vom Ehepaar Lüdemann umfassende Informationen über ihre finanziellen Verhältnisse, ihre Anlageziele, ihre Kenntnisse und Erfahrungen in Bezug auf Wertpapiere einzuholen und zu dokumentieren sowie zu prüfen, ob diese Anlage für sie geeignet ist. Das Ehepaar Lüdemann ist zunächst nicht bereit, Auskünfte über ihre wirtschaftlichen und finanziellen Verhältnisse zu geben. Mit welcher Aussage informieren Sie das Ehepaar über die Folge der Informationsverweigerung richtig?

A Die Nordbank AG darf hier keine Anlageempfehlung geben.

B Die Nordbank AG haftet nicht mehr für ihre Wertpapierempfehlung.

C Die Nordbank AG darf in diesem Fall für da Ehepaar Lüdemann Wertpapierkaufaufträge nur über das Online-Banking entgegennehmen und ausführen.

D Die Nordbank AG darf für das Ehepaar Lüdemann nur Kaufaufträge über mündelsichere und deckungsstockfähige Wertpapiere entgegennehmen und ausführen.

E Die Nordbank AG muss das Ehepaar Lüdemann an eine Direktbank verweisen, die den Kaufauftrag anonym entgegennehmen und ausführen kann.

☐

Aufgabe 1.2 (3 Punkte)

Das Ehepaar Lüdemann wundert sich, dass die Nominalverzinsung der Bundesanleihe geringer ist als die der Unternehmensanleihe. Erklären Sie dem Ehepaar Lüdemann, warum die Nominalverzinsung der Unternehmensanleihe über der Nominalverzinsung der Bundesanleihe liegt.

Aufgabe 1.3 (2 Punkte)

Beschreiben Sie den Kunden das Emittentenrisiko von Anleihen.

Aufgabe 1.4 (2 Punkte)

Beschreiben Sie den Kunden das Kursrisiko bei Änderung des Kapitalmarktzinsniveaus von Anleihen.

Aufgabe 1.5 (3 Punkte)

Im Laufe des Beratungsgesprächs stellen Sie dem Ehepaar noch einen variablen öffentlichen Pfandbrief der Eurohypo AG mit den folgenden Konditionen vor:

Zinstermine	vierteljährlich 28.1/A/J/O
Zinsmethode	actual/360
Zinssatz	3-Monats-Euribor am 21. des Monats der Zinszahlung + 0,5 Prozentpunkte

Beurteilen Sie das Emittentenrisiko dieses Wertpapiers.

Aufgabe 1.6 (3 Punkte)

Beurteilen Sie auch das Kursrisiko bei Änderung des Kapitalmarktzinsniveaus dieses Wertpapiers.

Aufgabe 1.7 (3 Punkte)

Sie weisen das Ehepaar darauf hin, dass beim Erwerb der Wertpapiere Stückzinsen anfallen. Erläutern Sie den Kunden was Stückzinsen sind und den Grund für die Verrechnung von Stückzinsen.

Aufgabe 1.8 (3 Punkte)

Das Ehepaar bittet Sie, ihnen die Zinszahlung bei diesem Wertpapier an einem Beispiel zu verdeutlichen. Schaltjahre bleiben unberücksichtigt.

Ermitteln Sie unter Angabe des Rechenwegs die Höhe der Zinsen für nominal 30.000,00 EUR des oben angegebenen Pfandbriefs für den nächsten Zinszahlungstermin. Legen Sie dabei einen maßgeblichen Euribor-Satz von 1,1 % p. a. zugrunde.

Aufgabe 1.9 (6 Punkte)

Im weiteren Verlauf des Beratungsgesprächs entschließen sich die Eheleute Lüdemann nominal 30.000,00 EUR der Unternehmensanleihe der Energie AG zu erwerben. Das Börsengeschäft kommt noch am selben Tag zustande.

Erstellen Sie unter Angabe des Rechenwegs die Kaufabrechnung für die Kunden unter Berücksichtigung von 0,75 Promille Maklercourtage vom Nennwert und 0,5 % Bankprovision vom Kurswert, mindestens vom Nennwert. Schaltjahre bleiben unberücksichtigt.

Aufgabe 1.10 (5 Punkte)

Das Ehepaar Lüdemann möchte noch Informationen zum Bankgeheimnis haben. Das Bankgeheimnis ist gesetzlich durch die Datenschutz-Grundverordnung (DSGV) geregelt. Die Kreditinstitute haben sich deshalb auf Grund ihrer Allgemeinen Geschäftsbedingungen verpflichtet, personenbezogene Daten des Kunden vertraulich zu behandeln. Welche der nachstehenden Informationen können nur mit Zustimmung des Kontoinhabers weitergegeben werden?

A Meldung eines Antrags auf Eröffnung eines Girokontos an die örtliche Schufa GmbH

B Meldung der Kontostände eines verstorbenen Kontoinhabers an die zuständige Erbschaftsteuerstelle

C Auskunft über den Kontostand ihres 17-jährigen Sohnes an die Eltern

D Meldung eines erteilten Freistellungsauftrages mit vollständigem Namen und Adresse eines Privatkunden an das Bundeszentralamt für Steuern

E Auskunft über die Kontostände des unterhaltspflichtigen Mario Menge an das Familiengericht im Zuge eines Scheidungsverfahrens

F Weitergabe der Daten eines Überweisungsauftrages über 35.000,00 EUR an die zuständige Staatsanwaltschaft aufgrund des Verdachts der Geldwäsche

☐ ☐

2. Fall: Geldanlage in Aktien und Optionen

(22,5 Punkte, ca. 20 Minuten Bearbeitungszeit)

Situation

Ihre Kundin Sonja Leffers, kommt heute zu Ihnen, um sich über Wertpapiere beraten zu lassen. Frau Leffers besitzt bei der Nordbank AG ein Depot. Darin befinden sich unter anderem 400 Chemie-AG Aktien, die sie am 12. April des Vorjahres zum Börsenpreis von 24,48 EUR erworben hatte. Frau Leffers verkauft heute ihre gesamten Chemie-AG Aktien zum Börsenpreis von 30,70 EUR je Aktie.

Aufgabe 2.1 (5 Punkte)

Ermitteln Sie den Kursgewinn unter Berücksichtigung der Abgeltungsteuer sowie des Solidaritätszuschlags. Frau Leffers ist nicht kirchensteuerpflichtig. Ein Verlustverrechnungskonto wurde bisher nicht für sie geführt. Provision und Courtage bleiben unberücksichtigt.

Aufgabe 2.2 (2,5 Punkte)

Frau Leffers möchte von Ihnen die Bedeutung des Kurshinweises „B“ erklärt haben. Welche der folgenden Auskünfte zum Kurshinweis „B“ ist richtig?

A Umsätze fanden statt, ein Teil der Nachfrage konnte nicht befriedigt werden.

B Es wurden keine Umsätze getätigt, da zu diesem Preis nur Nachfrage vorlag.

C Umsätze fanden statt, Angebot und Nachfrage glichen sich aus.

D Umsätze fanden statt, allerdings konnte ein Teil der Verkaufsaufträge, die zu diesem Preis limitiert waren, nicht ausgeführt werden.

E Es wurden keine Umsätze getätigt, zu diesem Preis bestand nur Angebot.

☐

Aufgabe 2.3 (3 Punkte)

Frau Leffers bittet Sie im Zusammenhang mit einer möglichen Kauforder um Verwahrung und Verwaltung der Aktien. Erklären Sie ihr, wie und wo die Verwahrung von Namensaktien erfolgt. Begründen Sie diese Art der Verwahrung.

Aufgabe 2.4 (3 Punkte)

Frau Leffers interessiert sich für höherverzinsliche Euroanleihen ausländischer Emittenten. Sie zeigen ihr im Zusammenhang mit der Anlage in Auslandsanleihen die Beurteilungen einzelner Emittenten durch Rating-Agenturen. Erklären Sie Frau Leffers was das Rating ausdrückt und wie es festgestellt wird.

Aufgabe 2.5 (4 Punkte)

Frau Leffers gefällt das Thema Aktien und Wertpapiere immer besser. Sie hat in einem Artikel etwas über Zerobonds gelesen. Erklären Sie Frau Leffers die Besonderheit von Zerobonds an 2 Merkmalen.

Aufgabe 2.6 (2,5 Punkte)

Frau Leffers hat an der EUREX einen Kontrakt Put-Optionen auf *Chemie AG*-Aktien erworben:

Termin	Basispreis	Optionspreis
12/20..	65,00 EUR	6,00 EUR

Welche Erwartungshaltung für die Kursentwicklung der *Chemie AG*-Aktien hat Frau Leffers?

Frau Leffers erwartet ...

A konstante Kurse.

B konstante oder minimal steigende Kurse.

C fallende Kurse.

D steigende Kurse.

E konstante oder leicht fallende Kurse.

☐

Aufgabe 2.7 (2,5 Punkte)

2 Börsentage vor dem Verfallsdatum der Optionen notiert die *Chemie AG*-Aktie bei 70,00 EUR. Welche der folgenden Handlungen empfehlen Sie Frau Leffers? Entgelte bleiben unberücksichtigt.

A „Sie sollten die Optionen verfallen lassen.“

B „Sie sollten die Optionen ausüben und die Aktien gleichzeitig an der Börse verkaufen, um das Optionsgeschäft mit 5,00 EUR Gewinn je Aktie zu beenden.“

C „Sie sollten die Optionen ausüben und die Aktien gleichzeitig an der Börse verkaufen, um Ihren Verlust auf 1,00 EUR pro Aktie zu minimieren.“

D „Da die Gewinnschwelle noch nicht erreicht ist, sollten Sie die Optionen verfallen lassen und weitere Optionen kaufen.“

E „Da es sich um ein unbedingtes Termingeschäft handelt, müssen Sie die Optionen in jedem Fall ausüben.“

☐

3. Fall: Besteuerung von Kapitalerträgen und Kapitalerhöhung einer AG
(22,5 Punkte ca. 20 Minuten Bearbeitungszeit)

Situation

Britta Hausmann, 32 Jahre alt, ledig, unterhält ein Aktiendepot mit Standardwerten bei der Nordbank AG in Hamburg. Eine gültige Stimmrechtsvollmacht liegt der Nordbank AG vor. Am 22.07. bittet Frau Hausmann Sie um eine Beratung. Im Rahmen des Beratungsgesprächs äußert Frau Hausmann den Wunsch, die nächste Hauptversammlung der Saatgut AG in Hamburg, die am 16.08. stattfinden soll, zu besuchen. Frau Hausmann möchte das Stimmrecht für ihre 200 Inhaber-Stammaktien dieser AG selbst ausüben.

Aufgabe 3.1 (3 Punkte)

Erläutern Sie eine hierbei von der Nordbank AG zu erledigende Formalität.

Aufgabe 3.2 (4 Punkte)

Aus der Tagesordnung der Saatgut AG ist zu entnehmen, dass Vorstand und Aufsichtsrat die Hälfte des Jahresüberschusses in die „anderen Gewinnrücklagen" eingestellt haben.

Erklären Sie mit Hilfe von zwei Argumenten, warum Vorstand und Aufsichtsrat so gehandelt haben.

Aufgabe 3.3 (4 Punkte)

Aus der Tagesordnung der Hauptversammlung ist weiterhin zu entnehmen, dass der Vorstand von der Hauptversammlung die Zustimmung zum Erwerb von eigenen Aktien bis zu 10 % des Grundkapitals erbittet. Erläutern Sie Frau Hausmann anhand von zwei Argumenten, dass diese Aktion für sie mit Vorteilen verbunden sein kann.

Aufgabe 3.4 (4 Punkte)

Frau Hausmann hat auch Touristik-Aktien in ihrem Depot. Im weiteren Verlauf des Beratungsgesprächs bittet Sie Frau Hausmann um eine Entscheidungshilfe über ihren Besitz an 500 Stück Touristik AG-Aktien. Die Aktien wurden vor einem Jahr im Rahmen eines Kommissionsgeschäfts zum Kurs von 15,40 EUR erworben und werden zurzeit zwischen 37,00 EUR und 38,00 EUR gehandelt. Frau Hausmann ist unsicher, ob sie die Aktien weiter halten soll.

Aktuelle Empfehlung

ISIN DE0006952001

Pluto-Börsenbrief: Touristik AG

Branche	Touristik		
Kurs am 22.07.	35,40 EUR		
Hoch/Tief seit 01.07.	41,22/29,71 EUR		
	Vorjahr	lfd. Jahr(e)	nächst. Jahr(e)
Ergebnis je Aktie	3,47	0,80	2,80
KGV	15,37	66,7	19
Erwartete Dividende			2,10 EUR
Marktkapitalisierung/Free Float			48,6 Mrd. EUR/79,6 %

Branchenkennzahlen	Vorjahr	lfd. Jahr(e)
Buchungen (in Mio.)	5,13	5,00
Verkaufte Flugtickets (in Mio.)	3,38	3,40
Index Xetra-Dax		
Handelbarkeit sehr gut handelbar		

Frau Hausmann bittet zum besseren Verständnis um Erklärung folgender Begriffe:

1. KGV
2. Dividendenrendite

Aufgabe 3.5 (2,5 Punkte)

Berechnen Sie die aktuelle Dividendenrendite der Aktie

Aufgabe 3.6 (2,5 Punkte)

Aufgrund einer Kauforder in Bundesobligationen mit einer Restlaufzeit von zwei Jahren waren Frau Hausmann Stückzinsen in Höhe von 483,18 EUR berechnet worden. Mit welcher der folgenden Aussagen informieren Sie Frau Hausmann über die Bedeutung des allgemeinen Verlustverrechnungstopfes richtig?

A Dividendenerträge aus Aktien können nur mit Veräußerungsverlusten aus Aktiengeschäften verrechnet werden, aber nicht mit den gezahlten Stückzinsen.

B Da es sich bei den zu zahlenden Stückzinsen um einen Aufwand handelt, erhöhen diese Stückzinsen den Saldo des allgemeinen Verlustverrechnungstopfes von Frau Hausmann.

C Bei künftigen Zinszahlungen aus dieser Bundesobligation wird zunächst ein noch nicht ausgeschöpfter Freistellungsbetrag in Anspruch genommen, bevor eine Verrechnung mit dem Saldo des allgemeinen Verrechnungstopfes erfolgt.

D Auf die gezahlten Stückzinsen muss Frau Hausmann anteilige Abgeltungssteuer zuzüglich Solidaritätszuschlag zahlen. Diese Beträge werden im Verlustverrechnungstopf erfasst.

E Spätere Veräußerungsverluste beim Verkauf von Aktien kann Frau Hausmann mit den gezahlten Stückzinsen dieser Wertpapierorder über Bundesobligationen verrechnen.

☐

Aufgabe 3.7 (2,5 Punkte)

Im Beratungsgespräch mit Frau Hausmann kommen Sie auch auf die Vorteile der Nichtveranlagungsbescheinigung (NV-Bescheinigung) zu sprechen. Welche Aussage trifft zu?

A Bei der Vorlage einer Nichtveranlagungsbescheinigung (NV-Bescheinigung) kann Frau Hausmann Kapitalerträge bis zur Höhe des jährlichen Grundfreibetrages abgeltungssteuerfrei vereinnahmen.

B Wenn Frau Hausmann der Nordbank AG eine NV-Bescheinigung vorlegt, kann sie ihre Kapitalerträge bis zur Höhe von 1.000,00 EUR abgeltungssteuerfrei vereinnahmen.

C Die NV-Bescheinigung kann Frau Hausmann bei ihrem Einwohnermeldeamt beantragen.

D Bei Vorlage einer NV-Bescheinigung bei der Nordbank AG werden Frau Hausmann alle dort anfallenden Kapitalerträge ohne Steuerabzug gutgeschrieben.

E Erst bei Vorlage einer NV-Bescheinigung zahlt die Nordbank AG die Kapitalerträge bis zu 1.000,00/2.000,00 EUR jährlich für Alleinstehende/Verheiratete ohne Steuerabzug aus.

☐

4. Fall: Unfallversicherung und Berufsunfähigkeit
(22,5 Punkte ca. 20 Minuten Bearbeitungszeit)

Situation

Sie sind Kundenberater/in der Nordbank AG und erhalten folgende E-Mail der Kundin Katja Lucas. Frau Lucas hatte vor zwei Jahren im Rahmen einer Vorsorgeberatung eine private Unfallversicherung bei Ihnen abgeschlossen.

Von: Katja@lucas.de
An: beratung@nordbank.de
Datum: 04.05.20..
Betreff: Unfall mit Motorrad Katja Lucas

Sehr geehrte Damen und Herren,

anbei sende ich Ihnen das ärztliche Gutachten für meinen Motorradunfall vom 12.03. Die Schadenanzeige hatte ich Ihnen umgehend nach meiner stationären Behandlung zugeschickt. Bitte informieren Sie mich, welche Leistungen ich aus meiner Unfallversicherung zu erwarten habe.

Mit freundlichen Grüßen

Katja Lucas

Auszug aus dem Gutachten:

Frau Katja Lucas wurde vom 12.03. bis 28.03. stationär im Krankenhaus in Göttingen behandelt

Sie war anschließend noch bis zum 24.04. arbeitsunfähig

Die Funktionsfähigkeit ihres rechten Fußes ist zu 100 % dauerhaft beeinträchtigt.

Der linke Arm unterhalb des Ellenbogengelenks ist zu 50 % auf Dauer funktionsunfähig

Ihnen liegt der folgende aktuelle Auszug aus den Vertragsdaten vor:

Vereinbarte Versicherungsleistungen			
Invaliditätsleistung, progressive Invaliditätsstaffel U225 (= 225 % Progression)	100.000 Euro	Unfallrente	--
Tagegeld ab 1. Tag	100,00 Euro	Krankenhaustagegeld	40,00 Euro
Soforthilfe	--	Todesfallleistung	--
Kosten für kosmetische Operationen	10.000 Euro		

Der Invaliditätsgrad beträgt
- bei Verlust eines Fußes 40 %
- bei Verlust eines Armes unterhalb des Ellenbogengelenks 60 %

Aufgabe 4.1 (2 Punkte)

Prüfen Sie, ob ein Versicherungsschutz besteht und begründen Sie Ihre Auffassung.

Aufgabe 4.2 (2 Punkte)

Berechnen Sie das Krankenhaustagegeld! Geben Sie den Rechenweg an!

Aufgabe 4.3 (3 Punkte)

Ermitteln Sie den Gesamtinvaliditätsgrad von Frau Lucas.

Aufgabe 4.4 (8 Punkte)

Frau Lucas fragt nach den Unterschieden zwischen gesetzlicher und privater Unfallversicherung. Erklären Sie Frau Lucas die Unterschiede anhand von 4 Merkmalen.

Aufgabe 4.5 (5 Punkte)

Frau Lucas hat bei Ihnen auch eine kapitalbildende Lebensversicherung abgeschlossen.

Welche der folgenden Aussagen zur kapitalbildenden Lebensversicherung sind nicht richtig?

A Bei der kapitalbildenden Lebensversicherung setzt sich der Beitrag aus einem Kostenanteil, Risikoanteil und Sparanteil zusammen.

B Die Kapitalversicherung auf verbundene Leben eignet sich nicht als Teilhaberversicherung.

C Man kann eine Dread-Disease-Deckung vereinbaren, dann lösen auch schwere Krankheitsfälle den Versicherungsfall aus.

D Bei Auszahlung einer kapitalbildenden Lebensversicherung im Erlebensfall werden die Kapitalerträge nach dem Halbeinkünfteverfahren besteuert, sofern der Vertrag mindestens 12 Jahre gelaufen ist und die Auszahlung erst nach Vollendung des 65. Lebensjahres erfolgt ist.

E Wird eine Direktversicherung in einer Summe ausgezahlt, ist die Kapitalabfindung bei den sonstigen Einkünften in voller Höhe zu versteuern, wenn die Beiträge bei Einzahlung steuerfrei waren.

☐ ☐

Aufgabe 4.6 (2,5 Punkte)

Frau Lucas interessiert sich nach Ihrem Unfall nun auch für eine Berufsunfähigkeitsversicherung. Dabei interessiert sie vor allem, was unter Berufsunfähigkeit genau zu verstehen ist. Welche der folgenden Aussagen ist zutreffend.

Berufsunfähigkeit liegt vor, wenn

A die versicherte Person wegen Krankheit oder andere Gebrechen auf nicht absehbare Zeit eine Erwerbstätigkeit ganz oder teilweise nicht mehr ausüben kann.

B die versicherte Person aus gesundheitlichen Gründen nur noch weniger als 3 Stunden täglich arbeiten kann.

C die versicherte Person infolge Krankheit, Körperverletzung oder mehr als altersentsprechenden Kräfteverfalls, die ärztlich nachzuweisen sind, voraussichtlich mindestens 6 Monate ununterbrochen ihren zuletzt ausgeübten Beruf nicht mehr zu mindestens 50 % ausüben kann.

D die versicherte Person, aus gesundheitlichen Gründen mindestens 3 Stunden, jedoch weniger als 6 Stunden täglich arbeiten kann.

E die versicherte Person infolge Krankheit, Körperverletzung oder mehr als altersentsprechenden Kräfteverfalls, die ärztlich nachzuweisen sind, voraussichtliche mindestens zwölf Monate ununterbrochen ihren zuletzt ausgeübten Beruf nicht mehr zu mindestens 50 % ausüben kann.

☐

2 Finanzierungsvorhaben begleiten

Bearbeitungszeit: 90 Minuten, 100 Punkte

Lösungen ab Seite 215

1. Fall: Immobilienerwerb und Bausparen
(50 Punkte ca. 45 Minuten Bearbeitungszeit)

Situation

Das Ehepaar Peter und Yvonne Leidig ist Girokunde der Nordbank AG. Sie sind Kundenberater/-in des Ehepaares. Das Ehepaar Leidig (2 Kinder: 6 und 9 Jahre alt) plant den Erwerb eines Einfamilienhauses zur Selbstnutzung. Das Objekt, das dem Ehepaar zusagt, wird von dem derzeitigen Eigentümer Herrn Gerhard Rosenau privat zum Preis von 320.000,00 EUR angeboten. Das Objekt wurde 2008 vollständig renoviert und modernisiert.

Aufgabe 1.1 (3 Punkte)

Sie weisen das Ehepaar Leidig darauf hin, dass beim Erwerb des Objekts zusätzlich zum Kaufpreis weitere Kosten entstehen. Nennen Sie 3 weitere Kosten beim Hauskauf.

Aufgabe 1.2 (6 Punkte)

Es liegt Ihnen folgender Auszug aus dem Grundbuch vor:

Abteilung I

Lfd. Nr. 1	Gerhard Rosenau, geb. am 31.05.1959. Aufgelassen am 14.05.2002, eingetragen am 23.08.2002

Abteilung II

Lfd. Nr. 1	Vorkaufsrecht zugunsten von Maria Rosenau, geb. am 25.06.1936. Eingetragen auf Grund der Bewilligung vom 14.06.2002.
Lfd. Nr. 2	Reallast, bestehend aus der Zahlung einer lebenslangen Rente von 400,00 EUR (vierhundert) monatlich für Maria Rosenau, geb. 25.06.1941. Löschbar mit Todesnachweis. Eingetragen auf Grund der Bewilligung vom 16.05.2002 am 23.08.2002.

Abteilung III

Lfd. Nr. 1	20.000,00 EUR Grundschuld brieflos mit 18 % jährlich zu verzinsen für die Hamburger Sparkasse, sofort vollstreckbar. Unter Bezugnahme auf die Bewilligung vom 28.01.2002 eingetragen am 13.02.2002.
Lfd. Nr. 2	50.000,00 EUR Grundschuld zugunsten Gerhard Rosenau, zu verzinsen mit 18 % jährlich, sofort vollstreckbar. Unter Bezugnahme auf die Bewilligung vom 06.01.2003 eingetragen am 25.01.2003.

Das Ehepaar Leidig möchte nähere Informationen zu den Eintragungen in Abteilung II des Grundbuchs. Erläutern Sie diese Belastungen.

Aufgabe 1.3 (4 Punkte)

Die Eheleute Leidig möchten das Objekt frei von der Grundschuld zu Gunsten der Hamburger Sparkasse erwerben. Das mit der Grundschuld besicherte Darlehen valutiert noch mit 19.500,00 EUR.

Erklären Sie den Eheleuten Leidig, was dafür zu veranlassen ist.

Aufgabe 1.4 (4 Punkte)

Sie empfehlen den Eheleuten Leidig, die eingetragene Eigentümergrundschuld zu übernehmen.

Begründen Sie diese Empfehlung anhand von 2 Argumenten.

Aufgabe 1.5 (4 Punkte)

Erläutern Sie die für eine Übertragung der Eigentümergrundschuld notwendigen Rechtshandlungen.

Aufgabe 1.6 (4 Punkte)

Die Eheleute Leidig und Gerhard Rosenau haben sich über den Erwerb des Hauses geeinigt. Die Nordbank AG hat folgende Daten ermittelt:

Voraussichtlicher Gesamtaufwand	345.000,00 EUR
Frei verfügbare Eigenmittel	110.000,00 EUR
Zugeteilter Bausparvertrag (zu 40 % angespart) über	40.000,00 EUR

Der weitere Finanzierungsbedarf soll durch Darlehen der Nordbank AG geschlossen werden

Ermitteln Sie die Darlehenssumme der Nordbank AG.

Aufgabe 1.7 (8 Punkte)

Die Nordbank AG hat einen Beleihungswert von 285.000,00 EUR ermittelt. Die Haushaltsrechnung für die Familie Leidig hat ein frei verfügbares Resteinkommen von 2.390,00 EUR für die Finanzierung ergeben.

Darlehen	Konditionen
Annuitätendarlehen der Nordbank AG	Darlehen bis 60 % des Beleihungswertes: - 4,5 % p. a. Zinsen - 2,0 % p. a. anfängliche Tilgung - 10 Jahre Zinsfestschreibung Darlehen bis 80 % des Beleihungswertes: - 4,85 % p. a. Zinsen - 2,0 % p. a. anfängliche Tilgung - 10 Jahre Zinsfestschreibung
Bauspardarlehen	- 4,25 % p. a. Zinsen - 6 ‰ monatliche Gesamtleistung von der Bausparsumme

Entscheiden und begründen Sie unter Angabe des Rechenweges, ob die monatliche Gesamtbelastung tragbar ist.

Aufgabe 1.8 (2,5 Punkte)

Einige Tage später beschwert sich Herr Leidig in Ihrem Kreditinstitut lauthals über einen von Ihrem Kreditinstitut erstellten Rechnungsabschluss. Wie sollten Sie am besten mit dem Kunden umgehen?

A Sie bitten den Kunden in das Beratungszimmer, um ihm dort die Möglichkeit zu geben, sein Anliegen in aller Ruhe vorzutragen.

B Sie bitten ihn, ein wenig leiser zu sprechen, um die anderen Kunden nicht zu stören.

C Sie betonen, dass diese Reaktion unnötig sei, da nun mal Fehler passieren können.

D Sie teilen dem Kunden mit, dass er noch nicht an der Reihe ist, da Sie erst noch die anderen Kunden zu Ende bedienen möchten.

E Sie bitten den Kunden, eine schriftliche Beschwerde aufzusetzen. Zu diesem Zweck stellen Sie ihm das Beratungszimmer zur Verfügung.

☐

Aufgabe 1.9 (2,5 Punkte)

In der Kundenberatung spielt die kommunikative Kompetenz eine große Rolle. Welche Verhaltensweise gehört zur kommunikativen Kompetenz?

A Der Berater kann wichtige Informationen zu einer nachgefragten Bankleistung aus der Beratermappe kundenbezogen anbieten.

B Der Berater kann sich auch durch Gestik und Mimik gut ausdrücken.

C Der Berater hat einen Kompetenzspielraum und braucht Entscheidungen nicht mit seinem Abteilungsleiter abzustimmen.

D Der Berater achtet auf ein gepflegtes äußeres Erscheinungsbild.

E Der Berater ist in der Lage, die unterschiedlichen Anlagemöglichkeiten dem Kunden zu erläutern und zu einer individuellen Lösung für ihn zu verbinden.

☐

Situation zu den Aufgaben 1.10 bis 1.14

Heute kommt Frau Sarah Schön (45 Jahre alt, Immobilienmaklerin) zu Ihnen. Sie möchte ein Vierfamilienhaus mit 4 Pkw-Stellplätzen kaufen, welches sie vermieten will. Für die Ermittlung des Beleihungswertes stehen Ihnen die folgenden Angaben zur Verfügung:

Wichtige Angaben zur Ertragswertberechnung des Objekts	
Alter der Wohnanlage	Baujahr 1990
Restnutzungsdauer	50 Jahre
Kaufpreis des bebauten Grundstücks	750.000,00 EUR
Wohnfläche je Wohnung	85 qm
monatliche Vergleichsmiete pro qm	8,50 EUR
monatliche Miete je Stellplatz	35,00 EUR
Bewirtschaftungskosten pauschal	25 % des Jahresrohertrages
Kapitalisierungszinssatz	5 %
Bodenwertverzinsung	3 %
Bodenwert	350.000,00 EUR

Sie führen die Beleihungswertermittlung nach dem Ertragswertverfahren durch.

Aufgabe 1.10 (2,5 Punkte)

Ermitteln Sie den Jahresrohertrag.

Aufgabe 1.11 (2,5 Punkte)

Ermitteln Sie den Jahresreinertrag.

Aufgabe 1.12 (2,5 Punkte)

Ermitteln Sie den Gebäudereinertrag.

Aufgabe 1.13 (5 Punkte)

Ermitteln Sie den Ertrags- und Beleihungswert des Gebäudes unter Berücksichtigung des betreffenden Barwertfaktors. Den Ertragswert und den Beleihungswert auf volle 10.000,00 EUR abrunden.

Barwertfaktoren	
Restnutzungsdauer	Kapitalisierungszinsfuß 5 %
40 Jahre	17,159086
45 Jahre	17,774070
50 Jahre	18,255925

Aufgabe 1.14 (2 Punkte)

Erklären Sie, warum in dieser Situation die Ertragswertberechnung genutzt wird.

2. Fall: Firmenkredit
(50 Punkte ca. 45 Minuten Bearbeitungszeit)

Situation

Die Stahlbau Olaf Kuhn GmbH ist ein Bauunternehmen im Hoch- und Tiefbau in Stade. Da seit der Firmengründung vor 12 Jahren zur Nordbank AG eine enge Geschäftsverbindung besteht, ist Ihnen als Firmenkundenberater/in der Geschäftsführer und alleinige Gesellschafter, Herr Kuhn, gut bekannt.

Das Kundenobligo der Stahlbau Olaf Kuhn GmbH vom heutigen Tag zeigt folgendes Bild:

Konto-Nr.	Kontoart	Eröffnung	Kredit	Saldo
897300	Kontokorrent	23.09.2003	50.000,00 EUR	13.547,58 EUR H
489370	Annuitätendarlehen Laufzeit 25 Jahre	14.05.2004	425.000,00 EUR	310.000,00 EUR S
987334	Avalkredit	09.01.2012	40.000,00 EUR	0,00 EUR
			Saldo Soll	310.000,00 EUR
			Saldo Haben	13.547,58 EUR

Sie wissen, dass das Firmengelände (6.500 qm, bebaut mit einem viergeschossigen Bürogebäude und einer 1200 qm-Lagerhalle) einen aktuellen Beleihungswert von 950.000,00 EUR hat. Im Rahmen der Finanzierung des Bürogebäudes im Jahre 2004 wurde zu Gunsten der Nordbank AG eine erstrangige Grundschuld über 475.000,00 EUR (425.000,00 EUR für Konto-Nr. 489370 und 50.000,00 EUR für Konto-Nr. 897300) eingetragen. Zur Vorbereitung auf das Kundengespräch haben Sie die Bilanzen der beiden letzten Geschäftsjahre ausgewertet. Sie prüfen u. a. die Liquidität der Stahlbau Olaf Kuhn GmbH. Die Situation stellt sich wie folgt dar:

	Vorletztes Geschäftsjahr	**Letztes Geschäftsjahr**	**Laufendes Geschäftsjahr (erwartete Entwicklung)**
Durchschnittliches Debitorenziel	7 Tage	20 Tage	35 Tage
Durchschnittliches Kreditorenziel	10 Tage	20 Tage	25 Tage
Umsatzentwicklung	+ 5 %	+ 9 %	+ 13 %

Aufgabe 2.1 (6 Punkte)

Welche Informationen über die Liquiditätsbeurteilung können Sie dem durchschnittlichen Kreditorenziel, durchschnittlichen Debitorenziel und der Umsatzentwicklung entnehmen?

Aufgabe 2.2 (2 Punkte)

Erläutern Sie anhand dieser Informationen, wie sich der Liquiditätsbedarf der Stahlbau Olaf Kuhn GmbH für das laufende Jahr entwickeln wird.

Aufgabe 2.3 (3 Punkte)

Herr Kuhn bespricht mit Ihnen die Anschaffung zweier fabrikneuer Multifunktionsgabelstapler (Kaufpreis je 37.000,00 EUR, gewöhnliche Nutzungsdauer 5 Jahre). Dabei stellt sich heraus, dass Herr Kuhn diese Investition über den Kontokorrentkredit finanzieren möchte.

Nehmen Sie zur von Herrn Kuhn beabsichtigten Art der Finanzierung Stellung.

Aufgabe 2.4 (4 Punkte)

Unterbreiten Sie Herrn Kuhn einen für die Stahlbau Olaf Kuhn GmbH zweckmäßigen Vorschlag zur Finanzierung der Gabelstapler indem Sie auf die Aspekte Kredithöhe, Laufzeit, Tilgung und Besicherung eingehen.

Aufgabe 2.5 (5 Punkte)

Unterbreiten Sie Herrn Kuhn einen Vorschlag zur Sicherstellung des Kredits und zeigen Sie 2 Vorteile Ihres Vorschlags für die Nordbank AG auf.

Aufgabe 2.6 (5 Punkte)

Mit welcher Belastung muss die Stahlbau Olaf Kuhn GmbH rechnen, wenn Sie zurzeit folgende Konditionen anbieten (Bearbeitungsgebühren sind zu vernachlässigen, der Rechenweg ist anzugeben):

	Kontokorrent-kredit		**Annuitätendarlehen**		**Abzahlungsdarlehen**	
Sicherheiten	besichert	blanko	Grundschuld erstrangig	Grundschuld nachrangig	besichert	blanko
Zinssatz in %	10,75	12,00	4,50	5,25	5,00	7,50
Laufzeit in Monaten	bis 12		ab 24 (mind. 2 % Tilgung)		bis 72	

Anfängliche Tilgung in % bei einer Laufzeit von ... Monaten	
7,0 %	120 Monate
11,2 %	84 Monate
17,0 %	60 Monate
22,0 %	48 Monate
31,0 %	36 Monate

Aufgabe 2.7 (2 Punkte)

Der Investitionskredit wird der Stahlbau Olaf Kuhn GmbH von der Nordbank AG gewährt. Beschreiben Sie eine Maßnahme, die Sie im Rahmen der Kreditüberwachung durchführen müssen.

Aufgabe 2.8 (4 Punkte)

Nachdem Sie im ersten Jahr der Kreditlaufzeit bei der Stahlbau Olaf Kuhn GmbH keine Auffälligkeiten festgestellt hatten, sind Ihnen in den letzten Monaten einige Unregelmäßigkeiten bei der Kontonutzung der Stahlbau Olaf Kuhn GmbH aufgefallen. Nennen Sie 2 Signale, die auf eine Gefährdung des Kreditengagements hinweisen könnten.

Aufgabe 2.9 (4 Punkte)

Beschreiben Sie 2 Maßnahmen, die Sie in dieser Situation ergreifen sollten.

Aufgabe 2.10 (2,5 Punkte)

Mit der Stahlbau Olaf Kuhn GmbH stehen Sie auch in Verhandlungen über die Gewährung eines Hypothekenkredits. Folgende Angaben liegen Ihnen zur Kalkulation vor:

- Kreditvolumen	200.000,00 EUR
- jährliche direkt zurechenbare Betriebskosten	1.000,00 EUR
- Risikokosten	0,45 % p. a.
- Eigenkapitalkosten	0,14 % p. a.
- GKM-Satz für eine alternative Kapitalanlage	2,15 % p. a.

Ermitteln Sie für den Kredit die Preisuntergrenze in Prozent p. a.!

Aufgabe 2.11 (2,5 Punkte)

Ermitteln Sie bei einem vereinbarten Kundenzinssatz von 0,9 % p. a. den Deckungsbeitrag I in EUR!

Aufgabe 2.12 (2,5 Punkte)

Ermitteln Sie bei einem vereinbarten Kundenzinssatz von 0,9 % p. a. den Deckungsbeitrag III in Prozent p. a.!

Aufgabe 2.13 (7,5 Punkte)

Die Nordbank AG verwendet zur Auswertung des Jahresabschlusses noch weitere Kennzahlen. Ordnen Sie zu, indem Sie die Kennziffern von 3 der insgesamt 5 Bedeutungen in die Kästchen neben den Bilanzkennzahlen eintragen!

Bedeutungen

1. Diese Kennzahl wird auch als Unternehmerrentabilität bezeichnet. Sie ergibt sich aus dem Verhältnis von Betriebsergebnis zum Eigenkapital.
2. Diese Kennzahl gibt an, wie viel Prozent des Anlagevermögens mit Eigenkapital und langfristigen Fremdkapital finanziert wird.
3. Diese Kennzahl gibt an, wie viel Prozent des Anlagevermögens mit Eigenkapital finanziert werden.
4. Diese Kennzahl gibt an, wie hoch der Anteil des Eigenkapitals am Gesamtkapital ist.
5. Diese Kennzahl gibt den prozentualen Anteil des Betriebsergebnisses an der Gesamtleistung an.

Bilanzkennzahlen

A Eigenkapitalrentabilität

B Eigenkapitalquote

C Anlagendeckungsgrad II

A	B	C

3 Wirtschafts- und Sozialkunde

Bearbeitungszeit: 60 Minuten, 100 Punkte

Lösungen ab Seite 221

Situation zu den Aufgaben 1 und 2

Tobias Runde ist alleinvertretungsberechtigter Geschäftsführer der Runde GmbH & Co. KG in Celle. Niklas Kuhlen und Klaus Hagedorn sind ebenfalls Geschäftsführer der Runde GmbH & Co. KG, können die Unternehmung aber nur gemeinschaftlich vertreten. Der Mitarbeiter Hans-Peter Klimke hat allgemeine Handlungsvollmacht und leitet die Finanzabteilung der Gesellschaft. Herr Runde erteilt Herrn Klimke später auch Einzelprokura.

Aufgabe 1

Herr Runde hat Herrn Klimke Einzelprokura erteilt. Ermitteln Sie das Datum, an dem die Prokura rechtswirksam erteilt wurde.

A Am 06. Mai beschließt die Geschäftsführung, Herrn Klimke zum Prokuristen der Gesellschaft zu ernennen.
B Am 07. Mai teilt Herr Runde Herrn Klimke die Prokuraerteilung ausdrücklich mündlich mit.
C Am 09. Mai erhält Herr Klimke die schriftliche Bestätigung der Prokuraerteilung.
D Am 13. Mai wird die Erteilung der Prokura beim zuständigen Handelsregister angemeldet.
E Am 27. Mai erfolgt die Eintragung im Handelsregister Hannover.
F Am 06. Juni erfolgt die Veröffentlichung in den amtlichen Mitteilungen.

☐

Aufgabe 2

Zu welchen Handlungen ist der neue Prokurist nur mit einer besonderen Befugnis ermächtigt?

A Kauf eines bebauten Grundstücks für die Runde GmbH & Co. KG
B Aufnahme eines Hypothekarkredits über 1,5 Millionen EUR für die Gesellschaft bei gleichzeitiger Eintragung einer Grundschuld zu Lasten der Gesellschaft in der 3. Abteilung des Grundbuchs
C Die Vertretung der Runde GmbH & Co. KG vor dem Landgericht in Hannover
D Die Erteilung einer Gesamtprokura an den Mitarbeiter Mario Vossen
E Die Unterzeichnung eines Verrechnungsschecks zur Bezahlung von Bürostühlen
F Die Veräußerung eines unbebauten Firmengrundstücks für 870.000,00 EUR

☐ ☐

Aufgabe 3

Auf welche dieser Unternehmen treffen die unten stehenden Aussagen zu? Ordnen Sie zu.

1 Gärtnerei „Blütenzauber“ Olaf Lange & Co. OHG

2 Trachtendiele GmbH & Co. KG

3 Schreiner Finanzberatung GmbH

Aussagen:

A Die Eintragung in das Handelsregister ist immer konstitutiv.

B Jeder Gesellschafter haftet persönlich für Verbindlichkeiten der Unternehmung.

C Jeder Gesellschafter ist gesetzlich zur Geschäftsführung befugt.

D Jeder Gesellschafter ist gesetzlich zur Vertretung befugt.

E Die Eintragung der Gesellschaft in das Handelsregister hat nur deklaratorische Wirkung.

A	B	C	D	E	

Aufgabe 4

Herr Rudolf Larsson ist an der Schreiner Finanzberatung GmbH als Gesellschafter mit 25.000,00 EUR und an der CompTech KG als Kommanditist mit einer Einlage von 50.000,00 EUR beteiligt. Welche der folgenden Aussagen zur Haftung des Gesellschafters bzw. Kommanditisten Rudolf Larsson sind richtig?

A Rudolf Larsson haftet bei der GmbH Dritten gegenüber unmittelbar, sofern er seine Einlage nicht vollständig erbracht hat.

B Rudolf Larsson haftet bei der KG Dritten gegenüber unmittelbar bis zur vereinbarten Einlagenhöhe, sofern er seine Einlage nicht vollständig erbracht hat.

C Rudolf Larsson haftet bei der KG Dritten gegenüber unmittelbar, unabhängig davon, ob er seine Einlage erbracht hat oder nicht.

D Rudolf Larsson haftet bei der KG Dritten gegenüber nicht mehr unmittelbar, wenn er seine Einlage vollständig erbracht hat.

E Rudolf Larsson haftet bei der KG Dritten gegenüber unmittelbar, auch wenn er seine Einlage vollständig erbracht hat.

F Rudolf Larsson haftet bei der GmbH Dritten gegenüber unmittelbar, auch wenn er seine Einlage vollständig erbracht hat.

Aufgabe 5

Der Rationalmarkt vertreibt Küchen- und Haushaltsgeräte zum Selbstabholen zu günstigen Preisen. Der Markt beabsichtigt, ab dem kommenden Monat neue Allgemeine Geschäftsbedingungen (AGB) einzuführen. Welche der folgenden Aussagen zu den Allgemeinen Geschäftsbedingungen sind zutreffend?

A Sind einzelne Regelungen in den neuen Allgemeinen Geschäftsbedingungen unwirksam, werden Kaufverträge mit den Kunden insgesamt unwirksam.

B Die Vorschriften zur inhaltlichen Ausgestaltung der Allgemeinen Geschäftsbedingungen sind im Bürgerlichen Gesetzbuch (BGB) geregelt.

C Regelungen in den Allgemeinen Geschäftsbedingungen sind auch dann unwirksam, wenn sie den Kunden nur unwesentlich benachteiligen.

D Der Kunde muss auf die Existenz von Allgemeinen Geschäftsbedingungen nicht ausdrücklich hingewiesen werden. Eine Niederschrift der wichtigen Regelungen z. B. auf der Rückseite einer Rechnung reicht zur Wirksamkeit der AGB aus.

E Die Allgemeinen Geschäftsbedingungen müssen von den Verbraucherschutzverbänden nicht genehmigt werden.

F Die Bestimmungen der Allgemeinen Geschäftsbedingungen können nicht durch einzelvertragliche Vereinbarungen ersetzt werden.

Aufgabe 6

Frau Bergmann ist auf einem Wochenmarkt in Hamburg ihr Fahrrad abhandengekommen. Einen Monat später wird dieses Fahrrad in der „Anzeigenzeitung" in der Rubrik „Freizeitartikel" für 200 EUR zum Kauf angeboten. Welche der nachstehenden Aussagen ist richtig?

A Wenn sich Käufer und Verkäufer des Fahrrads über den Eigentumsübergang einig sind, geht mit Übergabe des Fahrrads das Eigentum an den Käufer über.

B Wenn der Käufer glaubt, dass der Verkäufer auch Eigentümer des Fahrrades ist, ist der Kaufvertrag rechtswirksam zustande gekommen, da er im guten Glauben handelt.

C Der Käufer kann in diesem Fall kein Eigentum an dem Fahrrad erwerben.

D Wenn der Käufer das Fahrrad gutgläubig erwirbt, ist dem ursprünglichen Eigentümer das Eigentum an dem Fahrrad verloren gegangen.

E Eigentümer ist immer derjenige, der im unmittelbaren Besitz der Sache ist.

☐

Aufgabe 7

Frau Schröder, Auszubildende der Nordbank AG, erhält ein Übernahmeangebot für einen unbefristeten Arbeitsvertrag. Nach bestandener Abschlussprüfung soll mit Frau Schröder ein Arbeitsvertrag geschlossen werden, der auch eine Probezeit beinhaltet. Welche Aussage über die Probezeit gemäß den gesetzlichen Bestimmungen im Ausbildungs- und Arbeitsvertrag trifft zu?

A Die arbeitsrechtlichen Regelungen zur Probezeit sind bei einem Berufsausbildungsverhältnis und einem Arbeitsverhältnis genau gleich.

B Die Probezeit während der Berufsausbildung darf höchstens 3 Monate dauern. Für ein Arbeitsverhältnis gilt eine Maximaldauer von 6 Monaten.

C Während bei einem Berufsausbildungsverhältnis eine Probezeit von mindestens einem Monat vorgeschrieben ist, kann ein Arbeitsverhältnis auch ohne Probezeit vereinbart werden.

D Bei der Kündigung eines Berufsausbildungsverhältnisses während der Probezeit ist von beiden Vertragspartnern die Frist von 2 Wochen einzuhalten, es gilt. eine Kündigungsfrist von 4 Wochen zum Monatsende.

E Die Angabe eines Kündigungsgrunds bei Kündigung während der Probezeit kann bei einem Arbeitsverhältnis entfallen. Bei einem Berufsausbildungsverhältnis ist bei Kündigung während der Probezeit der Kündigungsgrund stets anzugeben.

☐

Aufgabe 8

Im Zusammenhang mit der Reduzierung der Personalkosten möchte die Nordbank AG einem Mitarbeiter bzw. einer Mitarbeiterin kündigen. Welche Person genießt einen besonderen Kündigungsschutz?

A Sylvia Engels, 47 Jahre alt, vor 3 Monaten aus dem Betriebsrat ausgeschieden.

B Leonie Sommer, 35 Jahre alt, seit einem Jahr bei der Nordbank AG beschäftigt.

C Sophia Pauly, 28 Jahre alt, seit 5 Jahren als Kundenberaterin beschäftigt. Frau Pauly hatte vor 2 Wochen ihre zwölfmonatige Elternzeit beendet.

D Astrid Lemgo, 18 Jahre alt, seit 6 Wochen Praktikantin im Rechenzentrum der Nordbank AG beschäftigt.

E Lothar Fischer, 42 Jahre alt, seit 8 Jahren als Prokurist bei der Nordbank AG beschäftigt.

Aufgabe 9

Welche der untenstehenden Sachverhalte sind

1 im Manteltarifvertrag
2 im Lohn- und Gehaltstarifvertrag
3 weder im Mantel- noch im Lohn- und Gehaltstarifvertrag des privaten Bankgewerbes und der öffentlichen Banken geregelt?

<u>Sachverhalte</u>

A Kündigungsfristen von Angestellten und gewerblichen Arbeitnehmern im Bankgewerbe durch den Arbeitgeber

B Anlagemöglichkeiten der vermögenswirksamen Leistungen

C Beschreibung und Zuweisung der verschiedenen Qualifikationen zu einzelnen Tarifgruppen

D Höhe des Urlaubsgeldes (Betriebliche Sonderzahlungen)

E Höhe der monatlichen Ausbildungsvergütung

A	B	C	D	E

Aufgabe 10

In der Unionbank AG soll ein neuer Betriebsrat gewählt werden. Mit welcher Aussage werden die Beschäftigten über die Wahl des neuen Betriebsrats richtig informiert!

A Da die Unionbank AG in Schleswig-Holstein mehrere Filialen hat, kann in der Unionbank AG nur ein Betriebsrat für die Hauptverwaltung der Unionbank AG gewählt werden, der dann auch für die Beschäftigten in den einzelnen Filialen zuständig ist.

B Für den Betriebsrat sind unabhängig von ihrer Betriebszugehörigkeit alle volljährigen Beschäftigten der Unionbank AG wählbar.

C Wahlberechtigt sind alle Arbeitnehmer der Unionbank AG, die das 16. Lebensjahr vollendet haben, auch wenn sie zum Zeitpunkt der Wahl arbeitsunfähig sind.

D Die Betriebsratswahlen bei der Unionbank AG finden alle vier Jahre in der Zeit zwischen dem 1. Mai und dem 31. Juli statt.

E Zur Wahl des Betriebsrats können nur die bei der Unionbank AG vertretenen Gewerkschaften Wahlvorschläge machen, die die Zusammensetzung der Beschäftigten widerspiegeln.

Aufgabe 11

In der Nordbank AG finden in diesem Jahr sowohl die Betriebsratswahlen als auch die Wahl zur Jugend- und Ausbildungsvertretung statt. Welche Aussage zur Wahlberechtigung und zur Wählbarkeit dieser beiden Institutionen trifft zu?

A Alle Arbeitnehmer der Nordbank AG sind für die beiden Wahlen wahlberechtigt.

B Alle Auszubildenden der Nordbank AG können sich für den Betriebsrat und die Jugend- und Ausbildungsvertretung wählen lassen.

C Der Kundenberater Herr Thomas Wiese (23 Jahre alt) kann sich für beide Wahlen als Kandidat wählen lassen.

D Die Auszubildende Susanne Schön (16 Jahre alt) kann sich sowohl für den Betriebsrat als auch für die Jugend- und Auszubildendenvertretung wählen lassen.

E Der Kreditsachbearbeiter Joachim Blume (20 Jahre alt) kann sich entweder als Kandidat für den Betriebsrat oder als Kandidat für die Jugend- und Ausbildungsvertretung wählen lassen.

☐

Aufgabe 12

Die Beteiligungsrechte des Betriebsrates unterteilen sich wesentlich in Mitbestimmungsrechte bzw. lediglich Mitwirkungsrechte. Bei welchem der nachfolgenden Fälle bleibt ein Widerspruch des Betriebsrates ohne rechtliche Wirkung?

A Die Urlaubsgrundsätze sollen geändert werden: Die Unternehmensleitung möchte Werksferien einführen, die in den August eines jeden Jahres gelegt werden sollen.

B Die Betriebsordnung soll geändert werden: In allen Gebäuden des Unternehmens soll ein Rauchverbot erlassen werden.

C Die Position des Geschäftsführers bei der Finanzberatung GmbH soll neu besetzt werden, da der bisherige Geschäftsführer aus Altersgründen ausscheidet.

D Die Beurteilungsgrundsätze für Mitarbeiter sollen verändert werden.

E Einem nach Meinung der Personalentwicklung ungeeigneten Ausbilder soll aus verhaltensbedingten Gründen gekündigt werden.

☐

Aufgabe 13

Ordnen Sie den Marketinginstrumenten die entsprechenden Maßnahmen zu.

<u>Marketingmaßnahmen</u>

A Zwei Kundenberater der Nordbank AG nehmen an einem bankinternen Seminar zur Verkaufsförderung im Wertpapiergeschäft teil.

B Die Nordbank AG bietet ihren vermögenden Kunden die Möglichkeit, sich auch zu Hause, außerhalb der Geschäftszeiten, von speziellen Bankmitarbeitern über die Vermögensanlage- und -verwaltung beraten zu lassen.

C Die Nordbank AG senkt die Kontoführungsgebühren von monatlich 20,00 EUR auf 10,00 EUR und erhöht die freien Buchungsposten im Monat für Girokonten von 10 auf 20 Freiposten.

D Im Passivgeschäft legt die Nordbank AG wieder Inhabersparbriefe als normalverzinsliche Sparbriefe, sowie als Auf- und Abzinsungspapiere mit unterschiedlichen Zinssätzen und Laufzeiten auf.

E Um die Kreditkarte für Kunden attraktiver zu machen, wird die Jahresgebühr von 120,00 EUR auf 60,00 EUR halbiert.

<u>Marketinginstrumente</u>

1 Produktpolitik

2 Preis- und Konditionenpolitik

3 Sortimentspolitik

4 Distributionspolitik

5 Kommunikationspolitik

A	B	C	D	E

Situation zu den Aufgaben 14 bis 16

Die Nordbank AG verkauft in einem Geschäftsjahr private Altersvorsorgeverträge im Volumen von 75 Mio. EUR. Der tatsächliche Umsatz aller Kreditinstitute des Geschäftsgebiets beträgt 362 Mio. EUR bei einem geschätzten Marktpotenzial von 530 Mio. EUR.

Aufgabe 14

Berechnen Sie den Marktanteil der Nordbank AG. Runden Sie die Ergebnisse auf jeweils eine Stelle nach dem Komma.

☐☐,☐ %

Aufgabe 15

Berechnen Sie die Marktdurchdringung (Grad der Marktsättigung) für dieses Produkt. Runden Sie die Ergebnisse auf jeweils eine Stelle nach dem Komma.

☐☐,☐ %

Aufgabe 16

Die Nordbank AG möchte im dritten Quartal die aktuelle Konkurrenzsituation bei der Anlage von bei Altersvorsorgeprodukten unter den Kreditinstituten in ihrem Geschäftsbereich ermitteln. Die Nordbank AG beauftragt ein Marktforschungsunternehmen, dazu eine Marktanalyse durchzuführen. Welche der folgenden Aussagen über die Marktanalyse ist zutreffend?

Die Nordbank AG erhält durch die Marktanalyse ...

A Daten über ihren Marktanteil in diesem Marktsegment zu einem bestimmten Zeitpunkt.

B Informationen über die Entwicklung der Neuabschlüsse in Altersvorsorgeprodukten im vierten Quartal.

C eine laufende Kontrolle der Veränderung ihres Marktanteils bei Altersvorsorgeprodukten.

D Informationen über die Verschiebung der Marktanteile der Konkurrenz in diesem Marktsegment für das vierte Quartal.

E Prognosen über das Ertragspotential der Altersvorsorgeprodukte während des Untersuchungszeitraums.

☐

Aufgabe 17

Real existierende Märkte sind meistens unvollkommene Märkte, während der vollkommene Markt ein theoretisches Modell ist, das nicht die Realität widerspiegelt.

Welche der folgenden Aussagen über unvollkommene Märkte sind richtig?

A Für Anbieter und Nachfrager besteht vollständige Markttransparenz.

B Ein Anbieter kann für sein Produkt regional unterschiedliche Preise fordern und erhalten.

C Ein Anbieter kann seinen Kunden keine Mengenrabatte gewähren.

D Die Nachfrager lassen sich durch Werbung in ihren Kaufentscheidungen beeinflussen.

E Die von den Anbietern angebotenen Produkte sind homogen.

F Alle Marktteilnehmer handeln bei ihren Entscheidungen ausschließlich nach rationalen Überlegungen.

☐ ☐

Situation zu den Aufgaben 18 und 19

Die ComTech GmbH ist ein mittelständisches Unternehmen in Norderstedt, das Alarm- und Sicherheitstechnik produziert und vertreibt. Die Unternehmung kann zurzeit 10 Alarmanlagen alternativ mit folgenden Mengenkombinationen Arbeit und Kapital herstellen:

Kombination	A	B	C	D	E
Arbeit (in Einheiten)	8	7	6	5	4
Kapital (in Einheiten)	3	9	12	15	21

Die Kosten für eine Einheit des Faktors Arbeit belaufen sich auf 50,00 EUR pro Einheit. Eine Einheit des Faktors Kapital kostet 10,00 EUR

Aufgabe 18

Ermitteln Sie die kostengünstigste Faktorkombination.

☐

Aufgabe 19

Aufgrund neuer technischer Entwicklungen kann die gleiche Menge nunmehr jeweils mit einem Viertel des Kapitaleinsatzes produziert werden. Ermitteln Sie unter dieser Voraussetzung die kostengünstigste Faktorkombination.

☐

Situation zu den Aufgaben 20 und 21

In einem Monatsbericht der Bundesbank ist die folgende Statistik abgebildet. Das nachfolgende Zahlenmaterial zum Bruttoinlandsprodukt bezieht sich auf die Perioden I bis V einer Volkswirtschaft.

Position (in Preisen von 20..)	Vorjahr - Mrd. EUR	Folgejahr - Mrd. EUR
I. Entstehung des Inlandsprodukts		
Produzierendes Gewerbe (ohne Baugewerbe)	451,5	455,8
Baugewerbe	102,6	101,5
Handel, Gastgewerbe und Verkehr	318,7	327,7
Finanzierung, Vermietung, Unternehmensdienstleister	526,7	545,5
Öffentliche und private Dienstleister	369,6	370,1
Alle Wirtschaftsbereiche	1792,7	1824,8
Nachr.: Unternehmenssektor	1565,2	1598,3
Wirtschaftsbereiche bereinigt	1702,2	1726,1
Bruttoinlandsprodukt	1880,8	1908,3

II. Verwendung des Inlandsprodukts		
Private Konsumausgaben	1062,9	1085,3
Konsumausgaben des Staates	362,0	362,7
Ausrüstungen	148,4	156,0
Bauten	238,1	238,1
Sonstige Anlagen	20,8	22,8
Vorratsveränderungen	17,7	26,2
Inländische Verwendung	1849,9	1891,0
Außenbeitrag	30,9	17,2
Exporte	549,9	573,2
Importe	519,0	556,0
Bruttoinlandsprodukt	1880,8	1908,3

Aufgabe 20

Ermitteln Sie die Wachstumsrate des realen Bruttoinlandsprodukts in % für das Folgejahr gegenüber dem Vorjahr (auf 2 Stellen nach dem Komma runden).

☐ , ☐☐ %

Aufgabe 21

Welche der folgenden konjunkturellen Phasen ist aus den Perioden I bis V abzuleiten?

A Stagnation
B Talsohle
C Konjunkturgipfel
D Abschwung
E Aufschwung

	Periode I	**Periode II**	**Periode III**	**Periode IV**	**Periode V**
Bruttoinlandsprodukt in Preisen von 20.. in Mrd. EUR	1801,3	1814,9	1841,2	1880,8	1908,3

☐

Aufgabe 22

Welche der folgenden Aussagen zu den Folgen von Arbeitslosigkeit ist richtig?

A Steigende Arbeitslosigkeit bedeutet sinkende Beitragseinnahmen bei den Sozialversicherungsträgern, z. B. bei den gesetzlichen Krankenkassen.

B Die finanziellen Folgen der Arbeitslosigkeit sind in Deutschland vor allem von der Bundesagentur für Arbeit zu tragen, die Arbeitslosengeld I und Arbeitslosengeld II (Bürgergeld) aufzuwenden hat.

C Hohe Dauerarbeitslosigkeit führt zur Entlastung des Staatshaushalts im Bund, den Ländern und in den Kommunen

D Steigende Arbeitslosigkeit führt zu sinkenden Steuereinnahmen, da von Arbeitslosen weder direkte noch indirekte Steuern gezahlt werden.

E Hohe Arbeitslosigkeit führt in der Regel zu massiven Eintritten in die jeweiligen Gewerkschaften und damit zur Stärkung gewerkschaftlicher Macht. Der Druck auf die Arbeitgeber kann erhöht werden.

☐

Aufgabe 23

Vorrangiges Ziel des Europäischen Systems der Zentralbanken (ESZB) ist es, das Preisniveau stabil zu halten. Welche Aussage trifft in diesem Zusammenhang zu?

A Der Einsatz der geldpolitischen Instrumente des ESZB wirkt sich unmittelbar auf die gesamte Güternachfrage der Volkswirtschaften des Euro-Währungsgebiets aus.

B Wesentliche Voraussetzung für einen stabilen Euro ist zum einen der effiziente Einsatz des geldpolitischen Instrumentariums und zum anderen die Konsolidierung der öffentlichen Haushalte der Länder, die den Euro als Währung eingeführt haben.

C Unabhängig von den Gewinnerwartungen der Unternehmen bewirken Kreditverbilligungen durch das ESZB ein stabiles kontinuierliches Wachstum des realen Bruttoinlandsprodukts.

D Bei ausreichender Geldversorgung der Kreditinstitute bewirkt eine restriktive Handhabung der Offenmarktgeschäfte unmittelbar eine Verschlechterung der Geldwertstabilität.

E Wenn der Europäische Zentralbankrat durch die Festlegung eines hohen Zinssatzes die Refinanzierungsgeschäfte im Euroland einengt, garantiert diese Strategie neben einem stabilen Geldwert auch einen stabilen Wechselkurs des Euro gegenüber den wichtigen Nicht-Euro-Währungen.

☐

Aufgabe 24

Welche der unten stehenden geldpolitischen Maßnahmen im Europäischen System der Zentralbanken (ESZB) könnte einen wirtschaftlichen Aufschwung unterstützen?

A Die Europäische Zentralbank (EZB) hebt die Mindestreservesätze für befristete Einlagen unter zwei Jahren um 3 % an.

B Die EZB erhöht den Reposatz für Tagesgeld am Interbankenmarkt.

C Die EZB erhöht den Zinssatz der Spitzenrefinanzierungsfazilität.

D Die EZB und die nationalen Notenbanken gewähren den nationalen Regierungen Kassenkredite, damit diese die zusätzlich erhaltenen Mittel nachfragewirksam ausgeben.

E Im Zuge der Offenmarktgeschäfte wird von der Europäischen Zentralbank zusätzliche Liquidität durch ein Anleihekaufprogramm bereitgestellt sowie der Zinssatz reduziert.

☐

Aufgabe 25

Die Länder der Europäischen Union werden nach Teilnehmern an der gemeinsamen Währung Euro (Euro-Zone) und Nicht-Teilnehmern (Rest-EU) unterschieden. Welche der untenstehenden Länder gehören

1 zur Euro-Zone?

2 zur Rest-EU?

3 weder zur Euro-Zone noch zur Rest-EU?

Länder

A Großbritannien

B Island

C Slowenien

D Bulgarien

E Kroatien

A	B	C	D	E

Aufgabe 26

Ordnen Sie die nachfolgenden Währungen den entsprechenden EU-Ländern zu:

EU-Länder:

A Slowakei
B Rumänien
C Lettland
D Malta
E Litauen

Währungen:

1 Euro
2 Litas
3 Forint
4 Leu
5 Lats

A	B	C	D	E

Aufgabe 27

Der Europäischen Zentralbank stehen folgende geldpolitische Instrumente zur Verfügung: Ordnen Sie die nachstehenden Sachverhalte den Instrumenten zu.

Instrumente

1 Einlagefazilität

2 Hauptrefinanzierungsgeschäfte

3 Spitzenrefinanzierungsfazilität

4 Der Sachverhalt ist nicht zuzuordnen.

Sachverhalte

A Inanspruchnahme von Liquidität durch Kreditinstitute des Eurosystems bei den nationalen Zentralbanken bis zum Beginn des nächsten Geschäftstages

B Geldpolitische Geschäfte des Eurosystems als Zinstender mit einer Laufzeit von 7 Tagen

C Begebung von EZB-Schuldverschreibungen zur strukturellen Liquiditätsbeeinflussung

D Geldpolitische Geschäfte im Tenderverfahren mit einer Laufzeit von ca. 90 Tagen

E Anlagemöglichkeit von Tagesgeld der Kreditinstitute des Eurosystems bei den nationalen Zentralbanken

A	B	C	D	E

Situation zu den Aufgaben 28 und 29

Dem Geschäftsbericht der Bundesbank sind für das Berichtsjahr folgende Posten der Zahlungsbilanz für das Berichtsjahr entnommen (alle Zahlen sind Salden, gerundet und in Mio. EUR):

Direktinvestitionen	- 12.800
Warenhandel	+ 99.900
Übriger Kapitalverkehr	- 24.300
Vermögensänderungsbilanz	- 1.000
Primäreinkommen	- 12.600
Wertpapieranlagen	- 9.100
Dienstleistungen	- 58.000
Saldo der statistisch nicht aufgliederbaren Transaktionen	- 38.400
Sekundäreinkommen	- 26.700

Aufgabe 28

Berechnen Sie aus den Daten der Zahlungsbilanz den Saldo der Leistungsbilanz.

+/- Mio. EUR

Aufgabe 29

Berechnen Sie aus den Daten der Zahlungsbilanz den Saldo der Kapitalbilanz.

+/- Mio. EUR

Aufgabe 30

Welche Aussagen zu Transaktionen im System der Zahlungsbilanz sind zutreffend?

A Ein negativer Saldo der Handelsbilanz führt bei einer ausgeglichenen Dienstleistungsbilanz zu einem positiven Saldo der Leistungsbilanz.

B Anhaltende rückläufige Exportüberschüsse können langfristig zu einem negativen Saldo der Handelsbilanz führen.

C Verstärkte Mittelbereitstellungen deutscher Unternehmen für ihre ausländischen Tochterunternehmen stellen einen Kapitalexport dar.

D Eine starke Nachfrage ausländischer Anleger nach sicheren Bundeswertpapieren führt zu einem negativen Saldo der Vermögensänderungsbilanz.

E Eine Erfassung der Exporte zu CIF-Werten anstelle von FOB-Werten führt zu einer mengenmäßigen Steigerung der ausgewiesenen Exporte.

F Der Saldo der Primäreinkommen ist positiv, wenn die Erwerbseinkommen aus dem Ausland höher sind als die in das Ausland geflossenen gleichartigen Transferzahlungen.

PRÜFUNGSSATZ IV

W. Grundmann et al., *Abschlussprüfung Teil II*, Prüfungstraining für Bankkaufleute,
https://doi.org/10.1007/978-3-658-48144-5_4

1 Vermögen aufbauen und Risiken absichern

Bearbeitungszeit: 90 Minuten, 100 Punkte

Lösungen ab Seite 229

1. Fall: Geldanlage in Aktien und Investmentanteilen
(29,5 Punkte, ca. 26 Minuten Bearbeitungszeit)

Situation

Sie sind in der Nordbank AG beschäftigt und haben heute ein Beratungsgespräch mit Herrn Arno Kemper. Herr Kemper ist 38 Jahre alt, ledig und Schreinermeister in einem Holzfachunternehmen in Hamburg. Im Rahmen einer Erbschaft hatte Herr Kemper 5000 Anteile des Investmentfonds NordRenta und 1000 Anteile des Investmentfonds WEKANord Aktienfonds zugesprochen bekommen.

Herr Kemper hat bisher noch keine Erfahrungen mit der Geldanlage in Wertpapieren und möchte sich deshalb heute von Ihnen zu den geerbten Wertpapieren beraten lassen.

Aufgabe 1.1 (2 Punkte)

Welches Dokument müssen Sie mit Herrn Kemper gemäß den Vorschriften des Wertpapierhandelsgesetzes (WpHG) zunächst ausfüllen?

Sie müssen im Beratungsgespräch mit Herrn Kemper u. a. Informationen über seine bisherigen Erfahrungen mit Wertpapieren, seine finanziellen Verhältnisse, seine Risikobereitschaft und seine Anlageziele nach dem WpHG einholen.

Sie stellen im Beratungsgespräch mit Herrn Kemper fest, dass die geerbten Wertpapiere zu seinem Anlageprofil passen. Herr Kemper möchte in Zukunft einen festen Betrag monatlich in Aktien oder Investmentanteilen anlegen.

Aufgabe 1.2 (4 Punkte)

Erläutern Sie Herrn Kemper zwei Vorteile einer Direktanlage in Aktien gegenüber einer Anlage in Investmentfondsanteilen.

Aufgabe 1.3 (4 Punkte)

Sie informieren Herrn Kemper darüber, dass ein Aktienerwerb über die Börse im Rahmen eines Kommissionsgeschäfts und der Erwerb von Anteilen am Aktienfonds im Rahmen eines Festpreisgeschäfts erworben werden.

Nennen Sie Herrn Kemper zwei Unterschiede zwischen dem Kommissionsgeschäft und dem Festpreisgeschäft!

Aufgabe 1.4 (2,5 Punkte)

Sie informieren Herrn Kemper über die Vorteile einer Anlage in einem Investmentfonds.

Welche Vorteile bietet die Anlage in inländischen Investmentfonds?

A Kleinste Beträge können als indirekte Beteiligungen in Wertpapieren, Immobilien oder Grundstücken angelegt werden.

B Erträge und Ausschüttungen aus Investmentfonds sind im Erwerbsjahr abgeltungssteuerfrei.

C Diese Anlageform ist für solche Anleger vorteilhaft, die ihre Einkünfte durch die Realisierung von Kursgewinnen innerhalb des Investmentfonds erhöhen wollen.

D Die Anlage in Investmentfonds ist mündelsicher und können daher für Anlagen von Mündelgeldern genutzt werden.

E Investmentfonds erlauben eine schnelle und zielgerichtete Vermögensumschichtung.

F Die Sondervermögen von Kapitalanlagegesellschaften, z. B. aktiv gemanagte Investmentfonds, werden von Experten verwaltet, die gute Informationen über die Marktentwicklung haben.

☐ ☐

Aufgabe 1.5 (3 Punkte)

Die Anteile an einem Investmentfonds verbriefen Herrn Kemper bestimmte Rechte. Welche Rechte erhält Herr Kemper gemäß dem Kapitalanlagegesetzbuch (KAGB)!

Aufgabe 1.6 (3 Punkte)

Sie informieren Herrn Kemper über die Sicherheitsvorschriften bei der Anlage in Investmentfonds nach dem Kapitalanlagegesetz (KAGG). Nennen Sie Herrn Kemper drei Vorschriften nach dem KAGG, die die Sicherheit der Anlage in Investmentfonds gewährleisten sollen.

Aufgabe 1.7 (3 Punkte)

Herr Kemper bittet Sie, ihm zu erklären, wie der Preis für einen Anteil zustande kommt. Am folgenden Beispiel für den WEKANord Aktienfonds wollen Sie ihm das erklären. Der WEKANord Aktienfonds hat folgendes Fondsvermögen:

Stück	Vermögenswerte	Preis pro Stück in EUR	Kurswert in EUR
20.000	A-Aktien	25,20	
20.000	B-Aktien	30,10	
10.000	C-Aktien	40,50	
90.000	weitere Aktien		5.841.000,00

Zum Fondsvermögen gehört ein Bankguthaben von 300.000,00 EUR. Es sind 200.000 Stück Fondsanteile im Umlauf.

Auszug aus den Fondsbedingungen:

- Ausgabeaufschlag 3 % des Anteilwertes; Ausgabepreis (auf volle 0,10 EUR aufrunden)
- Rücknahme zum Anteilwert abzüglich 0,3 % Rückkosten; Rücknahmepreis (auf volle 0,10 EUR abrunden)

Ermitteln Sie für einen Anteil den Inventarwert, den Verkaufspreis und den Rücknahmepreis.

Aufgabe 1.8 (2,5 Punkte)

Die Nordbank AG stellt Herrn Kemper u. a. die Besonderheiten des NordRenta Investmentfonds vor, der in festverzinsliche Euroanleihen vorwiegend deutscher Emittenten mit einer durchschnittlichen Restlaufzeit von bis zu 2 Jahren investiert. Neben einem einmaligen Ausgabeaufschlag von 5 % fällt eine Verwaltungsvergütung in Höhe von 0,5 % p. a. an. Wie informieren Sie Herrn Kemper über den NordRenta-Investmentfonds richtig?

A Die Volatilität des NordRenta ist unabhängig von den Schwankungen der Kapitalmarktzinsen und somit grundsätzlich geringer als bei einem Geldmarktfonds.

B Durch die breite Diversifizierung hat Herr Kemper bei dieser Anlagestrategie keine Risiken zu tragen.

C Die Fondsanteile des NordRenta können von Herrn Kemper grundsätzlich börsentäglich zum Rücknahmepreis an die Kapitalanlagegesellschaft zurückgegeben werden.

D Die im NordRenta enthaltenen Anleihen unterliegen nach dem Kauf des jeweiligen Anteils auch bei Veränderungen des Kapitalmarktzinses keinen Kursveränderungen.

E Der NordRenta nutzt die unterschiedlichen Zinsniveaus im Ausland zum Vorteil des Anlegers und kann daher nur zu Ausschüttungsterminen gehandelt werden.

☐

Aufgabe 1.9 (2,5 Punkte)

Herr Kemper möchte noch wissen, welche Aufgaben die Nordbank AG im Zusammenhang mit der Verwaltung seiner Investmentanteile übernimmt.

Welche der folgenden Aufgaben übernimmt die Nordbank AG für Herrn Kemper, wenn sich diese Investmentanteile in Girosammelverwahrung bei der Clearstream Banking AG befinden?

A Die Nordbank AG informiert Herrn Kemper regelmäßig über die börsentägliche Ermittlung der Ausgabe- und Rücknahmepreise des Aktienfonds.

B Die Nordbank AG übernimmt für Herrn Kemper die Weiterleitung von Informationen über anstehende Hauptversammlungen der im Aktienfonds vertretenen Aktiengesellschaften.

C Die Nordbank AG übernimmt für Herrn Kemper die Gutschrift der Erträge auf das von ihm bestimmte Konto.

D Die Nordbank AG übernimmt für Herrn Kemper die Beschaffung eines Erneuerungsbogens für die jährlichen Ausschüttungen von Investmenterträgen.

E Die Nordbank AG übernimmt für Herrn Kemper die Trennung und Einziehung der fälligen Investmentcoupons.

☐

Aufgabe 1.10 (3 Punkte)

Sie informieren Herrn Kemper noch über die Erträge, die im NordRenta und im WEKANord Aktienfonds anfallen können.

Nennen Sie Herrn Kemper drei Ertragsarten in diesem Fonds!

2. Fall: Geldanlage in Aktien
(27 Punkte, ca. 25 Minuten Bearbeitungszeit)

Situation

Martin Montag ist Depotkunde der Nordbank AG. Herr Montag hat 1.500 Stück Inhaberaktien der Luftfracht AG in seinem Depot. In einem Informationsgespräch über die Luftfracht AG teilen Sie Herrn Montag mit, dass die Luftfracht AG in der nächsten Woche ihre Hauptversammlung hat und eine Dividendenzahlung von 1,00 EUR beschlossen werden soll.

Aufgabe 2.1 (3 Punkte)

Herr Montag möchte von Ihnen wissen, mit welchem Dividendenertrag er aufgrund seines Aktienbestandes rechnen kann.

Berechnen Sie für Herrn Montag die Dividendengutschrift. Herr Montag ist konfessionslos; ein Freistellungsauftrag von Herrn Montag über 500,00 EUR liegt der Nordbank AG vor.

Aufgabe 2.2 (5 Punkte)

Herr Montag liest interessiert die Tagesordnungspunkte der HV der Luftfracht AG. Er möchte nun von Ihnen wissen, welche Mehrheiten das Aktiengesetz für die Beschlussfassung der nachstehenden Tagesordnungspunkte der Hauptversammlung der Luftfracht AG vorsieht? Ordnen Sie zu!

<u>Mehrheiten</u>

1 Qualifizierte Mehrheit

2 Einfache Mehrheit

3 Die Zustimmung der Hauptversammlung ist nicht erforderlich

A 5 % des Bilanzgewinns sollen den gesetzlichen Rücklagen zugeführt werden.

B Gewinnrücklagen sollen durch Ausgabe von Berichtigungsaktien an die Aktionäre in gezeichnetes Kapital umgewandelt werden.

C Auf Grund eines Antrages des Kleinaktionärs Uwe Heinemann soll der Aufsichtsrat nicht entlastet werden.

D Beschlussfassung über die Verwendung des Bilanzgewinns: Vorstand und Aufsichtsrat schlagen die Zahlung einer Dividende von 0,60 EUR je Aktie im Nennbetrag von 1,00 EUR vor.

E Ermächtigung des Vorstands der Luftfracht AG zur Erhöhung des Grundkapitals (Genehmigtes Kapital) um einen Nennbetrag von 50 Mio. EUR.

A	B	C	D	E

Aufgabe 2.3 (1 Punkt)

Herr Montag hat von der Nordbank AG im Zusammenhang mit der anstehenden Hauptversammlung auch die Nachricht über eine Kapitalerhöhung der Luftfracht AG erhalten. Die jungen Stammaktien sollen zum Bezugspreis von 23,00 EUR emittiert werden. Durch die Kapitalerhöhung soll das Grundkapital von 1,2 Milliarden EUR auf 1,3 Milliarden EUR erhöht werden. Der letzte Börsenkurs der alten Luftfracht AG-Aktien vor dem Bezugsrechtshandel beträgt 38,00 EUR. Das Geschäftsjahr der Luftfracht AG entspricht dem Kalenderjahr. Die letzte Hauptversammlung fand am 10. Mai statt. Die voraussichtliche Dividende beträgt für das laufende Jahr 2,40 EUR. Die jungen Aktien sind ab 1. Juli dividendenberechtigt.

Berechnen Sie das Bezugsverhältnis.

Aufgabe 2.4 (3 Punkte)

Ermitteln Sie den rechnerischen Wert des Bezugsrechts (das Ergebnis ist kaufmännisch auf 2 Stellen nach dem Komma zu runden).

Aufgabe 2.5 (2,5 Punkte)

Die Luftfracht AG plant im Rahmen des Bookbuilding-Verfahrens neue Aktien zu emittieren. Welche der folgenden Aussagen zum Ablauf dieses Emissionsverfahrens ist zutreffend?

A Beim Bookbuilding-Verfahren wird ein Verkaufsprospekt mit einem festen Ausgabepreis veröffentlicht.

B Zum festgelegten Ausgabepreis geben die Anleger in ihrem Zeichnungsangebot lediglich die gewünschte Stückzahl an.

C Der Konsortialführer hat das Recht, den festgelegten Emissionspreis in beliebiger Höhe an die aktuelle Marktsituation anzupassen.

D Wenn das Angebot größer als die Nachfrage ist, wird der Überhang entsprechend der Zeichnungsgebote an die Bieter verteilt.

E Falls die Nachfrage das Platzierungsvolumen überschreitet, können vom Emittenten zusätzliche Aktien zur Ausgabe zur Verfügung gestellt werden.

☐

Aufgabe 2.6 (2,5 Punkte)

Schon seit einiger Zeit prognostizieren Experten steigende Kapitalmarktzinsen.

Welche Aussage trifft in diesem Zusammenhang zu?

Sie erklären Herrn Montag, dass

A steigende Kapitalmarktzinsen tendenziell zu sinkenden Aktienkursen führen.

B Steigende Kapitalmarktzinsen tendenziell zu steigenden Aktienkursen führen.

C Steigende Kapitalmarktzinsen im Ausland zu Stärkung der heimischen Währung führt.

D Steigende Kapitalmarktzinsen im Inland zu Kurssteigerungen von öffentlichen Schuldverschreibungen führen.

E Steigende Zinsen am Kapitalmarkt im Inland keine Auswirkungen auf Aktienkurse haben.

☐

Aufgabe 2.7 (2 Punkte)

Herr Montag möchte von Ihnen wissen, warum bei einem steigenden Zinsniveau am Kapitalmarkt die Anlage- und Risikobereitschaft in Aktienwerte tendenziell sinkt.

Aufgabe 2.8 (3 Punkte)

Im weiteren Verlauf des Gesprächs spricht Sie Herr Montag auf die geplante Kapitalerhöhung der Luftfracht AG an. Herr Montag möchte von Ihnen wissen, welche Auswirkungen eine Kapitalerhöhung für ihn als Aktionär hat. Nennen Sie zwei Auswirkungen!

A Eine Kapitalerhöhung der Luftfracht AAG hat keine Auswirkungen auf die Kaufentscheidungen der Altaktionäre.

B Im Rahmen einer ordentlichen Kapitalerhöhung der Luftfracht AG erhalten Altaktionäre entsprechend ihrem Aktienbestands neue Aktien der Luftfracht AG in die Depots eingebucht.

C Im Rahmen einer ordentlichen Kapitalerhöhung erhalten die Altaktionäre ein gesetzliches Bezugsrecht zum Bezug junger Aktien.

D Im Rahmen einer ordentlichen Kapitalerhöhung der Luftfracht AG erhalten die Altaktionäre entsprechend ihrem Bestand Berichtigungsaktien in ihr Depot.

E Infolge der Kapitalerhöhung der Luftfracht AG wird der Kurswert der Aktie tendenziell sinken.

F Eine ordentliche Kapitalerhöhung der Luftfracht AG führt i.d.R. bei der nächsten Hauptversammlung zum Beschluss einer Dividendenerhöhung.

☐ ☐

Aufgabe 2.9 (5 Punkte)

Herr Montag entscheidet sich nach Abwägung aller Argumente für den Kauf von 3.500 Aktien der Luftfracht AG. Nach Erledigung der erforderlichen Dokumentationen geben Sie den Kaufauftrag mit einem Limit von 2,60 EUR ein. Nach 15 Minuten erfolgt die Bestätigung der Ausführung zum Kurs von 2,57 EUR.

Bei der Abrechnung sind die nachstehenden Entgelte zu berücksichtigen.

Provision	0,3 % vom Kurswert, mindestens 15,00 EUR
Abwicklungsentgelt	3,50 EUR pro Auftrag
Courtage	0,4 %o vom Kurswert, mindestens 0,75 EUR

Ermitteln Sie unter Angabe des Rechenwegs den Belastungsbetrag auf dem Konto von Herrn Montag.

3. Fall: Geldanlage in Aktien
(19 Punkte, ca. 17 Minuten Bearbeitungszeit)

Situation

Herr Felix Krallmann ist Depotkunde der Nordbank AG und besitzt Aktien der Energie AG und Aktien der Maschinenfabrik AG. In einem Beratungsgespräch mit der Nordbank AG teilt Ihnen Herr Krallmann mit, dass er von der Energie AG folgende Informationen erhalten hat:

Die Energie AG beabsichtigt eine Erweiterung ihrer Produktionsanlagen. Das Finanzierungsvolumen beträgt 4 Millionen EUR. Der Vorstand prüft u. a. die Möglichkeit einer Kapitalerhöhung gegen Bareinlagen im Verhältnis 5 : 1. Der gegenwärtige Börsenkurs der Energie AG-Aktie beträgt 12 EUR je 5,00 EUR-Aktie.

Bilanz der Energie AG

<u>Aktiva</u>	
Grundstücke und Gebäude	8.000.000,00 EUR
Technische Anlagen	11.000.000,00 EUR
Rohstoffe	1.000.000,00 EUR
Fertige Erzeugnisse	1.000.000,00 EUR
Forderungen	3.500.000,00 EUR
Zahlungsmittel	500.000,00 EUR
Bilanzsumme	25.000.000,00 EUR
<u>Passiva</u>	
Gezeichnetes Kapital	10.000.000,00 EUR
Rücklagen	5.000.000,00 EUR
Jahresüberschuss	2.000.000,00 EUR
Verbindlichkeiten	8.000.000,00 EUR
Bilanzsumme	25.000.000,00 EUR

Aufgabe 3.1 (4 Punkte)

Wie hoch muss der Ausgabekurs der jungen Aktien sein, damit die Investition von 4 Millionen EUR finanziert werden kann?

Aufgabe 3.2 (2,5 Punkte)

Herr Krallmann fragt Sie nach der Beurteilung der Maschinenfabrik-Aktie. Er teilt Ihnen mit, dass er gehört habe, dass die Dividendenrendite der Maschinenfabrik-Aktie „gut" sei.

Sie erklären Herrn Krallmann die Dividendenrendite, die er bisher mit der Verzinsung gleichgesetzt hat. Welche Aussage hierzu trifft zu?

A Die Dividendenrendite ist abhängig vom Aktienkurs und vom erwarteten Gewinn. Jede Veränderung einer dieser Größen verändert die Dividendenrendite.

B Die Dividendenrendite zeigt an, mit welchem Faktor des Gewinns die Aktie an der Börse gehandelt wird.

C Die Kennzahl gibt an, wie viele Jahre das Unternehmen diese Dividende erzielen müsste, um den aktuellen Aktienkurs zu erwirtschaften.

D Die Dividendenrendite (Bruttodividende : Aktienkurs) gibt an, welche Verzinsung der Aktionär jährlich durch die Ausschüttungen der Gesellschaft erhält. Vor allem bei langfristigen Anlagen ist die Dividendenrendite von Bedeutung.

E Je niedriger die Dividendenrendite, desto günstiger ist die Aktie bewertet.

☐

Aufgabe 3.3 (3 Punkte)

Nach Einschätzung vieler Analysten hat die Dividendenrendite allerdings wenig Aussagekraft. Berechnen Sie für die Maschinenfabrik-Aktie die Dividendenrendite und begründen Sie die kritische Einschätzung der Analysten anhand von zwei Aspekten! Der Aktienkurs beträgt 2,56 EUR und die Dividende beträgt 0,16 EUR je Aktie!

Aufgabe 3.4 (2,5 Punkte)

Sie teilen Herrn Krallmann mit, dass die Kennzahl „Kurs-Gewinn-Verhältnis" aussagefähiger ist als die Dividendenrendite. Welche Erklärung zum Kurs-Gewinn-Verhältnis der Maschinenfabrik AG trifft zu?

A Das Kurs-Gewinn-Verhältnis gibt an, welche Verzinsung der Aktionär jährlich durch die Ausschüttungen der Gesellschaft erhält.

B Das Kurs-Gewinn-Verhältnis ist vor allem bei kurzfristigen Anlagen in Aktien von Bedeutung.

C Je höher das Kurs-Gewinn-Verhältnis ist, desto attraktiver sind die Gewinnchancen in dieser Aktie.

D Bei der Interpretation dieser Kennzahl, ist zu berücksichtigen, dass der Gewinn der Aktiengesellschaft gewinnabhängigen Schwankungen unterliegt. Zudem führt jede Gewinnausschüttung tendenziell zu einem Kursrückgang der Aktie.

E Die Kennzahl gibt an, wie viele Jahre das Unternehmen einen bestimmten Gewinn erzielen müsste, um den aktuellen Aktienkurs zu erwirtschaften. Je niedriger das KGV ist, desto attraktiver ist die Anlage in dieser Aktie.

☐

Aufgabe 3.5 (3 Punkte)

Ermitteln Sie für die Maschinenfabrik-Aktie das KGV und erklären Sie Herrn Krallmann, welche Information sie dem von Ihnen ermittelten KGV entnehmen können! Gehen Sie von einem erwarteten jährlichen Gewinn von 0,32 EUR aus!

Aufgabe 3.6 (4 Punkte)

Im Branchendurchschnitt liegt das KGV bei 12,5. Beurteilen Sie das von Ihnen ermittelte KGV der Maschinenfabrik AG-Aktie im Vergleich zum Branchendurchschnitt!

4. Fall: Altersvorsorge
(24,5 Punkte, ca. 22 Minuten Bearbeitungszeit)

Situation

Sandra Schuster ist Depotkundin der Nordbank AG. Frau Schuster besitzt Schuldverschreibungen der NordHypo AG, die sie vor einem Monat unter Berücksichtigung von gezahlten Stückzinsen für ihre Altersvorsorge erworben hatte.

Frau Schuster möchte jetzt über die bevorstehende Zinszahlung aus dieser festverzinslichen Schuldverschreibung informiert werden. Folgende Informationen liegen Ihnen zu dieser Zinszahlung vor:

Folgende Daten zur Schuldverschreibung sind bekannt:

nominal 15.000,00 EUR 2,5 % Schuldverschreibungen der NordHypo AG , Serie 14, 1.12. gzj.
- Bei der Nordbank AG liegt kein Freistellungsauftrag vor.
- Der aktuelle Saldo des allgemeinen Verlustverrechnungstopfes beträgt 185,00 EUR.
- Frau Schuster gehört keiner Konfession an.

Aufgabe 4.1 (2,5 Punkte)

Frau Schuster möchte sich über die Risiken dieser Schuldverschreibung der NordHypo AG informieren. Welche der folgenden Risiken dieser Schuldverschreibung treffen auf die NordHypo AG Deutschland zu?

A Hohes Währungs- und geringes Zinsausfallrisiko
B Nur das Länderrisiko
C Zinsänderungs- und Kursrisiko
D Geringes Bonitäts- , aber Länderrisiko
E Nur das Zinsausfallrisiko

☐

Aufgabe 4.2 (4 Punkte)

Wie beurteilen Sie die von Ihnen genannten Risiken?

Aufgabe 4.3 (2,5 Punkte)

Welche Rechte sind mit dem Bestand an Schuldverschreibungen der NordHypo AG verbunden?

A Anspruch auf Ausstellung einer Schuldscheinurkunde für diese Schuldverschreibung
B Auskunftsrecht über die Geschäftsentwicklung der NordHypo AG
C Recht auf eine jährliche Zinszahlung
D Recht auf Teilnahme an der Hauptversammlung der Gesellschaft
E Recht auf Rückzahlung der Schuldverschreibung zum Nennwert

☐ ☐

Aufgabe 4.4 (2 Punkte)

Beim Kauf der Schuldverschreibung der NordHypo AG sind Stückzinsen angefallen, die im Allgemeinen Verrechnungstopf berücksichtigt werden. Erläutern Sie Frau Schuster in diesem Zusammenhang den Allgemeinen Verlustverrechnungstopf.

Aufgabe 4.5 (4 Punkte)

Ermitteln Sie für Frau Schuster den erwarteten Gutschriftsbetrag auf ihrem Konto (Geben Sie den Rechenweg an!)!

Aufgabe 4.6 (2 Punkte)

Erläutern Sie Frau Schuster anhand von zwei Aspekten die Notwendigkeit einer privaten Altersvorsorge!

Aufgabe 4.7 (2,5 Punkte)

Sie teilen Frau Schuster mit, dass eine Möglichkeit der privaten Altersvorsorge die kapitalbildende Lebensversicherung ist. Welche Aussage trifft zu?

A Die Kapitallebensversicherung wird aktuelle mit einer gesetzlichen Garantieverzinsung in Höhe von 1,75 % p. a. verzinst.

B Ist der Versicherungsnehmer gleichzeitig die versicherte Person, kann eine Kapitallebensversicherung nur gegen laufende Beitragszahlungen, nicht aber gegen Zahlung eines Einmalbetrages abgeschlossen werden.

C Die Ablaufleistung einer kapitalbildenden Lebensversicherung errechnet sich aus den eingezahlten Beiträgen, der Garantieverzinsung und der Überschussbeteiligung.

D Die Erträge aus der Kapitallebensversicherung sind im Erlebensfall steuerfrei, wenn die Laufzeit mindestens zwölf Jahre beträgt und die Auszahlung nach Vollendung des 67. Lebensjahres erfolgt.

E Dynamisierte Kapitallebensversicherungen bieten den Vorteil einer inflationsgeschützten Anleihe bei konstanten Beitragszahlungen.

☐

Aufgabe 4.8 (5 Punkte)

Nennen Sie Frau Schuster jeweils ein Produkt aus dem 3-Schichten-Modell für die Altersvorsorge!

2 Finanzierungsvorhaben begleiten

Bearbeitungszeit: 90 Minuten, 100 Punkte

Lösungen ab Seite 235

1. Fall: Grundstückskauf
(43,5 Punkte, ca. 40 Minuten Bearbeitungszeit)

Situation

Herr Mario Wende hat in Norderstedt eine Anwaltssozietät mit Notariat. Die Anwaltssozietät unterhält bei der Nordbank AG in Hamburg eine Kontoverbindung. Vor dem Notar Herrn Wende soll am 4. August ein Grundstückskaufvertrag zwischen Herrn Jens Schubert (Verkäufer) und den Eheleuten Max und Irmi Otterndorf (Käufer) in Höhe von 150.000,00 EUR abgeschlossen werden.

Max Otterndorf hat sich bereits bei der Nordbank AG über die Konditionen eines Darlehens zur Finanzierung des bebauten Grundstücks erkundigt, das durch eine Buchgrundschuld gesichert werden soll.

Herr Otterndorf hat sich beim Grundbuchamt einen aktuellen Grundbuchauszug besorgt.

Aufgabe 1.1 (5 Punkte)

Beim Amtsgericht (Grundbuchamt) wird ein Grundbuch für alle privaten Grundstücke des jeweiligen Amtsgerichtsbezirks geführt. Das Grundbuch besteht aus verschiedenen Teilen.

Teile des Grundbuches

1 Aufschrift
2 Bestandsverzeichnis
3 Erste Abteilung
4 Zweite Abteilung
5 Dritte Abteilung
6 Keine dem Grundbuch zu entnehmende Information

Welche der nachfolgenden Informationen kann Herr Otterndorf den genannten Teilen des Grundbuches entnehmen?

Informationen

A Miteigentum nach Bruchteilen
B Wegerecht zu Lasten des Nachbargrundstücks
C Auflassungsvormerkung
D Höhe der Grundsteuer
E Grundschuld

A	B	C	D	E

Aufgabe 1.2 (6 Punkte)

Im Grundbuch des Kaufobjekts sind folgende verkürzt dargestellte Eintragungen verzeichnet:

Grundbuchauszug für das Grundstück Blatt 1280

II. Abteilung
Lasten und Beschränkungen
1. Der jeweilige Eigentümer des im Grundbuch von Friedrichsgabe, Blatt 1279 verzeichneten Grundstücks hat das Geh- und Fahrrecht am Grundstück Blatt 1280. Unter Bezugnahme auf die Bewilligung vom 23. März 1995 eingetragen am 10. Mai 1995
2. Die Mobilcom AG hat das Recht, eine Mobilfunkantenne auf dem Grundstück zu unterhalten. Unter Bezugnahme auf die Bewilligung vom 12. August 1998 eingetragen am 20. September 1998
3. Lebenslanges unentgeltliches Wohnrecht für Ben Harms, geb. 12. August 1948. Zur Löschung des Rechts genügt der Nachweis des Todes. Unter Bezugnahme auf die Bewilligung vom 6. Februar 1999 eingetragen am 15. April 1999
4. Ben Harms, geb. 12. August 1948, hat das Recht auf eine lebenslängliche monatliche Geldzahlung von 1.200,00 EUR. Zur Löschung des Rechts genügt der Nachweis des Todes. Vorbehalten bleibt der Vorrang für ein noch einzutragendes Grundpfandrecht von einhundertsechzigtausend Euro nebst 15 % p. a. Zinsen. Unter Bezugnahme auf die Bewilligung vom 18. Juni 2001 eingetragen am 5. August 2001.
5. Vormerkung zur Sicherung des Rechts auf Eigentumsübertragung zu Gunsten von Jens Schubert, geb. 27. Oktober 1962. Unter Bezugnahme auf die Bewilligung vom 20. März 2009 eingetragen am 08. April 2009.
III. Abteilung
Grundpfandrechte
6. Fünfundsiebzigtausend Euro Grundschuld mit 15 % p. a. Zinsen für die Nordbank AG. Nach § 800 ZPO ist der jeweilige Eigentümer der sofortigen Zwangsvollstreckung unterworfen. Gemäß Bewilligung vom 17. September 2009 unter Ausnutzung des Rangvorbehalts mit dem Rang vor den Rechten Abteilung II Nr. 3 und Nr. 4 eingetragen am 30. Oktober 2001.

Welche der o. a. Grundbucheintragungen in Abteilung II ist eine

A Auflassungsvormerkung?

B Grunddienstbarkeit?

C Reallast?

A	B	C

Aufgabe 1.3 (3 Punkte)

Sie sollen die Rangfolge aller im Grundbuch eingetragenen Belastungen ermitteln. Bringen Sie die o.a. Belastungen von Nr. 1 bis 6 in die richtige Rangfolge.

1. Rang	2. Rang	3. Rang	4. Rang	5. Rang	6. Rang

Aufgabe 1.4 (6 Punkte)

Im Zusammenhang mit dem Abschluss des Grundstückskaufvertrags teilt Herr Wende dem Ehepaar Otterndorf mit, dass Der Vertrag auch die dingliche Einigung über den Eigentumserwerb am Grundstück enthält. Der Vertrag enthält u. a. folgende Vereinbarungen:

> Der gesamte Kaufpreis ist zinslos fällig bis zum 13.10. und bei dem beurkundenden Notar auf dessen Anderkonto bei der Nordbank AG, IBAN DE 1230 0000 9873 7000 23, zu hinterlegen. Der Notar wird den hinterlegten Betrag zuzüglich Zinsen und abzüglich Bankprovision an den Verkäufer zur Auszahlung bringen, sobald die lastenfreie Eigentumsumschreibung sichergestellt ist ... Zugunsten des Ehepaars Otterndorf soll sofort eine Auflassungsvormerkung in der II. Abteilung des Grundbuchs ... eingetragen werden.

Herr Wende beantragt am Tag des Vertragsschlusses bei der Nordbank AG die Eröffnung eines Notar-Anderkontos. Gemäß dem Kaufvertrag muss das Ehepaar Otterndorf nach Eintragung einer Auflassungsvormerkung 50.000,00 EUR auf das Notar-Anderkonto überweisen. Mit der Eintragung der Auflassung im Grundbuch ist dann die Restsumme von 100.000,00 EUR fällig.

Aus welchen Gründen sieht der Gesetzgeber bei Grundstückskaufverträgen eine notarielle Beurkundung vor? Führen Sie 3 Gründe an.

Aufgabe 1.5 (4 Punkte)

Geben Sie 2 Gründe an, warum der Kaufpreis auf ein Notar-Anderkonto und nicht auf das laufende Geschäftsgirokonto der Kanzlei bei der Nordbank AG überwiesen werden soll.

Aufgabe 1.6 (1 Punkt)

Nennen Sie die Kontobezeichnung, unter der das Anderkonto geführt werden kann.

Aufgabe 1.7 (2 Punkte)

Vier Wochen nach Abschluss des Grundstückskaufvertrags gerät das Ehepaar Otterndorf infolge der plötzlichen Arbeitslosigkeit von Herrn Otterndorf in finanzielle Schwierigkeiten. Die kontoführende Bank von Herrn Otterndorf ist nicht mehr bereit, die volle Finanzierung des Objekts zu übernehmen. Der Grundstückseigentümer Herr Schubert und die Eheleute Otterndorf einigen sich über die Aufhebung des Grundstückskaufvertrags. Das Ehepaar Otterndorf ist bereit, die im Zusammenhang mit dem Grundstückskaufvertrag entstandenen Kosten zu übernehmen.

Aus welchem Grund verlangt Herr Schubert vom Ehepaar Otterndorf die Löschung der bereits im Grundbuch eingetragenen Auflassungsvormerkung?

Aufgabe 1.8 (3 Punkte)

Beschreiben Sie das Verfahren der Löschung der Auflassungsvormerkung im Grundbuch.

Aufgabe 1.9 (3 Punkte)

Am 8. Oktober wenden sich Herr Schubert und das Ehepaar Otterndorf gemeinsam an die Nordbank AG und verlangen die Auszahlung des bereits auf dem Notar-Anderkonto eingegangenen Betrages von 50.000,00 EUR. Sie weisen sich durch Vorlage des Notarvertrags sowie ihre Personalausweise aus.

Kann die Nordbank AG der Zahlungsaufforderung nachkommen? Begründen Sie Ihre Entscheidung.

Situation zu den Aufgaben 1.10 bis 1.14

Die Nordbank AG führt für die Eheleute Max und Irmi Otterndorf ein Gehaltskonto. Im 1. Quartal ergaben sich folgende Werte:

Durchschnittlicher Habensaldo	1.200,00 EUR
Habenzinssatz	0,0 % p. a.
Durchschnittlicher Sollsaldo	1.000,00 EUR
Sollzinssatz	7,0 % p. a.
Kontoführungsgebühr pro Quartal pauschal	22,50 EUR

Die Nordbank AG legt bei der Kontenkalkulation folgende Daten zugrunde:

Alternativer Geld- und Kapitalmarktsatz	1,5 % p. a.
Standardrisikokosten für Kontokorrentkredite	0,7 % p. a.
Eigenkapitalkosten für Kontokorrentkredite	0,4 % p. a.
Durchschnittliche Betriebskosten pro Halbjahr	60,00 EUR

Berechnen Sie die bei der Kontoführung im ersten Quartal entstandenen Erfolge:

Aufgabe 1.10 (2 Punkte)

Berechnen Sie den Konditionenbeitrag des Kontokorrentkredits im ersten Quartal.

Aufgabe 1.11 (2 Punkte)

Berechnen Sie den Deckungsbeitrag I im ersten Quartal.

Aufgabe 1.12 (2 Punkte)

Ermitteln Sie den Deckungsbeitrag II für das erste Quartal.

Aufgabe 1.13 (2 Punkte)

Ermitteln Sie den Erfolg des Kontos für das erste Quartal (Deckungsbeitrag III).

Aufgabe 1.14 (2,5 Punkte)

Der Deckungsbeitrag ist

A der Anteil, mit dem das Kundenkonto am Erfolg eines Kreditinstitutes beteiligt ist.

B der Anteil, mit dem das Kundenkonto an den Gesamtkosten beteiligt ist.

C der Anteil, mit dem das Kundenkonto an der Deckung der Gemeinkosten und eventuell am Erfolg beteiligt ist.

☐

2. Fall: Immobilienfinanzierung
(22 Punkte, ca. 20 Minuten Bearbeitungszeit)

Situation

Die Wohnimmobilien AG möchte expandieren und ein Wohnhaus mit 16 2-Zimmer-Wohnungen kaufen. Die Wohnungen sollen vermietet werden. Zur Deckung des Finanzierungsbedarfs benötigt sie einen Kredit von 800.000 EUR. Für die Ermittlung des Beleihungswertes stehen Ihnen die folgenden Angaben zur Verfügung:

Baujahr des Wohnhauses:	2002
Bodenwert:	350.000 €
Herstellungskosten:	1.230.000 €

Baunebenkosten:	110.000 €
Risikoabschlag vom Herstellungswert:	30 %
Wohnfläche je Wohnung:	48 qm
Vergleichsmiete pro qm:	monatlich 11 €
Bewirtschaftungskosten:	30 % der Jahresnettomiete
Kapitalisierungszinsfuß:	5 %
Bodenwertverzinsung	4 %
Kapitalisierungsfaktor für 30 Jahre Nutzungsdauer	16,0
Beleihungsgrenze	60 % des Beleihungswertes

Aufgabe 2.1 (2,5 Punkte)

Welche Aussage im Zusammenhang mit der Bewertung von Sicherheiten für Realkredite trifft zu?

A Der Beleihungswert entspricht dem tatsächlichen Verkehrswert einer Immobilie am Tag der Wertermittlung.

B Die Lage des Grundstücks hat keinen Einfluss auf die Höhe des Ertragswerts.

C Der Beleihungswert ist der kapitalisierte Jahresbruttoertrag einer Immobilie.

D Die Summe aus Bau- und Bodenwert stellt den Sachwert des Beleihungsobjekts dar.

E Mit einem Wertgutachten über den Sachwert eines Beleihungsobjekts sollen Verluste bei der Verwertung dieses Objekts ausgeschlossen werden.

☐

Aufgabe 2.2 (2,5 Punkte)

Welche der folgenden Aussagen zur Beleihungswertermittlung nach dem Ertragswertverfahren ist richtig?

A Der Ertragswert wird ermittelt aus dem Boden- und dem Bauwert der Immobilie.

B Die Höhe des Zinssatzes, zu dem der Jahresreinertrag kapitalisiert wird, richtet sich nach dem aktuellen Zinssatz am Geldmarkt.

C Der Beleihungswert nach dem Ertragswertverfahren entspricht dem Marktpreis der Immobilie am Tag der Wertermittlung.

D Bei der Berechnung des Beleihungswertes nach dem Ertragswertverfahren werden die Kosten berücksichtigt, die bei gewöhnlicher Bewirtschaftung der Immobilie entstehen.

E Das Ertragswertverfahren muss nach dem Kreditwesengesetz immer bei wohnwirtschaftlich genutzten Immobilien angewendet werden.

☐

Aufgabe 2.3 (4 Punkte)

Ermitteln Sie im Rahmen der Beleihungswertermittlung den Sachwert (auf volle 10.000,00 EUR abrunden!)

Aufgabe 2.4 (4 Punkte)

Ermitteln Sie im Rahmen der Beleihungswertermittlung den Ertragswert. (auf volle 10.000,00 EUR abrunden!)

Aufgabe 2.5 (3 Punkte)

Als Sicherheit fordert die Nordbank AG von der Wohnimmobilien AG die Eintragung einer Grundschuld über 800.000,00 EUR auf die Immobilie. Die Beleihungswertermittlung hat ergeben, dass das Anwesen der GmbH einen Wert von 800.000 EUR hat. Der Beleihungssatz der Nordbank AG beträgt 60 %.

Charakterisieren Sie die Grundschuld anhand von drei Aspekten!

Aufgabe 2.6 (2 Punkte)

Die Nordbank AG wünscht die Eintragung einer Grundschuld und legt der Wohnimmobilien AG eine Grundschuldbestellungsurkunde vor.

Grundschuldbestellungsurkunde

Nach Unterrichtung über den Grundbuchinhalt werden folgende Erklärungen beurkundet:

I. Bestellung einer Grundschuld

1. Der Besteller bewilligt und beantragt unwiderruflich, auf dem in ... gelegenen Wohnungseigentum/Erbbaurecht/Grundbesitz – nachstehend „Grundbesitz" – verzeichnet im Wohnungs-/Erbbau-/Grundbuch des Amtsgerichts von ... Band ... Blatt ... eine Gesamtgrundschuld im Betrage von in Worten: ... Euro für die Nordbank AG wie folgt einzutragen:

a) Die Grundschuld ist von heute an mit 18 von Hundert jährlich zu verzinsen. Die Zinsen sind jeweils am ersten Tag des folgenden Kalenderjahres nachträglich zu entrichten.

b) Über die Grundschuld ist ein/kein Brief zu bilden.

Nur bei der Briefgrundschuld:

Der Besteller und die Nordbank AG haben vereinbart, dass die Nordbank AG berechtigt sein soll, sich den Brief vom Grundbuchamt aushändigen zu lassen (§ 1117 Abs. 2 BGB). Das Grundbuchamt wird angewiesen, den Grundschuldbrief an den Grundschuldgläubiger auszuhändigen.

Der Besteller verzichtet bei Geltendmachung der Grundschuld auch mit Wirkung gegen den jeweiligen Eigentümer/Erbbauberechtigten auf die Vorlage des Grundschuldbriefes sowie von Abtretungserklärungen und sonstigen Urkunden zum Nachweis des Gläubigerrechts.

c) Die Grundschuld ist fällig.

2. Für den Fall, dass die Grundschuld nicht an allen bezeichneten Pfandobjekten eingetragen wird, soll sie bereits mit der Eintragung an einem der Pfandobjekte als Einzelgrundschuld entstehen, wird sie an mehreren Pfandobjekten eingetragen, entsteht sie insoweit als Gesamtgrundschuld.

II. Unterwerfung in die Zwangsvollstreckung in den belasteten Grundbesitz

Wegen des Grundschuldbetrages und der Zinsen unterwirft sich der Besteller der sofortigen Zwangsvollstreckung in den belasteten Grundbesitz in der Weise, dass die Zwangsvollstreckung aus dieser Urkunde gegen den jeweiligen Eigentümer/Erbbauberechtigten zulässig ist. Der Besteller bewilligt und beantragt unwiderruflich die Eintragung dieser Unterwerfung in das Grundbuch.

Aus welchem Grund ist der Satz „Die Grundschuld ist fällig" in der Grundschuldbestellungsurkunde enthalten?

Aufgabe 2.7 (2 Punkte)

Was bedeutet die Formulierung „Unterwerfung in die Zwangsvollstreckung in den belasteten Grundbesitz"?

Aufgabe 2.8 (2 Punkte)

Aus der Grundschuldurkunde ist der dingliche Zins in Höhe von 18 % zu entnehmen. Warum ist die Grundschuld mit 18 % jährlich zu verzinsen, obwohl der derzeitige Darlehenszins bei ca. 3 % bis 4 % p. a. liegt? Erläutern Sie diese Zinsdifferenz.

3. Fall: Firmenkredit

(34,5 Punkte, ca. 30 Minuten Bearbeitungszeit)

Situation

Die Hoch- und Tiefbau GmbH ist ein Bauunternehmen im Kanal- und Straßenbau in Stade. Da seit der Firmengründung vor zwölf Jahren zur Nordbank AG eine enge Geschäftsverbindung besteht, ist Ihnen als Firmenkundenberater/in der Geschäftsführer und alleinige Gesellschafter, Herr Bauer, gut bekannt.

Das Kundenobligo der GmbH vom heutigen Tag zeigt folgendes Bild:

Konto-Nr.	Kontoart	Konto besteht seit	Kredit	Saldo
897300	Kontokorrent	23.09.2013	50.000,00 EUR	13.547,58 EUR H
489370	Annuitätendarlehen Laufzeit 25 Jahre	14.05.2014	425.000,00 EUR	310.000,00 EUR S
987334	Avalkredit	09.01.2020	40.000,00 EUR	0,00 EUR
			Saldo Soll	310.000,00 EUR
			Saldo Haben	13.547,58 EUR

Sie wissen, dass das Firmengelände (6.500 qm, bebaut mit einem viergeschossigen Bürogebäude und einer 1200 qm-Lagerhalle) einen aktuellen Beleihungswert von 950.000,00 EUR hat. Im Rahmen der Finanzierung des Bürogebäudes im Jahre 2014 wurde zu Gunsten der Nordbank AG eine erstrangige Grundschuld über 475.000,00 EUR (425.000,00 EUR für Konto-Nr. 489370 und 50.000,00 EUR für Konto-Nr. 897300) eingetragen.

Zur Vorbereitung auf das Kundengespräch haben Sie die nachfolgenden Bilanzzahlen zusammengestellt:

Bilanzzahlen	Berichtsjahr in EUR
Eigenkapital	6.170.000,00
Langfristiges Fremdkapital	7.598.000,00
Anlagevermögen	11.222.000,00
Bilanzsumme	23.753.000,00
Betriebsergebnis	1.699.500,00
Umsatzerlöse	37.272.300,00
Planmäßige Abschreibungen auf Sachanlagen	952.000,00
Langfristige Rückstellungen	63.000,00

Aufgabe 3.1 (5 Punkte)

Ermitteln Sie die folgenden Bilanzkennzahlen:

- Eigenkapitalquote,
- Anlagendeckungsgrad I
- Anlagendeckungsgrad II
- Cashflow,
- Cashflow-Rate.

Aufgabe 3.2 (2 Punkte)

Im Vorjahr hatten Sie für die GmbH folgende Liquiditätskennzahlen ermittelt:

Liquiditätskennzahl	Vorjahr	Berichtsjahr
Eigenkapitalquote	26,42 %	%
Anlagendeckungsgrad I	57,57 %	%
Anlagendeckungsgrad II	117,48 %	%
Cashflow	1.886.000,00 EUR	EUR
Cashflow-Rate	4,55 %	%

Erläutern Sie anhand der Ergebnisse der Kennzahlenermittlung, wie sich der Liquiditätsbedarf der GmbH für das Berichtsjahr im Vergleich zum Vorjahr entwickelt hat.

Aufgabe 3.3 (5 Punkte)

Die Nordbank AG vereinbart mit ihren Firmenkunden verschiedene Arten von Kreditsicherheiten. Ordnen Sie die Merkmale den entsprechenden Kreditsicherheiten zu!

Kreditsicherheiten

1 Selbstschuldnerische Bürgschaft
2 Abtretung von Forderungen
3 Sicherungsübereignung

Merkmale

A Die Vereinbarung der Sicherheit muss dem Drittschuldner durch die Nordbank AG nicht angezeigt werden.
B Die Übergabe kann durch die Einigung über die Entstehung der Sicherheit ersetzt werden.
C Die Sicherheit ist akzessorisch.
D Bei dieser Sicherheit wird die Übergabe durch einen zusätzlichen Leihvertrag vermieden.
E Der Sicherungsnehmer muss vor der Inanspruchnahme des Sicherungsgebers die erfolglose Zwangsvollstreckung in das Vermögen des Kreditnehmers nachweisen.

A	B	C	D	E

Aufgabe 3.4 (3 Punkte)

Unterbreiten Sie Herrn Bauer einen für die GmbH zweckmäßigen Vorschlag zur Finanzierung und Besicherung der beiden Maschinen. Prüfen Sie in diesem Zusammenhang auch, ob die bereits bestehende Grundschuld bei der Finanzierung verwendet werden kann.

Aufgabe 3.5 (2,5 Punkte)

Die Nordbank AG setzt bei der Sicherungsübereignung der Multifunktionsmaschinen den Beleihungswert auf 60 % des Kaufpreises fest. Mit welcher Information über diesen Sicherheitsabschlag informieren Sie Herrn Bauer richtig!

A Die Nordbank AG bewertet die Maschinen nicht mit dem vollen Kaufpreis, da der Lieferant bis zur vollständigen Kaufpreiszahlung einen verlängerten Eigentumsvorbehalt an den Maschinen hat.

B Die Nordbank AG geht davon aus, dass die Maschinen nach der Hälfte der Kreditlaufzeit höchstens noch 60 % des Kaufpreises wert sein wird und nimmt deshalb einen entsprechenden Abschlag vor.

C Die Maschinen werden mit der Montage bei der Hoch- und Tiefbau GmbH wesentlicher Bestandteil des Firmengrundstücks, so dass die Nordbank AG nur noch 60 % des Maschinenwerts als Sicherheit benötigt.

D Die Nordbank AG nimmt einen Sicherheitsabschlag vor, weil sie in der ersten Phase der Darlehenslaufzeit im Verwertungsfall keinen ausreichenden Verkaufserlös erzielen wird, um die Restforderung aus dem Darlehen abzudecken.

E Da die Hoch- und Tiefbau GmbH bei der Sicherungsübereignung Eigentümerin der Maschine bleibt, muss sich die Nordbank AG im Verwertungsfall erst das Eigentum verschaffen, wodurch ihr zusätzliche Kosten entstehen.

☐

Aufgabe 3.6 (2,5 Punkte)

Welche rechtlichen Erfordernisse muss die Nordbank AG bei der Sicherungsübereignung der Multifunktionsmaschinen beachten!

A Die Nordbank AG muss der Hoch- und Tiefbau GmbH beim Abschluss des Sicherungsübereignungsvertrags die Verwertung des Sicherungsguts unter Einhaltung einer Wartefrist androhen, um damit die Interessen des Kreditnehmers in angemessener Weise zu wahren.

B Die Nordbank AG muss der Hoch- und Tiefbau GmbH das Eigentum an den Multifunktionsmaschinen übertragen, damit sie die Maschine im Produktionsprozess nutzen kann.

C Im Sicherungsübereignungsvertrag müssen die Multifunktionsmaschinen individualisiert werden, damit erkennbar ist, auf welche Maschinen sich das Sicherungseigentum der Nordbank AG erstreckt.

D Die Nordbank AG muss ihre Versicherungsgesellschaft über die Sicherungsübereignung informieren, damit im Schadensfall bei einer Beschädigung der Multifunktionsmaschinen die Versicherungsleistung an die Nordbank AG ausgezahlt wird.

E Die Nordbank AG muss den Kaufvertrag für die Multifunktionsmaschinen einbehalten, um ihre Rechte aus der Sicherungsübereignung im Verwertungsfall gegenüber der Hoch- und Tiefbau GmbH geltend machen zu können.

☐

Aufgabe 3.7 (3 Punkte)

Mit welcher Belastung muss die Hoch- und Tiefbau GmbH rechnen, wenn Sie zurzeit folgende Konditionen anbieten (Bearbeitungsgebühren sind zu vernachlässigen, der Rechenweg ist anzugeben):

	Kontokorrentkredit		**Annuitätendarlehen**		**Abzahlungsdarlehen**	
Sicherheiten	besichert	blanko	Grundschuld erstrangig	Grundschuld nachrangig	besichert	Blanko
Zinssatz in %	10,75	12,00	4,50	5,25	5,00	7,50
Laufzeit in Mon.	bis 12		ab 24 (mind. 2 % Tilgung)		bis 72	

Anfängliche Tilgung in % bei einer Laufzeit von ... Monaten	
7,0 %	120 Monate
11,2 %	84 Monate
17,0 %	60 Monate
22,0 %	48 Monate
31,0 %	36 Monate

Aufgabe 3.8 (2,5 Punkte)

Der Investitionskredit wird der Hoch- und Tiefbau GmbH von der Nordbank AG gewährt.

Um das Kreditrisiko während der Kreditlaufzeit zu minimieren, muss die Nordbank AG Maßnahmen zur Kreditüberwachung bei Firmenkrediten ergreifen. Welche der folgenden Aussagen bezüglich der Kreditüberwachung sind zutreffend?

A Die Nordbank AG bewertet nach Ablauf der Abschreibungsdauer der Investition deren Restwert, um bei Bedarf neue Sicherheiten anzufordern.

B Die Nordbank AG überprüft einmal jährlich die wirtschaftliche Entwicklung der Hoch- und Tiefbau GmbH, wobei die Branchenentwicklung erst einmal außer Acht gelassen wird.

C Die Nordbank AG beobachtet das wirtschaftliche Umfeld der Hoch- und Tiefbau GmbH, ihrer Lieferanten und Kunden, um auf eine negative Entwicklung frühzeitig reagieren zu können.

D Die Nordbank AG überwacht die Umsätze auf dem Konto der Hoch- und Tiefbau GmbH sowie die Art der Kontoführung, um Risiken vorbeugend erkennen zu können.

E Die Nordbank AG überprüft laufend die familiäre Situation der Geschäftsführung der GmbH, um Anhaltspunkte für deren Kreditwürdigkeit zu erlangen.

F Die Nordbank AG muss regelmäßig Betriebsbesichtigungen bei der Hoch- und Tiefbau GmbH durchführen, um die stillen Reserven als Risikopuffer bewerten zu können.

☐ ☐

Aufgabe 3.9 (6 Punkte)

Investitionen können von Unternehmen durch Selbstfinanzierung, Beteiligungs- oder Fremdfinanzierung finanziert werden. Erklären sie diese drei Finanzierungsformen und bringen Sie jeweils ein Beispiel für jede Finanzierungsform.

Aufgabe 3.10 (3 Punkte)

Eine Investition kann aber auch durch eine Vermögensumschichtung finanziert werden. Erklären Sie diesen Sachverhalt und bringen Sie zwei Beispiele für eine Vermögensumschichtung

3 Wirtschafts- und Sozialkunde

Bearbeitungszeit: 60 Minuten, 100 Punkte

Lösungen ab Seite 243

Aufgabe 1

Rechtsgebiete unterscheiden sich in Deutschland in öffentliches Recht und in Privatrecht (Zivilrecht). Ordnen Sie die nachstehenden Fälle den entsprechenden Rechtsgebieten zu.

Rechtsgebiete

1 Öffentliches Recht

2 Privates Recht

Fälle

A Das Ludwig-Erhard-Gymnasium in Norderstedt kauft für den Computerraum 25 Laptops zum Gesamtpreis von 22.000,00 EUR.

B Herr Jonas Brinkmann erhält aufgrund einer Geschwindigkeitsüberschreitung mit seinem Pkw einen Bußgeldbescheid.

C Ein beim Bauamt eingereichter Bauantrag von Herrn Udo Rheinfeld wird abgelehnt.

D Frau Silvia Neumann beantragt bei der zuständigen Stelle für 12 Monate Elterngeld.

A	B	C	D

Aufgabe 2

Die 17-jährige Angestellte Juliane Nauertz arbeitet seit kurzem mit Zustimmung ihrer gesetzlichen Vertreter bei der *Hertel GmbH*. Frau Nauertz hatte in der Personalabteilung bei ihrer Einstellung mitgeteilt, dass sie in der Allgemeinen Ortskrankenkasse Rheinland/Hamburg krankenversichert ist. Ihre Eltern hatten für Frau Nauertz aber die Barmer Ersatzkasse vorgesehen und sind nun der Meinung, dass ihre Tochter ohne die Zustimmung der Eltern nicht berechtigt war, selbstständig einer von ihr gewählten gesetzlichen Krankenkasse beizutreten. Welche Aussage ist zutreffend?

A Frau Nauertz Eltern sind im Recht, da Frau Nauertz noch nicht geschäftsfähig ist.

B Frau Nauertz Eltern sind nicht im Recht, da Frau Nauertz zwar nur beschränkt geschäftsfähig ist, aber Rechtsgeschäfte, die im Zusammenhang mit ihrer Berufsausübung stehen, ohne Zustimmung ihrer gesetzlichen Vertreter tätigen kann.

C Frau Nauertz Eltern sind nicht im Recht, da Frau Nauertz voll geschäftsfähig ist und somit tun und lassen kann, was sie will.

D Frau Nauertz Eltern sind im Recht, da Frau Nauertz beschränkt geschäftsfähig ist und somit nur zum Abschluss von Rechtsgeschäften berechtigt ist, die sich im Rahmen ihres Taschengeldes bewegen.

E Frau Nauertz Eltern sind im Recht, da alle Rechtsgeschäfte von Minderjährigen schwebend unwirksam sind, d. h. der Zustimmung des gesetzlichen Vertreters bedürfen.

Aufgabe 3

Herr Sebastian Bergmann kauft im Markt für Küchengeräte *Supernius GmbH* einen Gefrierschrank zum Preis von 800,00 EUR und bezahlt ihn sofort mit Bargeld. Er vereinbart mit dem Verkäufer, den Gefrierschrank innerhalb einer Woche selbst abzuholen. Als Herr Bergmann den Gefrierschrank am übernächsten Tag abholen will, ist die *Supernius GmbH* wegen Insolvenz geschlossen worden. Welche der folgenden Aussagen zu den Besitz- und Eigentumsverhältnissen am Gefrierschrank ist zutreffend?

A Herr Bergmann ist Eigentümer, aber nicht Besitzer des Gefrierschranks.

B Herr Bergmann ist Besitzer, aber nicht Eigentümer des Gefrierschranks.

C Die *Supernius GmbH* ist Besitzerin, aber nicht Eigentümerin des Gefrierschranks.

D Herr Bergmann ist Eigentümer und Besitzer des Gefrierschranks.

E Die *Supernius GmbH* ist Eigentümerin und Besitzerin des Gefrierschranks.

☐

Aufgabe 4

Geben Sie in den nachstehenden Fällen an,
- welche der unten stehenden Rechtspositionen (I) die unterstrichene Person bzw. Institution jeweils innehat,
- welche der unten stehenden Begründungen (II) jeweils zutrifft.

<u>Fälle</u>

A Ben Harms trainiert mit dem von seinem Freund ausgeliehenen Surfbrett im Urlaub auf dem See.

B Im Rahmen einer Kreditgewährung lässt sich die *Nordbank AG* von einem Firmenkunden einen Lkw sicherungsübereignen.

C Frau Chiara Schramm erwirbt bei einem Galeristen ein Gemälde, das sich zurzeit noch in den Ausstellungsräumen des Galeristen befindet. Bei der Übereignung wird vereinbart, dass Frau Schramm sich das Gemälde zu einem späteren Zeitpunkt selbst dort abholt.

D Herr Noll bezahlt einen Supermarkteinkauf mit einer 100-Euro-Banknote, die er zuvor auf dem Parkplatz des Supermarkts an einem Pkw gefunden hatte.

<u>Rechtspositionen (I)</u>

1 Eigentümer und mittelbarer Besitzer

2 Eigentümer und unmittelbarer Besitzer

3 lediglich unmittelbarer Besitzer

4 weder Eigentümer noch Besitzer

<u>Begründungen (II)</u>

a) Die Eigentumsübertragung erfolgte durch Einigung und Vereinbarung eines Besitzkonstituts.

b) Die Eigentumsübertragung erfolgte durch Einigung und Abtretung des Herausgabeanspruchs.

c) Es konnte kein Eigentum übertragen werden, da die Sache abhandengekommen war.

d) Die betreffende Person übt die tatsächliche Gewalt über die Sache aus, ohne Eigentümerin zu sein.

e) Es konnte Eigentum von einem Nichtberechtigten übertragen werden, da der Erwerber im guten Glauben handelte.

	A	B	C	D
I				
II				

Aufgabe 5

An der Bauunternehmung *Klaus Semmelhaak & Co. OHG* sind die Gesellschafter Herr Klaus Semmelhaak mit 300.000 EUR, Frau Hanna Paulsen mit 150.000,00 EUR und Rita Schmidt mit 50.000,00 EUR beteiligt. Die OHG hat eine Kontoverbindung bei der *Nordbank AG*. Ein Investitionskredit über 500.000,00 EUR wurde vor 3 Jahren bewilligt, aktueller Stand 320.000,00 EUR. Die *Klaus Semmelhaak & Co. OHG* kommt ihren Zahlungsverpflichtungen seit drei Monaten nur sehr unregelmäßig nach. Welche Möglichkeiten hat die *Nordbank AG*, ihre fällige Forderung von 320.000,00 EUR einzutreiben?

A Die *Nordbank AG* muss zuerst die *Klaus Semmelhaak & Co. OHG* auf Zahlung des Rechnungsbetrages verklagen.

B Die *Nordbank AG* kann die Gesellschafterin Frau Paulsen höchstens auf Zahlung von 150.000,00 EUR verklagen, da ihre Einlage so hoch ist. Wegen des Restbetrages muss ein weiterer Gesellschafter verklagt werden.

C Die *Nordbank AG* kann nur den Gesellschafter Klaus Semmelhaak wegen Begleichung der Rechnung verklagen, da dessen Name in der Firma genannt ist.

D Die *Nordbank AG* kann die Gesellschafterin Frau Schmidt, die über ein beträchtliches Privatvermögen verfügt, verklagen und von dieser die Begleichung des gesamten Rechnungsbetrages fordern.

E Die *Nordbank AG* kann neben der *Klaus Semmelhaak & Co. OHG* auch jeden einzelnen Gesellschafter auf Zahlung des Rechnungsbetrages verklagen.

F Die *Nordbank AG* kann nur Herrn Semmelhaak auf Zahlung des Restdarlehens verklagen, da dieser allein den Kreditvertrag mit der *Nordbank AG* abgeschlossen hatte.

☐ ☐

Aufgabe 6

Sie sind Mitarbeiter/-in im Personalmanagement der nicht tarifgebundenen *Supermarkt AG* und sollen den Urlaubsanspruch von Julia Henkel für das aktuelle Jahr berechnen. Frau Henkel wurde zum 01.05. als Kassiererin in Vollzeit neu eingestellt. Ermitteln Sie anhand der für die *Supermarkt AG* geltenden nachfolgenden Bestimmungen die Anzahl der Urlaubstage (= Werktage), die Frau Henkel für das aktuelle Jahr zustanden.

Auszug aus dem Bundesurlaubsgesetz (BUrlG)

§ 3 Dauer des Urlaubs

(1) Der Urlaub beträgt jährlich mindestens 24 Werktage.

(2) Als Werktage gelten alle Kalendertage, die nicht Sonn- oder gesetzliche Feiertage sind.

§ 5 Teilurlaub

(1) …

(2) Bruchteile von Urlaubstagen, die mindestens einen halben Tag ergeben, sind auf volle Urlaubstage aufzurunden. (...)

Auszug aus dem Manteltarifvertrag des Einzelhandels

§ 15 Erholungsurlaub

(1) Der Erholungsurlaub wird für das laufende Kalenderjahr gewährt. Er beträgt - unabhängig von individuellen Arbeitszeitschwankungen - 26 Arbeitstage. Als Arbeitstage gelten alle Werktage mit Ausnahme der Sonnabende. (...)

(2) Im Verlauf des Kalenderjahres eintretende oder ausscheidende Arbeitnehmer erhalten für jeden Beschäftigungsmonat, in dem sie mindestens 15 Kalendertage dem Betrieb angehört haben, 1/12 des vollen Jahresurlaubs, aufgerundet auf volle Arbeitstage. (...)

☐☐ Tage

Aufgabe 7

Frau Leonie Schürmann ist 31 Jahre alt und hat sich bei der *Supermarkt AG* beworben. Frau Schürmann kündigte am 08.06. (Dienstag) schriftlich den Arbeitsvertrag bei ihrem bisherigen Arbeitgeber. Es gelten die gesetzlichen Regelungen.

Auszug aus dem Bürgerlichen Gesetzbuch (BGB)

§ 622 Kündigungsfristen bei Arbeitsverhältnissen

(1) Das Arbeitsverhältnis eines Arbeiters oder eines Angestellten (Arbeitnehmers) kann mit einer Frist von vier Wochen zum Fünfzehnten oder zum Ende eines Kalendermonats gekündigt werden. (...)

Stellen Sie fest, mit welchem Datum das Arbeitsverhältnis von Frau Schürmann bei der *Supermarkt AG* frühestens beginnen kann!

☐☐.☐☐.☐☐☐☐

Aufgabe 8

In der Wohnimmobilien-AG, Hauptverwaltung in Hamburg, soll in diesem Jahr eine neue Jugend- und Ausbildungsvertretung gewählt werden. Die Immobilien-AG hat weitere Standorte in München, Frankfurt am Main, Düsseldorf und Hannover.

Mit welcher Aussage informiert die Immobilien-AG ihre wahlberechtigten Beschäftigten über die Wahl der neuen Jugend- und Ausbildungsvertretung richtig!

A Da die Wohnimmobilien-AG in Deutschland mehrere Standorte hat, kann nur an dem Hauptstandort eine eigenständige Jugend- und Ausbildungsvertretung gewählt werden.

B Für die Jugend- und Ausbildungsvertretung sind alle volljährigen Arbeitnehmer und Auszubildende der Wohnimmobilien-AG wählbar, unabhängig von der Dauer ihrer Betriebszugehörigkeit.

C Wahlberechtigt sind alle Arbeitnehmer und Auszubildende der Wohnimmobilien-AG, die das 16. Lebensjahr vollendet haben, auch wenn sie zum Zeitpunkt der Wahl krank oder beurlaubt sind.

D Die Wahlen zur Jugend- und Auszubildendenvertretung bei der Wohnimmobilien-AG finden alle zwei Jahre in der Zeit zwischen dem 1. Oktober und dem 30. November statt.

E Zur Wahl der Jugend- und Auszubildendenvertretung können nur die bei der Wohnimmobilien-AG vertretenen Gewerkschaften Wahlvorschläge machen, die die Zusammensetzung der jugendlichen Arbeitnehmer und Auszubildenden widerspiegeln sollen.

☐

Aufgabe 9

Die neue Mitarbeiterin Marie Schön fragt Sie, unter welchen Bedingungen in der *Supermarkt AG* eine ordentliche Betriebsversammlung abgehalten werden kann. Welche Antwort ist nach Betriebsverfassungsgesetz zutreffend?

Auszug aus dem Betriebsverfassungsgesetz (BetrVG)

§ 43 Regelmäßige Betriebs- und Abteilungsversammlungen

(1) Der Betriebsrat hat einmal in jedem Kalendervierteljahr eine Betriebsversammlung einzuberufen und in ihr einen Tätigkeitsbericht zu erstatten.

(2) Der Arbeitgeber ist zu den Betriebs- und Abteilungsversammlungen unter Mitteilung der Tagesordnung einzuladen. Er ist berechtigt, in den Versammlungen zu sprechen.

§ 44 Zeitpunkt und Verdienstausfall

(1) Die in den §§ 14a, 17 und 43 Abs. 1 bezeichneten und die auf Wunsch des Arbeitgebers einberufenen Versammlungen finden während der Arbeitszeit statt, soweit nicht die Eigenart des Betriebs eine andere Regelung zwingend erfordert. Die Zeit der Teilnahme an diesen Versammlungen einschließlich der zusätzlichen Wegezeiten ist den Arbeitnehmern wie Arbeitszeit zu vergüten. Dies gilt auch dann, wenn die Versammlungen wegen der Eigenart des Betriebs außerhalb der Arbeitszeit stattfinden; Fahrkosten, die den Arbeitnehmern durch die Teilnahme an diesen Versammlungen entstehen, sind vom Arbeitgeber zu erstatten.

A Bei einer Mitarbeiteranzahl von 140 Personen muss viermal pro Jahr eine Betriebsversammlung abgehalten werden, zu der auch der Arbeitgeber einzuladen ist.

B Betriebsversammlungen müssen einmal in jedem Kalendervierteljahr im Anschluss an die regelmäßige Arbeitszeit stattfinden.

C Allen Arbeitnehmern ist die Zeit der Teilnahme an den in jedem Kalendervierteljahr stattfindenden Betriebsversammlungen zu vergüten.

D Da die *Supermarkt AG* eine Kapitalgesellschaft ist, müssen Betriebsversammlungen alle 4 Monate vom Betriebsrat einberufen werden.

E Zu den alle drei Monate stattfindenden Betriebsversammlungen hat die Arbeitgeberseite nur dann Zutritt, wenn die Versammlung dies auf Antrag eines Mitarbeiters mit Mehrheit beschließt.

☐

Aufgabe 10

Für die *Nordbank AG*, die Mitglied im Bankenverband e.V. ist, gilt der Tarifvertrag für das private Bankgewerbe. Der Vorstand der *Nordbank AG* plant nun die Gründung einer Direktbank, die nicht Mitglied im Bankenverband sein soll. Der gesamte bargeldlose Zahlungsverkehr soll von der Direktbank übernommen werden, zusätzlich sollen noch weitere Mitarbeiter/innen eingestellt werden. Welche Auswirkungen ergeben sich für die tarifrechtlichen Bedingungen in der Direktbank?

A Da ein Tarifvertrag immer Mindestnormen regelt, darf auch die Direktbank hiervon nicht abweichen.

B Die Direktbank kann nun mit einer im Betrieb vertretenen Gewerkschaft einen Haustarifvertrag abschließen.

C Wenn die Tarifvertragsparteien im Bankgewerbe den Tarifvertrag für allgemeinverbindlich erklärt haben, gilt er auch für die Direktbank.

D Die Direktbank muss bis zum frühest möglichen Kündigungszeitpunkt des laufenden Tarifvertrages den Tarifvertrag anwenden.

E Da die *Nordbank AG* als Muttergesellschaft im Bankenverband ist, gilt der Tarifvertrag auch automatisch für die Direktbank als Tochtergesellschaft.

F Die arbeitsvertraglichen Inhalte können mit neu eingestellten Mitarbeiter/innen frei ausgehandelt werden.

Situation zu den Aufgaben 11 und 12

Das gesamte Angebot und die gesamte Nachfrage für Kali an der Börse für Düngemittel stellen sich wie folgt dar:

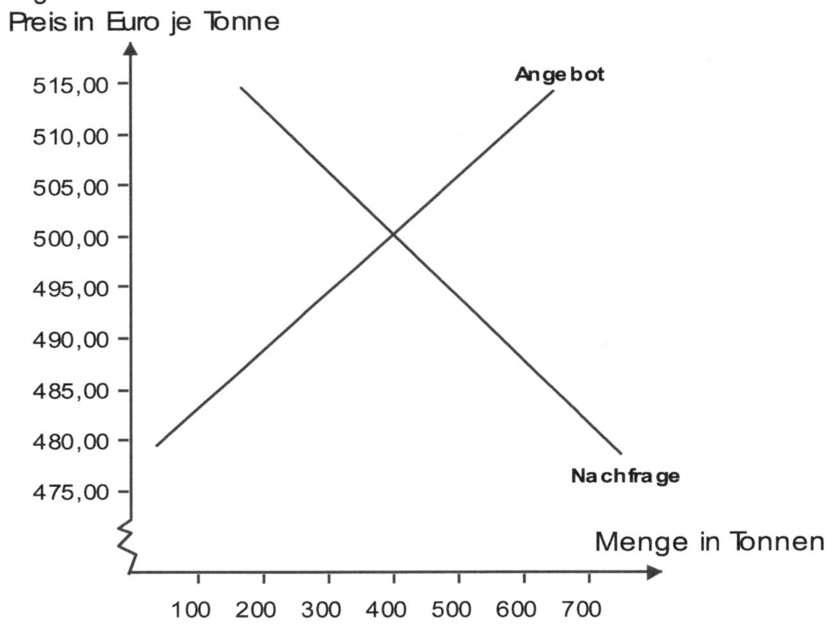

Aufgabe 11

Die *Kali und Salz AG* ist bereit, 5.000 Tonnen Kali zu 490,00 EUR je Tonne zu verkaufen. Welche der folgenden Aussagen zur Ausführung des Verkaufsauftrags ist zutreffend?

Der Verkaufsauftrag der *Kali und Salz AG* wird ...

A nicht ausgeführt, da alle über dem Gleichgewichtspreis limitierten Verkaufsaufträge unberücksichtigt bleiben.

B nicht ausgeführt, da alle unter dem Gleichgewichtspreis limitierten Verkaufsaufträge unberücksichtigt bleiben.

C teilweise ausgeführt, weil ihr Verkaufsauftrag zum Gleichgewichtspreis limitiert ist.

D vollständig ausgeführt, da alle unter dem Gleichgewichtspreis limitierten Verkaufsaufträge berücksichtigt werden.

E vollständig ausgeführt, da alle über dem Gleichgewichtspreis limitierten Verkaufsaufträge berücksichtigt werden.

Aufgabe 12

Für die Marktteilnehmer auf dem Markt für Düngemittel ergibt sich unter bestimmten Bedingungen eine Produzentenrente. Berechnen Sie bei der vorliegenden Marktsituation für den Verkaufsauftrag aus Aufgabe 11 die Produzentenrente für die *Kali und Salz AG*.

☐☐☐☐☐ , ☐☐ EUR

Aufgabe 13

Die *Nordbank AG* hat Herrn Uwe Brüning im Februar als Kundenberater neu eingestellt. Vor Arbeitsbeginn besorgt sich Herr Brüning einen Lohnsteuernachweis vom zuständigen Finanzamt, den er der Personalabteilung der *Nordbank AG* rechtzeitig vor Arbeitsbeginn übergibt. Welche Angaben zum Lohnsteuernachweis treffen zu?

A Der Lohnsteuernachweis enthält den persönlichen Steuersatz von Herrn Brüning.

B Die *Nordbank AG* kann auf dem Lohnsteuernachweis Freibeträge eintragen.

C Den Lohnsteuernachweis kann Herr Brüning bei seinem Einwohnermeldeamt beantragen.

D Im Lohnsteuernachweis bescheinigt die *Nordbank AG* das Jahresbruttoeinkommen von Herrn Brüning.

E Im Lohnsteuernachweis bescheinigt die *Nordbank AG* die Arbeitnehmersparzulage von Herrn Brüning.

F Im Laufe des Kalenderjahres kann Herr Brüning seine Lohnsteuerklasse ändern lassen.

☐ ☐

Aufgabe 14

Welche der unten stehenden Aussagen kann die Personalabteilung der *Nordbank AG* einwandfrei aus dem Lohnsteuernachweis von Herrn Brüning herleiten?

A Herr Brüning ist verheiratet.

B Herr Brüning gehört keiner Religionsgemeinschaft an.

C Herr Brüning hat keine Sonderausgaben.

D Die Eintragung des Kinderfreibetrages gilt für das gesamte Steuerjahr.

E Herr Brüning hat ein minderjähriges Kind.

F Herr Brüning geht keiner Nebentätigkeit nach.

☐ ☐

Wichtige Angaben im Lohnsteuernachweis:

Steuerklasse/Faktor	vom - bis
Vier	01.01. – 31.12.
Zahl der Kinderfreibeträge	vom - bis
0,5	01.01. – 31.12.
Kirchensteuermerkmale	vom - bis
----	01.01. – 31.12.
Steuerfreier Jahresbetrag	vom - bis
3.700,00 EUR	01.01. – 31.12.
Jahreshinzurechnungsbetrag	vom - bis

Aufgabe 15

Welche der folgenden Aussagen zu dem elastischen Bereich einer normal verlaufenden Nachfragekurve ist richtig?

A Eine Preissenkung hat eine überproportionale Nachfrageerhöhung zur Folge.

B Eine Preissenkung hat keine Nachfrageerhöhung zur Folge.

C Ein Preisanstieg hat eine geringfügige Nachfrageerhöhung zur Folge.

D Ein Preisanstieg hat keinen Nachfragerückgang zur Folge.0

E Eine Preiserhöhung hat keine Nachfrageerhöhung zur Folge.

☐

Situation zu den Aufgaben 16 bis 20

Beziehungen zwischen den Sektoren		**in Mrd. EUR**
von den privaten Haushalten	zum Staat	**120**
vom Staat	zu den privaten Haushalten	**60**
vom Staat	zu den Unternehmen	**140**
von den Unternehmen	zum Staat	
von den privaten Haushalten	zu den Unternehmen	
von den Unternehmen	zu den privaten Haushalten	**700**
von den Banken	zu den Unternehmen	**120**
von den privaten Haushalten	zu den Banken	

Aufgabe 16

Ermitteln Sie aus den Zahlenwerten des Schemas eines geschlossenen Wirtschaftskreislaufs das verfügbare Einkommen der privaten Haushalte.

☐☐☐ Mrd. EUR

Aufgabe 17

Ermitteln Sie aus den Zahlenwerten eines geschlossenen Wirtschaftskreislaufs den Sparbeitrag der privaten Haushalte.

☐☐☐ Mrd. EUR

Aufgabe 18

Ermitteln Sie aus den Zahlenwerten eines geschlossenen Wirtschaftskreislaufs die Konsumausgaben der privaten Haushalte.

☐☐☐ Mrd. EUR

Aufgabe 19

Ermitteln Sie aus den Zahlenwerten eines geschlossenen Wirtschaftskreislaufs das Volumen des Staatshaushalts.

☐☐☐ Mrd. EUR

Aufgabe 20

Ermitteln Sie aus den Zahlenwerten eines geschlossenen Wirtschaftskreislaufs die Steuerlast der Unternehmen.

☐☐ Mrd. EUR

Aufgabe 21

Angenommen, eine Rezession in Deutschland soll mit einem Konjunkturprogramm bekämpft werden. Bringen Sie die erwartete Kettenreaktion in die richtige Reihenfolge.

Phasen:

A Öffentliche Aufträge zum Bau von Straßen und Autobahnen sowie öffentlichen Gebäuden werden an regionale Bauunternehmen vergeben.

B Die Einkommen der Beschäftigten in der Investitionsgüterindustrie und im Baugewerbe steigen.

C Bestehende Kapazitäten in der Bauwirtschaft werden stärker ausgelastet.

D Die Bundesregierung beschließt, dass die Gemeinden und Landkreise Zuschüsse aus dem Bundeshaushalt für den Ausbau der Infrastruktur erhalten.

E Auf Grund weitgehender Kapazitätsauslastungen werden zusätzliche Baumaschinen bei Unternehmen der Investitionsgüterindustrie bestellt.

F Steigende Konsumausgaben tragen zusätzlich zum Wachstum des Bruttoinlandsprodukts bei.

1	2	3	4	5	6

Situation zu den Aufgaben 22 bis 24

Einkommen der privaten Haushalte	in Mrd. EUR
Bruttolöhne/-gehälter	1.565,3
Nettolöhne/-gehälter	1.030,3
Öffentliche Einkommensübertragungen	551,7
Verfügbares Einkommen	2.382,7
Private Ersparnis	287,6

Aufgabe 22

Wie viel Prozent beträgt die Abgabenquote (auf eine Stelle nach dem Komma runden)?

☐☐,☐ %

Aufgabe 23

Wie viel Prozent beträgt die Sparquote (auf eine Stelle nach dem Komma runden)?

☐☐,☐ %

Aufgabe 24

Warum ist das verfügbare Einkommen höher als die Summe aus Nettolöhnen/-gehältern und öffentlichen Einkommensübertragungen?

A Das verfügbare Einkommen basiert auf Bruttoangaben.

B Die Ermittlung des verfügbaren Einkommens erfolgt nur über die Entstehungsrechnung, nicht über die Verwendungsrechnung.

C Das verfügbare Einkommen ist höher, da das Preisniveau für die private Lebenshaltung gestiegen ist.

D Das verfügbare Einkommen enthält neben den angegebenen Einkommensarten auch die Vermögenseinkommen und die Privatentnahme Selbstständiger.

E Das verfügbare Einkommen ist gestiegen, da auf Grund von Maßnahmen der Europäischen Zentralbank das Zinsniveau gesunken ist.

☐

Aufgabe 25

Im Zusammenhang mit Beschäftigung und Arbeitslosigkeit in Deutschland werden folgende Problembereiche genannt:

Problembereiche

1 Saisonale Arbeitslosigkeit

2 Strukturelle Arbeitslosigkeit

3 Schwarzarbeit bzw. Schattenwirtschaft

4 Diese Aussage kann den Problembereichen nicht zugeordnet werden.

Ordnen Sie diese Problembereiche den folgenden Aussagen zu.

Aussagen

A Die Zahl der im Deutschland eingesetzten Arbeitskräfte ohne gültige Arbeitserlaubnis ist in den letzten Jahren kontinuierlich gestiegen.

B Die Reduzierung des Filialnetzes der Kreditinstitute sowie die steigende Tendenz zu Zusammenschlüssen in dieser Branche tragen zur Erhöhung der Arbeitslosigkeit bei.

C Arbeitslose erwerbsfähige Personen schlagen im Rahmen der Zumutbarkeitsverordnung finanziell nicht lukrative Beschäftigungsangebote aus und nehmen stattdessen an Qualifizierungsmaßnahmen der Arbeitsagentur teil.

D Im Januar ist die Zahl der Arbeitslosen im Bauhauptgewerbe aufgrund des starken Dauerfrostes in Deutschland im Vergleich zum Vorjahr um 30.000 Personen gestiegen.

A	B	C	D

Aufgabe 26

Die Deutsche Bundesbank berechnet die Arbeitslosenquote nachfolgender Berechnungsmethode: Die Arbeitslosenquote ist der prozentuale Anteil der Arbeitslosen an den zivilen Erwerbspersonen. Als zivile Erwerbspersonen gelten zivile Erwerbstätige und Arbeitslose.

Folgende Zahlen wurden Ihnen für das Saarland zur Verfügung gestellt:

Erwerbsfähige Bevölkerung	706 393 Personen
Zivile Erwerbspersonen	511 865 Personen
Zivile Erwerbstätige	464 250 Personen

Berechnen Sie nach der Berechnungsmethode der Deutschen Bundesbank die Höhe der Arbeitslosenquote für das Saarland in Prozent (Ergebnis auf eine Stelle nach dem Komma runden).

☐,☐ %

Aufgabe 27

Ordnen Sie den wirtschaftlichen Fachbegriffen die Indikatoren für die unterschiedlichen konjunkturellen Situationen zu!

Wirtschaftliche Fachbegriffe

A Arbeitslosenquote
B Gewinnerwartungen
C Zahl der offenen Stellen
D Auftragseingänge

Indikatoren

1 Frühindikatoren
2 Präsenzindikatoren
3 Spätindikatoren

A	B	C	D

Aufgabe 28

Welches der folgenden Instrumente ist ein fiskalpolitisches Instrument der öffentlichen Hand zur Unterstützung des wirtschaftlichen Aufschwungs?

A Betreiben einer aktiven Arbeitsmarktpolitik durch eine Einstellungsoffensive im öffentlichen Dienst
B Senkung oder Verschiebung öffentlicher Aufträge
C Erhöhung der Einkommen- und Umsatzsteuer um 2 Prozentpunkte
D Senkung von Transferleistungen des Staates, z. B. Subventionen oder Sozialausgaben
E Senkung der Körperschaftsteuer um 5 Prozentpunkte

☐

Aufgabe 29

Die Offenmarktpolitik des Europäischen Systems der Zentralbanken (ESZB) besteht aus verschiedenen Maßnahmen, um der Wirtschaft Geld zuzuführen oder zu entziehen. Welche der folgenden Aussagen sind in diesem Zusammenhang richtig?

A Die Schnelltender sind geeignet, im Rahmen der Feinsteuerung die Liquiditätssituation der Kreditinstitute bedarfsgerecht zu beeinflussen.

B Beim holländischen Mengentender legt die Zentralbank im Ausschreibungsverfahren den Zinssatz fest. Das gesamte Zuteilungsvolumen ergibt sich regelmäßig durch die von den Kreditinstituten abgegebenen Gebote.

C Beim amerikanischen Zinstenderverfahren richtet sich die Zuteilung für das einzelne Kreditinstitut auch nach dem von dem Kreditinstitut jeweils gebotenen Zinssatz.

D Bei den Standardtendern handelt es sich um Kredite gegen Verpfändung von bonitätsmäßig einwandfreien Pfandbriefen, die durch erstrangige Grundschulden abgesichert sind.

E Beim amerikanischen Mengentenderverfahren richtet sich die Zuteilung für das einzelne Kreditinstitut auch nach dem von dem Kreditinstitut jeweils gebotenen Zinssatz.

F Gebote der Kreditinstitute unter dem Einheitssatz im Zinstender nach der amerikanischen Zuteilungsmethode kommen nur teilweise zum Zug.

☐ ☐

Aufgabe 30

Welche der folgenden Aussagen über den Verbraucherpreisindex für Deutschland ist zutreffend?

A Der Verbraucherpreisindex misst die durchschnittliche Preisentwicklung aller Waren und Dienstleistungen, die von privaten und öffentlichen Haushalten nachgefragt werden.

B Im zugrunde liegenden Warenkorb befinden sich die Bruttopreise aller Sachgüter und Dienstleistungen, die auf dem Markt angeboten werden.

C Dieser Index zeigt, wie sich die Lebenshaltung aller privaten Haushalte verbilligt oder verteuert hat.

D Zur Berechnung des Indexes werden für die Sachgüter und Dienstleistungen des Warenkorbs die Anschaffungspreise ohne Umsatzsteuer erhoben.

E Der Verbraucherpreisindex wird jährlich dem veränderten Konsumverhalten der Verbraucher angepasst.

☐

PRÜFUNGSSATZ V

W. Grundmann et al., *Abschlussprüfung Teil II*, Prüfungstraining für Bankkaufleute,
https://doi.org/10.1007/978-3-658-48144-5_5

1 Vermögen aufbauen und Risiken absichern

Bearbeitungszeit: 90 Minuten, 100 Punkte

Lösungen ab Seite 249

1. Fall: Erwerb einer Inhaberschuldverschreibung
(32,5 Punkte, ca. 30 Minuten Bearbeitungszeit)

Situation

Frau Birgit Müller kommt heute zu Ihnen an den Beratungstisch. Sie teilt Ihnen mit, dass sie auf ihrem Girokonto 15.000,00 EUR frei habe, die sie in festverzinslichen Wertpapieren für drei bis vier Jahre anlegen möchte. Sie bieten Frau Müller in einem Beratungsgespräch die Inhaberschuldverschreibung der Chemie SE zu folgenden Bedingungen an:

Jährliche Nominalverzinsung	3,75 % p. a.
Fälligkeit	15.08.2029
Zinstermin	15.08. gzj.
Kurs	98,10 %
Börsennotierung	Ja

Zunächst informieren Sie sich über die Risikobereitschaft von Frau Müller. Außerdem befragen Sie Frau Müller über ihre Vorkenntnisse und Erfahrungen, die sie bisher mit Geldanlagen gemacht hat.

Aufgabe 1.1 (1 Punkt)

Aus welchem Grund müssen Sie die Befragung von Frau Müller vornehmen?

Aufgabe 1.2 (4 Punkte)

Nennen und beschreiben Sie zwei Risiken, die für Frau Müller mit dem Erwerb dieser Inhaberschuldverschreibung verbunden sind!

Aufgabe 1.3 (4 Punkte)

Wie sind diese Risiken zu beurteilen?

Aufgabe 1.4 (4 Punkte)

Frau Müller ist der Begriff „Nominalverzinsung" unklar. Erklären Sie Frau Müller den Unterschied zwischen der Nominalverzinsung und der Rendite beim Erwerb von Inhaberschuldverschreibungen.

Aufgabe 1.5 (4 Punkte)

Ermitteln Sie die Rendite dieser Inhaberschuldverschreibung für Frau Müller unter der Voraussetzung, dass sie die Inhaberschuldverschreibung bis zum Ende der Laufzeit nicht veräußert (auf zwei Stellen nach dem Komma runden!). Gehen Sie bei der Berechnung von einer Restlaufzeit von genau vier Jahren aus! Kosten bleiben unberücksichtigt.

Aufgabe 1.6 (2 Punkte)

Frau Müller entschließt sich zum Kauf der Chemie SE Inhaberschuldverschreibung im Nennwert von 15.000,00 EUR und erteilt am Freitag, den 14.04. eine Kauforder, Limit 98,30 %. Erklären Sie Frau Müller die Bedeutung des angegebenen Limits.

Aufgabe 1.7 (2,5 Punkte)

Bei der Auftragserteilung hat sich Frau Müller nicht über die Gültigkeitsdauer geäußert. Sie empfehlen ihr, den Auftrag tagesgültig ausführen zu lassen. Welche Bedeutung hat diese Gültigkeitsdauer des Auftrages für Frau Müller?

A Bleibt der Kurs unter dem gesetzten Limit von 98,30 %, dann wird der Auftrag am gleichen Tag nicht ausgeführt.

B Steht der Kurs bis zum Börsenschluss über dem Limit von 98,30 %, dann wird der Auftrag am Ende des Börsentages auf den nächsten Börsentag verschoben.

C Der Auftrag ist gültig, bis der Kurs das Limit von 98,30 % erreicht hat. Dann erlischt er automatisch.

D Bleibt der Kurs unter dem gesetzten Limit von 98,30 %, dann wird der Auftrag erst am nächsten Tag ausgeführt.

E Der Auftrag ist bis zum Börsenschluss am 14.04. gültig.

☐

Aufgabe 1.8 (6 Punkte)

Frau Müller möchte von Ihnen wissen, mit welcher Kontobelastung sie rechnen muss, wenn ihr Wertpapierauftrag am 14.04. (Freitag) ausgeführt worden ist. Erstellen Sie für Frau Müller die Wertpapierabrechnung und ermitteln Sie den Betrag, mit dem Frau Müller belastet wird. Unterstellen Sie dabei, dass die Order am 14.04. (Freitag) zu 98,12 % ausgeführt wurde (Stückzinsberechnung: act/act).

Folgende Kosten sind zu berücksichtigen:

- 0,5 % Provision vom Kurswert, mindestens aber vom Nennwert
- 0,75 ‰ Courtage vom Nennwert

Aufgabe 1.9 (2,5 Punkte)

Wann wird das Konto von Frau Müller Valuta belastet?

Tragen Sie das Ergebnis in die Kästchen ein! (Tag, Monat)

☐☐ . ☐☐ .

Aufgabe 1.10 (2,5 Punkte)

Beim Kauf der Inhaberschuldverschreibungen sind Stückzinsen angefallen. Mit welcher Aussage erklären Sie Frau Müller richtig, wie sich gezahlte Stückzinsen auswirken.

A Die gezahlten Stückzinsen von Frau Müller werden in den allgemeinen Verrechnungstopf eingestellt und erhöhen einen steuerpflichtigen Kapitalertrag.

B Die gezahlten Stückzinsen von Frau Müller werden in den allgemeinen Verrechnungstopf eingestellt und vermindern einen steuerpflichtigen Kapitalertrag.

C Die gezahlten Stückzinsen von Frau Müller werden in den Aktienverlustverrechnungstopf eingestellt und vermindern einen steuerpflichtigen Kapitalertrag.

D Die gezahlten Stückzinsen von Frau Müller werden in den Aktienverlustverrechnungstopf eingestellt und erhöhen einen steuerpflichtigen Kapitalertrag.

E Die gezahlten Stückzinsen von Frau Müller werden über die Einkommensteuerveranlagung beim Finanzamt abgerechnet.

☐

2. Fall: Geldanlage in Aktien
(22,5 Punkte, ca. 20 Minuten Bearbeitungszeit)

Situation

Sie sind Kundenberater/in der Nordbank AG. Daniel Meyer unterhält bei Ihnen ein Wertpapierdepot im Gesamtwert von ca. 30.000,00 EUR. Davon sind ca. 25.000,00 EUR in festverzinslichen Wertpapieren und ca. 5.000,00 EUR in Investmentanteilen angelegt. Herr Meyer kommt heute zur Beratung zu Ihnen, da er einen Betrag von ca. 20.000,00 EUR in erneuerbaren Energiewerten anlegen will. Herr Meyer wurde in der Nordbank AG bisher noch nicht über eine Direktanlage in Aktien informiert.

Aufgabe 2.1 (4 Punkte)

Beschreiben Sie zwei Sachverhalte, die Sie als Berater/in der Nordbank AG mit Herrn Meyer im Rahmen dieser Beratung gemäß Wertpapierhandelsgesetz erörtern müssen.

Aufgabe 2.2 (1 Punkt)

Erläutern Sie, warum Sie eine spätere Anlageempfehlung in einer Geeignetheitserklärung darstellen müssen.

Aufgabe 2.3 (6 Punkte)

Nennen und erklären Sie Herrn Meyer zwei allgemeine Motive für eine Direktanlage in Aktien und ein Motiv für eine Direktanlage speziell in regenerativen Energieunternehmen.

Aufgabe 2.4 (4 Punkte)

Die Anlage in regenerativen Energiewerten ist mit Risiken verbunden.

Erklären Sie Herrn Meyer zwei Möglichkeiten, wie er seine Risiken bei einer Anlage in erneuerbaren Energie-Aktien begrenzen kann.

Aufgabe 2.5 (2,5 Punkte)

Herr Meyer hatte der Nordbank AG einen Freistellungsauftrag über 500,00 EUR erteilt. Er hat am 22.02. Verluste aus Aktiengeschäften in Höhe von 750,00 EUR realisiert. Am 13.03. wird er eine Zinsgutschrift aus einer Anleihe in Höhe von 1.600,00 EUR erhalten. Vor dem 13.03. fallen keine weiteren Erträge an. Herr Meyer gehört keiner Religionsgemeinschaft an.

Welcher Betrag wird Herrn Meyer von der Nordbank AG gutgeschrieben?

Aufgabe 2.6 (2,5 Punkte)

Im Gespräch mit Herrn Meyer erwähnen Sie, dass für einige seiner Aktien die Girosammelverwahrung bei der Wertpapiersammelbank (Zentralverwahrer) genutzt wird.

Wie informieren Sie Herrn Meyer richtig?

A Die Girosammelverwahrung von Aktionären ordnet die gekauften Aktien dem jeweiligen Käufer zu, so dass Herr Meyer einen Herausgabeanspruch für die von ihm hinterlegten Aktienurkunden hat.

B Die Girosammelverwahrung der Aktien in Form einer Sammelurkunde erfordert einen Zentralverwahrer, der auf Anforderung von Herrn Meyer eine handelsfähige Kopie der Sammelurkunde mit Angabe seines Bruchteilsanspruchs erstellt.

C Die Girosammelverwahrung einer Sammelurkunde erfordert zusätzlich zum Wertpapierdepot ein Verrechnungskonto, das den Bruchteilsanspruch an den hinterlegten Aktien in Euro bescheinigt.

D Die Girosammelverwahrung kann nicht bei vinkulierten Namensaktien genutzt werden, da die Eigentumsübertragung an diesen Aktien von der Zustimmung der jeweiligen Aktiengesellschaft abhängig ist.

E Die Girosammelverwahrung erleichtert den Handel mit Aktien, da die Rechte aus diesen Wertpapieren auch ohne Übergabe der Urkunden übertragen werden können.

☐

Aufgabe 2.7 (2,5 Punkte)

Herr Meyer hatte der Nordbank AG für sein Depot Vollmachtstimmrecht erteilt. Bei Ausübung des Vollmachtstimmrechts muss die Nordbank AG mehrere Vorschriften beachten. Welche der folgenden Regelungen trifft **nicht** zu?

A Werden die Aktien im Depot der Nordbank AG verwahrt, kann Herr Meyer auch einen Dritten zur Wahrnehmung der Stimmrechtsvollmacht beauftragen, z. B. die Schutzgemeinschaft der Kapitalanleger e. V.

B Die Depotbank muss Herrn Meyer um Weisungen für die Ausübung des Stimmrechts zu den einzelnen Punkten der Tagesordnung bitten.

C Die Depotbank darf von den Weisungen Herrn Meyers auf keinen Fall abweichen.

D Erteilt Herr Meyer keine Weisungen, darf die Depotbank auf keinen Fall von ihren Vorschlägen abweichen.

E In der eigenen Hauptversammlung darf die Depotbank das Vollmachtstimmrecht nur ausüben, wenn Herr Meyer zu den einzelnen Tagesordnungspunkten keine ausdrücklichen Weisungen erteilt hat.

F Die allgemeine Stimmrechtsvollmacht gilt nur für inländische Aktien im Depot von Herrn Meyer.

☐ ☐

3. Fall: Erwerb von Aktienfonds
(22,5 Punkte, ca. 20 Minuten Bearbeitungszeit)

Situation

Die Nordbank AG wirbt zurzeit mit dem Slogan: Jetzt sparen, um für das Alter vorzusorgen. Sie sind Kundenberater/in der Nordbank AG und sprechen die Depotkundin Frau Marie Bergmann auf das Sparprogramm der Nordbank AG an. Da Ihre Kundin insbesondere an einer Anlage in Renten- und Aktienfonds interessiert ist, bieten Sie einen Investmentsparplan für Renten- und Aktienfonds an.

Die Nordbank AG hat folgende nicht börsennotierte Fonds im Angebot:

Fondsname	Fondsart	Verwaltungskosten	Fondstyp	Ausgabepreis	Rücknahmepreis
NordRenta	EUR-Rentenfonds	0,75 % p. a.	ausschüttend	74,35 EUR	72,12 EUR
WEKANord	Aktienfonds; europäische Standardwerte	1,00 % p. a.	ausschüttend	98,74 EUR	93,80 EUR
NordGlobal	Aktienfonds; europäische Standardwerte	2,25 % p. a.	thesaurierend	54,87 EUR	54,87 EUR
NordPrimus Chance	Dachfonds mit niedrigem Aktienfondsanteil	0,75 % p. a.	thesaurierend	36,43 EUR	35,34 EUR

Der WEKANord und der NordGlobal verfolgen die gleiche Anlagestrategie.

Aufgabe 3.1 (8 Punkte)

Frau Bergmann möchte von Ihnen die Unterschiede in den Risiken von Renten- und Aktienfonds wissen. Erläutern Sie je zwei Risiken für die Kunden bei der Anlage in Renten- und Aktienfonds.

Aufgabe 3.2 (4 Punkte)

Welche Faktoren beeinflussen jeweils den Ertrag aus Renten- und Aktienfonds? Nennen und erläutern Sie jeweils einen Faktor.

Aufgabe 3.3 (3 Punkte)

Beschreiben Sie drei Unterschiede zwischen den Aktienfonds.

Aufgabe 3.4 (2,5 Punkte)

Im Rahmen des Gespräches informieren Sie Frau Bergmann auch über die Anlage in offene Investmentfonds der Union Investmentgesellschaft GmbH. Wie informieren Sie Frau Bergmann richtig über offene Investmentfonds?

A Das Sondervermögen haftet nicht für Verbindlichkeiten der Union Investmentgesellschaft GmbH.

B Durch den Erwerb von Anteilen eines Aktienfonds der Union Investmentgesellschaft GmbH erwirbt Frau Bergmann das Bezugsrecht auf junge Aktien bei einer Kapitalerhöhung der im Fonds enthaltenen Aktiengesellschaft.

C Investmentfondsanteile verbriefen Forderungsrechte auf Aktien der emittierenden Fondsgesellschaft.

D Ein Investmentfondsinhaber erwirbt Beteiligungsrechte an den einzelnen im Fonds enthaltenen Aktiengesellschaften.

E Durch den Erwerb von Anteilen eines Dachfonds und der damit verbundenen Diversifikation ist das Risiko der Anlage dem eines Sparbriefes ähnlich.

☐

Aufgabe 3.5 (2,5 Punkte)

Die Nordbank AG stellt Frau Bergmann u. a. die Besonderheiten eines thesaurierenden Investmentfonds gegenüber anderen Fondsarten vor. Welche Aussage zu einem thesaurierenden Investmentfonds trifft zu?

A Thesaurierende Fonds haben einen höheren Ausgabeaufschlag als andere Fondsarten, aber keine jährliche Verwaltungsvergütung.

B Thesaurierende Investmentfonds haben im Gegensatz zu den anderen Fondsarten keinen Rücknahmepreis, da sie an jeder Effektenbörse gehandelt werden können.

C Inhaber von Anteilen an thesaurierenden Aktienfonds haben ein Stimmrecht auf der Hauptversammlung der Fondsgesellschaften.

D Die Erträge bei thesaurierenden Fonds werden nicht ausgeschüttet, sondern verbleiben im Fondsvermögen; die Erträge werden aber jährlich versteuert.

E Der Anleger erhält in Höhe der Erträge eines thesaurierenden Fonds neue Anteile, die von der Kapitalertragssteuer befreit sind.

☐

Aufgabe 3.6 (2,5 Punkte)

Frau Bergmann erkundigt sich nach den Kosten einer Geldanlage in Aktien. Am Beispiel der RATIO AG-Aktie informieren Sie Frau Bergmann. Der Börsenpreis der Aktie beträgt 10,80 EUR.

Konditionenübersicht	
Provision	0,75 % vom Kurswert, mindestens 20,00 EUR
Courtage	0,50 ‰ vom Kurswert

Sie weisen Frau Bergmann darauf hin, dass der Wertpapierauftrag aus Kostengründen ein gewisses Mindestvolumen aufweisen sollte. Ermitteln Sie die Anzahl der Aktien, die Frau Bergmann mindestens ordern sollte, um eine überproportional hohe Belastung durch die Mindestprovision zu vermeiden.

4. Fall: Staatlich geförderte Altersvorsorge

(22,5 Punkte, ca. 20 Minuten Bearbeitungszeit)

Situation

Sie sind Kundenberater/in der Nordbank AG. Die Eheleute Jonas und Lena Schmidt haben mit Ihnen im Juni einen Gesprächstermin vereinbart. Herr Schmidt ist 35 Jahre alt, arbeitet als Sozialversicherungsfachangestellter bei der Barmer Ersatzkasse und hatte im Vorjahr einen Bruttoarbeitslohn von 38.000,00 EUR. Seine Frau Lena ist 35 Jahre alt, arbeitet als Angestellte im öffentlichen Dienst und hatte im Vorjahr einen Bruttoarbeitslohn von 25.000,00 EUR. Die zwei Kinder der Familie Schmidt sind vier Jahre bzw. ein Jahr alt. Die Eheleute Schmidt interessieren sich für staatlich geförderte Möglichkeiten der privaten Altersvorsorge. Im Gespräch mit dem Ehepaar gehen Sie zunächst auf die Grundlagen der Altersvorsorge und der vom Staat geförderten Möglichkeiten ein. In diesem Zusammenhang fallen die Begriffe „Versorgungslücke“ und „demografischer Wandel“.

Die Eheleute Schmidt möchten wissen, welche Beträge sie aus eigenen Mitteln aufbringen müssen, um die staatliche Förderung für die private Altersvorsorge in voller Höhe zu erhalten.

Für Berufseinsteiger gibt es einen einmaligen Bonus von 200,00 EUR in dem Jahr, in dem der Berufseinsteiger ein volles Jahr beschäftigt war.

Sie haben die Eheleute Schmidt von den Vorteilen der staatlich geförderten privaten Altersvorsorge überzeugt. Herr Schmidt fragt nach den hierfür bestehenden Anlagemöglichkeiten.

Im weiteren Verlauf des Beratungsgesprächs taucht der Begriff der „nachgelagerten Besteuerung“ auf.

Aufgabe 4.1 (4 Punkte)

Beschreiben Sie die Auswirkungen der „nachgelagerten Besteuerung" für die Zeit der Ansparung und der Auszahlung eines geförderten Altersvorsorgevertrags.

Aufgabe 4.2 (3 Punkte)

Herr Schmidt teilt Ihnen mit, dass er ein Grundstück besitzt und in den nächsten sechs bis sieben Jahren bauen möchte. Aus diesem Grund möchte das Ehepaar Schmidt monatlich einen festen Betrag für den geplanten Hausbau ansparen. Sie empfehlen Ihren Kunden den Abschluss eines Bausparvertrags.

Beschreiben Sie anhand von drei Aspekten den Kundennutzen dieses Produkts.

Aufgabe 4.3 (4 Punkte)

Die Eheleute Schmidt entscheiden sich zunächst für den Abschluss eines nach Wohn-Riester geförderten Bausparvertrags auf den Namen der Ehefrau. Die Kinder werden Frau Schmidt zugerechnet.

Ermitteln Sie für Frau Schmidt die Höhe der Wohn-Riester-geförderten Bausparsumme. Legen Sie für Ihre Berechnungen einen Regelsparbeitrag von 4 ‰ der Bausparsumme pro Monat zugrunde. Runden Sie das Ergebnis auf volle TEUR auf.

Aufgabe 4.4 (4 Punkte)

Die Eheleute Schmidt schließen zusätzlich zum Bausparvertrag der Ehefrau einen weiteren Bausparvertrag über 80.000,00 EUR Bausparsumme auf beide Namen ab, der mit weiteren 300,00 EUR pro Monat bespart werden soll.

Ermitteln Sie die maximale jährliche Förderung nach dem Wohnungsbauprämiengesetz für diesen Vertrag und prüfen Sie, ob das Ehepaar prämienberechtigt ist. Gehen Sie von einem zu versteuernden Einkommen von 50.400,00 EUR aus.

Aufgabe 4.5 (2,5 Punkte)

Welche der folgenden Aussagen zu den Vertragsbedingungen für die Eheleute Schmidt ist richtig?

A „Die staatliche Riester-Förderung steht jedem Arbeitnehmer in gleicher Höhe unabhängig von seinem Einkommen zu."

B „Der Beginn der Rentenzahlung ist bei allen Riester-Verträgen frühestens das 63. Lebensjahr bzw. der Beginn der gesetzlichen Altersrente."

C „Sie haben die Möglichkeit, zu Beginn der Auszahlphase bis zu 30 % des angesparten Altersvorsorgevermögens als Einmalzahlung zu entnehmen."

D „Die gezahlten Altersvorsorgezulagen in Ihrem bestehenden Riester-Vertrag können im Todesfall vor Renteneintritt weder vererbt noch auf einen anderen Riester-Vertrag übertragen werden."

E „Die Höhe Ihrer zukünftigen Riester-Rente richtet sich auch nach der Laufzeit, die Sie zu Beginn der Auszahlphase mit uns vereinbaren.

☐

Aufgabe 4.6 (2,5 Punkte)

Frau Schmidt möchte sich über die Folgen einer vorzeitigen Auflösung des Vertrags während der Ansparphase informieren. Welche Aussage trifft zu?

A Während der Ansparphase kann ein staatlich geförderter Altersvorsorgevertrag nicht aufgelöst werden.

B Eine vorzeitige Auflösung eines Altersvorsorgevertrags während der Ansparphase ist nur in geregelten Ausnahmefällen möglich, z. B. wenn der Begünstigte völlig erwerbsunfähig werden sollte.

C Eine vorzeitige Auflösung des Altersvorsorgevertrags ist nur unter Einhaltung einer vorher vereinbarten Kündigungsfrist möglich.

D Eine vorzeitige Kündigung des Altersvorsorgevertrags ist nur unter Verlust bereits gewährter Zulagen und Steuerersparnisse möglich.

E Eine vorzeitige Verfügung über einen Altersvorsorgevertrag ist zwar nicht möglich, es können aber jederzeit im Falle von finanziellen Engpässen bis zu 10.000,00 EUR dem Vertrag entnommen werden, die bis zum Renteneintrittsalter aber wieder eingezahlt werden müssen.

☐

Aufgabe 4.7 (2,5 Punkte)

Frau Schmidt stellte fest, dass falsche Daten über sie bei der Bank gespeichert wurden. Sie teilte der Nordbank AG diesen Sachverhalt sofort mit. Welcher der folgenden Pflichten muss die Nordbank nach den Vorschriften des Bundesdatenschutzgesetzes jetzt nachkommen?

A Die Änderung der Daten muss vom Datenschutzbeauftragten der Nordbank AG genehmigt werden.

B Der gesamte Datensatz über Frau Schmidt muss gelöscht und neu angelegt werden.

C Die falschen Daten müssen berichtigt werden.

D Der Datensatz mit den falschen Daten muss gesichert und ein neuer Datensatz angelegt werden.

E Die richtigen Daten sind am Servicepoint zu dokumentieren, die falschen Daten dürfen erst nach Ablauf von sechs Wochen gelöscht werden.

☐

2 Finanzierungsvorhaben begleiten

Bearbeitungszeit: 90 Minuten, 100 Punkte

Lösungen ab Seite 261

1. Fall: Immobilienerwerb (50 Punkte, ca. 45 Minuten Bearbeitungszeit)

Situation

Das Ehepaar Frank und Tina Neubauer möchte ein Grundstück erwerben und darauf ein Einzelhaus mit Einliegerwohnung errichten. Die Einliegerwohnung im Untergeschoss soll vermietet werden. Das Ehepaar Neubauer unterhält ein Gemeinschaftskonto bei der Nordbank AG.

Bevor ein Beratungsgespräch zur Finanzierung des Bauvorhabens vereinbart wird, bitten Sie das Ehepaar, Ihnen vorab eine Selbstauskunft und Daten zum Bauvorhaben zuzusenden. In der Selbstauskunft teilt das Ehepaar Neubauer die nachstehenden Daten mit:

Selbstauskunft		
	Frank Neubauer	Tina Neubauer
Geburtsdatum	12.10.1965	18.03.1971
Beruf	Speditionskaufmann	Notarfachgehilfin
Arbeitgeber	Kühne AG	Anwaltssozietät Schmitt Lorsbach Wischnewski & Partner
Beschäftigt seit	Februar 2003	August 2007
Nettoeinkünfte p.m.	2.300,00 EUR	1.200,00 EUR
Freie Eigenmittel	110.000,00 EUR	
Derzeitige Warmmiete	750,00 EUR	
Sonstige Haushaltsausgaben	800,00 EUR	

Über das Bauvorhaben liegen folgende Daten vor:

Objektdaten	
Grundstücksgröße	600 qm
Umbauter Raum	1.100 cbm
Grundstückspreis	150,00 EUR/qm
Baukosten	300,00 EUR/cbm
Nebenkosten (Maklergebühr, Grunderwerbsteuer von 3,5 %, Gerichtskosten usw.)	23.000,00 EUR
1. Wohnungsgröße selbstgenutzte Wohnung 2. Wohnungsgröße Einliegerwohnung	136 qm 55 qm
Ortsübliche Kaltmiete	6,00 EUR/qm

Aufgabe 1.1 (5 Punkte)

Sie bitten das Ehepaar, unbedingt die folgenden Objektunterlagen zum Beratungsgespräch mitzubringen:

- Grundbuchauszug
- Auszug aus der Flurkarte
- Bauzeichnung
- Baubeschreibung
- Kostenvoranschlag

Warum werden diese Objektunterlagen von der Nordbank AG benötigt?

Aufgabe 1.2 (4 Punkte)

Ermitteln Sie die gesamten Kosten für die Baumaßnahme einschließlich Grundstück.

Aufgabe 1.3 (4 Punkte)

Die Nordbank AG ist bereit, bei entsprechender Kapitaldienstfähigkeit des Ehepaars die Gesamtfinanzierung durchzuführen. Die Finanzierung soll unter Einbeziehung der vorhandenen Eigenmittel des Ehepaars in Form von zwei Annuitätendarlehen erfolgen. Ein erstrangig abgesichertes Hypothekendarlehen in maximaler Höhe soll durch ein nachrangig gesichertes Hypothekendarlehen ergänzt werden. Die Nordbank AG legt die Beleihungsgrenze für Hypothekendarlehen entsprechend den Bestimmungen des Hypothekenbankgesetzes fest.

Ermitteln Sie unter Berücksichtigung des reinen Bau- und Bodenwertes die Beleihungsgrenze für das Hypothekendarlehen.

Aufgabe 1.4 (4 Punkte)

Wie hoch ist der Eigenkapitalanteil des Ehepaars Neubauer am Objekt (auf zwei Stellen nach dem Komma runden)?

Aufgabe 1.5 (6 Punkte)

Kennzeichnen Sie den Ablauf eines Beratungsgesprächs nach den Vorschriften der Wohnimmobilien-Kreditrichtlinie in sechs Phasen

Aufgabe 1.6 (9 Punkte)

Prüfen Sie, ob das Ehepaar Neubauer in der Lage ist, die anfänglichen finanziellen Belastungen der Baumaßnahme zu tragen. Begründen Sie Ihre Entscheidung unter Berücksichtigung folgender Konditionen:

Sicherung	Erstrangig	Nachrangig
Zinsbindung	10 Jahre	6 Jahre
Zinssatz p. a. - nominal - anfänglich effektiv	 4,91 % 5,29 %	 6,0 % 6,29 %
Auszahlung	100 %	100 %
Tilgung	1 %	1 %

Aufgabe 1.7 (3 Punkte)

Sie legen dem Ehepaar Neubauer eine notarielle Urkunde über die Grundschuldbestellung vor. Sie enthält die nachfolgenden Textpassagen:

- Die Grundschuld ist von heute an mit 15 % jährlich zu verzinsen.
- Die Grundschuld ist fällig.
- Wegen der Grundschuldbestellung und der Zinsen unterwirft sich der Besteller der sofortigen Zwangsvollstreckung in den belasteten Grundbesitz.

Das Ehepaar Neubauer möchte von Ihnen wissen, welche Bedeutung die drei Textpassagen für das Ehepaar haben.

Aufgabe 1.8 (5 Punkte)

Im Hause der Nordbank AG verursachen Geschäftsvorgänge Kosten oder führen zu Erlösen. Ordnen Sie für die Controlling-Abteilung die Vorgänge den Fachbegriffen zu.

Kosten- und Erlösarten

1 Betriebskosten
2 Betriebserlöse
3 Wertkosten
4 Werterlöse
5 weder Kosten noch Erlöse

Vorgänge

A Die Nordbank AG belastet Gehaltskonten mit Kontoführungsgebühren.
B Die Nordbank AG hat realisierte Kursgewinne aus dem Verkauf von Wertpapieren aus dem eigenen Bestand.
C Die Nordbank AG überweist der Schufa Gebühren für erteilte Auskünfte.
D Die Nordbank AG zahlt Zinsen an Kunden für Tagesgeldeinlagen..
E Die Nordbank AG kauft einen Kontoauszugsdrucker.

A	B	C	D	E

Situation zu den Aufgaben 1.9 und 1.10

Das Ehepaar Neubauer benötigt noch eine Zwischenfinanzierung in Form eines Festdarlehens über 100.000,00 EUR für zwei Jahre. Bei der Gesprächsterminierung weist das Ehepaar auf ein Konkurrenzangebot zu einem Zinssatz von 5,9 % hin. Der bisher gezahlte Zinssatz betrug 6,3 %. Auf Anfrage liefert Ihnen die Controlling-Abteilung folgende Daten:

Geld- und Kapitalmarktsätze	
Tagesgeld	1,7 %
1-Monatsgeld	2,0 %
2-Jahresgeld	2,5 %
4-Jahresgeld	3,5 %

Bearbeitungskosten für Festdarlehen	900,00 EUR
Eigenkapitalkostensatz	0,90 %
Risikokostensatz	0,65 %
Gewinnmarge	3,50 %

Aufgabe 1.9 (2,5 Punkte)

Ermitteln Sie die direkt zurechenbaren Betriebskosten in Prozent p. a..

Aufgabe 1.10 (2,5 Punkte)

Ermitteln Sie als Grundlage für das Kreditgespräch auch die Preisuntergrenze.

Situation zu den Aufgaben 1.11 und 1.12

Das Rechnungswesen der Nordbank AG liefert folgende Zahlen:

Zinsen für Festgeld	950 Tsd. EUR,
Zinsen von Debitoren	100 Tsd. EUR,
Erträge aus der Auflösung von Rückstellungen im Kreditgeschäft	110 Tsd. EUR,
Provisionserträge	80 Tsd. EUR,
Mietwert der eigengenutzten Bankräume	500 Tsd. EUR,
Abschreibung auf Forderungen (langjähriger Durchschnitt 90 Tsd. EUR),	120 Tsd. EUR
Körperschaftssteuer	20 Tsd. EUR,
Zinsen für Kundenkredite	1.500 Tsd. EUR.

Die Bilanzsumme beträgt 5 Mio. EUR.

Aufgabe 1.11 (2,5 Punkte)

Berechnen Sie den Gesamtbetrag an Kosten.

Aufgabe 1.12 (2,5 Punkte)

Berechnen Sie den Gesamtbetrag an Erlösen.

2. Fall: Firmenkredit (50 Punkte, ca. 45 Minuten Bearbeitungszeit)

Situation

Die Lumoprint GmbH stellt Druckereierzeugnisse her und vertreibt sie im norddeutschen Raum. Herr Luca Buschmann ist alleiniger Gesellschafter und Geschäftsführer der GmbH. Die Lumoprint GmbH unterhält ihre Kontoverbindung bei der Nordbank AG in Hamburg. Wegen eines Finanzierungsvorhabens bittet Herr Buschmann Sie um einen Beratungstermin. Mit Ihnen hat Herr Buschmann bereits in einem Vorgespräch das Investitionsvolumen und dessen Finanzierungsmöglichkeiten abgesprochen.

Investition	Kaufpreis	Durchschnittl. betriebliche Nutzungsdauer	Beleihungsgrenze in % des Marktwertes
2 Druckmaschinen	zusammen 84.000,00 EUR	4 Jahre	45 %, auf volle TEUR abrunden
2 Gabelstapler	je 18.000,00 EUR	4 Jahre	60 %, auf volle TEUR abrunden

Ertragslage, Umsatzentwicklung und Auftragsbestand der Lumoprint GmbH sind positiv. Aufgrund der internen und externen Auskünfte liegen der Nordbank AG über die Unternehmung keine nachteiligen Informationen vor. Die Kreditwürdigkeitsprüfung führte zu dem Ergebnis, dass bei Stellung angemessener Sicherheiten dem Kreditantrag entsprochen werden kann. Die Sicherheiten sollen aus den zu finanzierenden Vermögenswerten gestellt werden.

Aufgabe 2.1 (2 Punkte)

Ermitteln Sie den erforderlichen Kapitalbedarf für die Investitionen.

Aufgabe 2.2 (4 Punkte)

Berechnen Sie die Summe, die die Nordbank AG aufgrund der Beleihungsgrenzen maximal als Kreditbetrag zur Verfügung stellen kann.

Aufgabe 2.3 (4 Punkte)

Beschreiben Sie zwei Möglichkeiten für Herrn Buschmann zur Beschaffung der erforderlichen Eigenmittel, um die Investition komplett zu finanzieren.

Aufgabe 2.4 (2 Punkte)

Herr Buschmann wundert sich darüber, dass die Druckmaschinen trotz ihrer gleichlangen Nutzungsdauer im Vergleich zu den Gabelstaplern eine geringere Beleihungsgrenze haben.

Erklären Sie Herrn Buschmann einen Grund für die unterschiedlichen Beleihungssätze.

Kreditkonditionen der Nordbank AG			
Kreditart	Zinssatz	Tilgung	Laufzeit
Investitionskredit (Tilgungsdarlehen)	8,0 % p. a.	25 % jährlich, eine Kreditrate pro Jahr	4 Jahre
Investitionskredit (Festdarlehen)	7,5 % p. a.	100 % am Ende der Laufzeit in einer Summe	10 Jahre
Kontokorrentkredit	10,0 % p. a.	unregelmäßig	bis auf Weiteres

Aufgabe 2.5 (6 Punkte)

Welches Darlehen kommt für die Finanzierung in Frage? Begründen Sie Ihre Antwort. Stellen Sie heraus, warum die abgelehnten Kreditarten nicht geeignet erscheinen.

Aufgabe 2.6 (3 Punkte)

Welche Art der Besicherung kommt für diesen Investitionskredit in Frage? Begründen Sie Ihre Antwort.

Aufgabe 2.7 (3 Punkte)

Beschreiben Sie die zur Sicherheitenbestellung erforderlichen Rechtshandlungen.

Aufgabe 2.8 (4 Punkte)

Die Lumoprint GmbH hat insgesamt sechs Druckmaschinen. Wie kann sichergestellt werden, dass nur die neu erworbenen Druckmaschinen als Sicherheit dienen? Erklären Sie dies an zwei Möglichkeiten.

Kreditvertrag und Kreditsicherungsvertrag werden am 15.04.20.. abgeschlossen. Die Kreditsumme kann in den nächsten 30 Tagen abgerufen werden. Am 21.04.20.. wird der Kaufvertrag über die Gabelstapler abgeschlossen, die Lieferung erfolgt am 24.04.20...

Folgender Textabschnitt ist dem Kaufvertrag entnommen:

1. Das Eigentum an den Gabelstaplern geht erst mit der vollständigen Zahlung des Kaufpreises auf den Käufer über.
2. Der Rechnungsbetrag ist fällig innerhalb von 90 Tagen nach Lieferung der Gabelstapler. Bei Zahlung innerhalb von 10 Tagen gewähren wir 3 % Skonto.

Aufgabe 2.9 (2 Punkte)

Wer ist Eigentümer der Gabelstapler mit Ablauf des 24.04.20..? Begründen Sie Ihre Meinung.

Aufgabe 2.10 (2 Punkte)

Wer ist Eigentümer der Gabelstapler nach Bezahlung der Rechnung? Begründen Sie Ihre Meinung.

Aufgabe 2.11 (3 Punkte)

Berechnen Sie den Vorteil der Skontoausnutzung gegenüber der Zahlung am Ende des Zahlungszieles. Die Kreditkosten betragen 10 % p. a. (Berechnungsmethode 30/360). Die Rechnung über 36.000,00 EUR wird am letzten Tag der Skontofrist bezahlt.

Situation zu den Aufgaben 2.12 bis 2.15

Die Nordbank AG gewährt Lumoprint GmbH auch einen Kredit in Höhe von 23.000,00 EUR, Laufzeit 3 Jahre, Zinssatz 7,99 %. Sie nimmt von einem anderen Kunden eine Termineinlage in Höhe von 23.000,00 EUR an, Laufzeit 1 Jahr, Zinssatz 2,35 %.

Konditionen am Geld- und Kapitalmarkt:	
Alternative Kapitalanlage (3-Jahresanlage)	3,75 %
Alternative Kapitalbeschaffung (1-Jahresgeld)	2,50 %
Tagesgeld	1,75 %

Aufgabe 2.12 (2,5 Punkte)

Ermitteln Sie nach der Marktzinsmethode unter Angabe des Rechenwegs den Konditionenbeitrag Aktiva.

Aufgabe 2.13 (2,5 Punkte)

Ermitteln Sie nach der Marktzinsmethode unter Angabe des Rechenwegs den gesamten Konditionenbeitrag.

Aufgabe 2.14 (2,5 Punkte)

Ermitteln Sie nach der Marktzinsmethode unter Angabe des Rechenwegs den Strukturbeitrag (Fristentransformationsbeitrag) Aktiva.

Aufgabe 2.15 (2,5 Punkte)

Ermitteln Sie nach der Marktzinsmethode unter Angabe des Rechenwegs den gesamten Strukturbeitrag.

Aufgabe 2.16 (5 Punkte)

Welche der Aussagen über die Marktzinsmethode sind richtig?

A Um die Konditionsbeiträge zu ermitteln, werden die Erfolge von Aktiv- und Passivgeschäften an den jeweiligen Vergleichszinssätzen alternativer Geschäfte mit gleicher Fristigkeit am Geld- und Kapitalmarkt gemessen.

B Bei der Ermittlung der Preisgrenzen im Aktivgeschäft ist der Zinssatz, der den Kunden im Passivgeschäft gewährt wird, eine wichtige Bezugsgröße.

C Die Marktzinsmethode ist eine Kalkulationsmethode zur Ermittlung von Preisuntergrenzen im Passivgeschäft.

D Zinserlöse im Aktivgeschäft und Zinskosten der Passivseite werden bei der Marktzinsmethode verglichen.

E Die Konditionen- und Strukturbeiträge werden jeweils der Geschäftsleitung als Erfolgsbeitrag angerechnet.

F Der Strukturbeitrag ergibt sich aus der Fristentransformation, das heißt, die Fristen zwischen Mittelbeschaffung und Mittelverwendung sind nicht mehr identisch.

☐ ☐

3 Wirtschafts- und Sozialkunde

Bearbeitungszeit: 60 Minuten, 100 Punkte

Lösungen ab Seite 267

Aufgabe 1

Es gibt unterschiedliche Auffassungen über die Gültigkeit der Allgemeinen Geschäftsbedingungen (AGB), die einem Kaufvertrag beigefügt sind. Prüfen Sie, welche Meinung über die AGB nach den Vorschriften des Auszugs aus dem BGB richtig ist!

A Die AGB werden nur dann Bestandteil des Kaufvertrags, wenn die AGB in schriftlicher Form anerkannt werden.

B Mündlich getroffene Vertragsvereinbarungen sind rechtlich unwirksam, da die AGB Vorrang vor individuellen Abreden haben.

C Wenn die AGB einzelne Klauseln beinhalten, die gegen das Gesetz verstoßen, ist der Kaufvertrag nichtig.

D Die AGB werden nur dann Vertragsbestandteil, wenn bei Vertragsabschluss dem Käufer die Möglichkeit verschafft wird, in zumutbarer Weise vom Inhalt der AGB Kenntnis zu nehmen.

E Zweifel bei der Auslegung der AGB gehen zu Lasten des Käufers.

☐

Auszug aus dem BGB

§ 305 Einbeziehung Allgemeiner Geschäftsbedingungen in den Vertrag

(1) Allgemeine Geschäftsbedingungen sind alle für eine Vielzahl von Verträgen vorformulierten Vertragsbedingungen, die eine Vertragspartei (Verwender) der anderen Vertragspartei bei Abschluss eines Vertrags stellt. Gleichgültig ist, ob die Bestimmungen einen äußerlich gesonderten Bestandteil des Vertrags bilden oder in die Vertragsurkunde selbst aufgenommen werden, welchen Umfang sie haben, in welcher Schriftart sie verfasst sind und welche Form der Vertrag hat. Allgemeine Geschäftsbedingungen liegen nicht vor, soweit die Vertragsbedingungen zwischen den Vertragsparteien im Einzelnen ausgehandelt sind.

(2) Allgemeine Geschäftsbedingungen werden nur dann Bestandteil eines Vertrags, wenn der Verwender bei Vertragsschluss
1. die andere Vertragspartei ausdrücklich oder, wenn ein ausdrücklicher Hinweis wegen der Art des Vertragsschlusses nur unter unverhältnismäßigen Schwierigkeiten möglich ist, durch deutlich sichtbaren Aushang am Orte des Vertragsschlusses auf sie hinweist und
2. der anderen Vertragspartei die Möglichkeit verschafft, in zumutbarer Weise, die auch eine für den Verwender erkennbare körperliche Behinderung der anderen Vertragspartei angemessen berücksichtigt, von ihrem Inhalt Kenntnis zu nehmen und wenn die andere Vertragspartei mit ihrer Geltung einverstanden ist. (...)

§ 305b Vorrang der Individualabrede

Individuelle Vertragsabreden haben Vorrang vor Allgemeinen Geschäftsbedingungen.

§ 305c Überraschende und mehrdeutige Klauseln.

(1) Bestimmungen in Allgemeinen Geschäftsbedingungen, die nach den Umständen, insbesondere nach dem äußeren Erscheinungsbild des Vertrags, so ungewöhnlich sind, dass der Vertragspartner des Verwenders mit ihnen nicht zu rechnen braucht, werden nicht Vertragsbestandteil.

(2) Zweifel bei der Auslegung Allgemeiner Geschäftsbedingungen gehen zu Lasten des Verwenders.

§ 306 Rechtsfolgen bei Nichteinbeziehung und Unwirksamkeit.

(1) Sind Allgemeine Geschäftsbedingungen ganz oder teilweise nicht Vertragsbestandteil geworden oder unwirksam, so bleibt der Vertrag im Übrigen wirksam. (...)

Aufgabe 2

Frau Julia Schmitz erwirbt in einem Uhrengeschäft eine historische Schweizer Armbanduhr im Wert von 2.400,00 EUR. Wie werden für Frau Schmitz Besitz und Eigentum an der Armbanduhr richtig beschrieben?

A Um die rechtliche Verfügungsgewalt über die Armbanduhr zu erhalten, muss Frau Schmitz Eigentümerin und Besitzerin der Armbanduhr sein.

B Frau Schmitz kann nur Besitzerin der Armbanduhr werden, wenn sie vorher das Eigentum erworben hat.

C Mit dem Besitz hat Frau Schmitz die tatsächliche Verfügungsgewalt und mit dem Eigentum die rechtliche Verfügungsgewalt über die Armbanduhr.

D Wenn Frau Schmitz die Armbanduhr in ihrem Schließfach bei der Nordbank AG aufbewahrt, übergibt sie der Bank die unmittelbare Verfügungsgewalt über die Armbanduhr.

E Durch den Kaufvertrag wird Frau Schmitz Besitzerin der Armbanduhr und durch die Bezahlung wird sie Eigentümerin.

F Frau Schmitz behält das Eigentum an der Armbanduhr, wenn sie diese dem Kunst- und Gewerbemuseum in Hamburg für eine Ausstellung überlässt.

☐ ☐

Aufgabe 3

Die 20-jährige Angestellte Monika Bender kauft in einem Kaufhaus eine Digitalkamera von Olympus für 398,00 EUR. Allgemeine Geschäftsbedingungen werden nicht vereinbart. Nach mehrmaligem Benutzen stellt sie vier Wochen nach dem Kauf fest, dass die Fotos nicht mehr auf den PC geladen werden können. Da Frau Bender am nächsten Tag für sechs Wochen verreist, reklamiert sie am selben Tag die Funktionsstörung. Welche der folgenden Aussagen zu diesem Sachverhalt sind richtig?

A Die Gewährleistungsfrist bei mangelhafter Warenlieferung beträgt gemäß BGB zwei Jahre. Tritt ein Schaden bereits innerhalb von sechs Monaten auf, muss der Händler dem Kunden die Schadensverursachung nachweisen.

B Frau Bender kann lediglich das Recht auf Minderung geltend machen.

C Sollte das Kaufhaus keine gleichartige Digitalkamera mehr vorrätig haben, hat Frau Bender auf jeden Fall einen Schadensersatzanspruch.

D Eine mangelhafte Ware, die zu einer Gewährleistung nach BGB führen kann, liegt bereits vor, wenn sich an der Digitalkamera ein unerheblicher Fehler befindet.

E Der Verkäufer kann nach dem BGB verlangen, dass Frau Bender die Digitalkamera zunächst zur Nachbesserung dem Kaufhaus zur Verfügung stellt, da der Verkäufer zwischen der Nachbesserung und Neulieferung wählen kann.

F Frau Bender kann das Recht auf Ersatzlieferung geltend machen.

☐ ☐

Aufgabe 4

In welchen der nachfolgenden Fälle ist das Rechtsgeschäft

1 uneingeschränkt wirksam?
2 nichtig?
3 wirksam, aber anfechtbar?
4 schwebend unwirksam?

Fälle

A Ein 16-jähriger Bankauszubildender schließt mit der Nordbank AG ohne Wissen seiner Eltern einen Bausparvertrag ab. Auf diesen Vertrag sollen die vermögenswirksamen Leistungen von 40,00 EUR, die er von seinem Betrieb monatlich erhält, angelegt werden.

B Familie Klein buchte einen 14-tägigen Erholungsurlaub irrtümlich im Hotel Seeblick in der Uferstr. 1, obwohl sie ihren Urlaub im Hotel Seeglück im Uferweg 1 verbringen wollten.

C Eine unter Betreuung stehende Rentnerin erteilt der Nordbank AG den Auftrag, 10.000,00 EUR in einen Investmentfonds anzulegen. Ein Einwilligungsvorbehalt besteht nicht. In der Geeignetheitserklärung und im Dokumentationsbogen finden Sie den Hinweis, dass der Berater von diesem Erwerb abgeraten hat.

D Eine 15-jährige Auszubildende kauft von dem Geld, das sie von ihrer Patentante zum Geburtstag erhalten hat, einen Laptop zum Preis von 299,00 EUR.

E Ein Privatmann verkauft an einen Dritten seinen gebrauchten Pkw mit der Zusicherung, dass der Wagen in zwei Jahren nur 20.000 km gefahren ist. Kurze Zeit später stellt der Käufer des Pkw fest, dass der Tacho des Pkw manipuliert wurde.

A	B	C	D	E

Aufgabe 5

Die Gerichtsbarkeit in Deutschland gliedert sich in verschiedene Zweige. Welche der folgenden Gerichte sind den Situationen zuzuordnen?

Gerichte

1. Amtsgericht für Zivilsachen
2. Arbeitsgericht
3. Finanzgericht
4. Sozialgericht
5. Verwaltungsgericht

Situationen

A Frau Sophie Schneider, 38 Jahre, Kundenberaterin der Nordbank AG, wurde aus betriebsbedingten Gründen gekündigt. Da Frau Schneider die Kündigung für sozial ungerechtfertigt hält, will sie gerichtlich gegen die Kündigung vorgehen.

B Frau Birgit Krause, Servicekraft der Nordbank AG, zog sich auf dem Weg zur Arbeit eine schwere Verletzung zu. Da die Berufsgenossenschaft den Wegeunfall nicht als Arbeitsunfall anerkennt, will Frau Krause gegen die Verwaltungsberufsgenossenschaft Klage erheben.

C Die Nordbank AG will gegen ihren Privatkunden Paul Norden Klage erheben, da er seine Kontoüberziehung von 3.400,00 EUR trotz mehrfacher Mahnung nicht ausgleicht.

D Die Nordbank AG will nach erfolglosem Einspruch gegen den letzten Gewerbesteuerbescheid Klage erheben.

Aufgabe 6

In welcher der folgenden Situationen erhalten die Mitarbeiter der Nordbank AG Leistungen

1 von der Berufsgenossenschaft?

2 von der Deutsche Rentenversicherung Bund?

3 von der gesetzlichen Krankenversicherung?

4 von einem anderen Leistungsträger?

<u>Situationen</u>

A Der 48-jährige Angestellte Niklas Bürger nimmt an einer Krebsvorsorgeuntersuchung teil.

B Frau Sophie Schmidt (19 Jahre alt) ist Auszubildende der Nordbank AG. Sie zieht sich im Skiurlaub einen Oberschenkelhalsbruch zu. Da es sich um einen komplizierten Bruch handelt, erhält sie eine dreiwöchige Nachbehandlung in einer Kurklinik.

C Die Firmenkundenberaterin der Nordbank AG, Frau Martina Schön, erleidet auf dem Weg zu einem von ihrer Bank betreuten Firmenkunden einen Verkehrsunfall, der eine einwöchige Krankenhausbehandlung zur Folge hat.

D Die Bankkauffrau Ramona Preuß nimmt an einer Fortbildung zur Bankfachwirtin teil.

E Der Hausmeister der Nordbank AG, Herr Johannes Pohl, geht mit Ablauf des 65. Lebensjahres in den Ruhestand.

A	B	C	D	E

Aufgabe 7

In welchem Beispiel ist die Mitbestimmung des Betriebsrats in der Nordbank AG zutreffend beschrieben?

A Der Betriebsrat der Nordbank AG hat bei der Änderung der Geschäftszeiten für den Kundenverkehr ein Mitbestimmungsrecht.

B Bei der Festlegung der Pausenzeiten für die Mitarbeiter im Betrieb hat der Betriebsrat nur ein Informationsrecht.

C Über die Inhalte des Arbeits- und Ausbildungsvertrages kann der Betriebsrat mitbestimmen.

D Alle betrieblichen Entscheidungen, welche die Arbeitnehmer betreffen, bedürfen der Zustimmung des Betriebsrats.

E In bestimmten sozialen Angelegenheiten, z. B. die tägliche Arbeitszeitregelung, werden betriebliche Maßnahmen nur mit Zustimmung des Betriebsrats wirksam.

F In personellen Angelegenheiten, z. B. bei Kündigungen bzw. Einstellungen von Mitarbeitern, hat der Betriebsrat ein Informations- und Widerspruchs- bzw. Einstellungsverweigerungsrecht.

Aufgabe 8

Die Auszubildenden der Nordbank AG, Sabine Schröder (20 Jahre alt) und Frank Schuster (21 Jahre alt) wollen eine Jugendvertreterwahl in der Nordbank AG organisieren. Derzeit gibt es nur einen Betriebsrat. Bringen Sie die folgenden notwendigen Schritte für eine Jugendvertreterwahl in die richtige Reihenfolge.

A Auszählung der abgegebenen Stimmen

B Die Wahlvorschläge werden entgegengenommen und geprüft.

C Die Wahlvorschläge werden veröffentlicht.

D Der Wahlvorstand wird durch den Betriebsrat bestellt.

E Geheime, unmittelbare und gemeinsame Wahl

1	2	3	4	5

Aufgabe 9

In der Nordbank AG werden zurzeit drei Auszubildende zum Bankkaufmann ausgebildet, die noch nicht 18 Jahre alt sind. Im Rahmen ihrer Ausbildung muss die Nordbank AG die Vorschriften des Jugendarbeitsschutzgesetzes beachten. Welche der folgenden Vorschriften entspricht den Vorschriften des Jugendarbeitsschutzgesetzes?

A Die jugendlichen Auszubildenden müssen zwischen dem Arbeitsende und dem Arbeitsbeginn am nächsten Tag eine ununterbrochene Ruhezeit von mindestens 15 Stunden einhalten.

B Die jugendlichen Auszubildenden dürfen in der Woche nur an fünf Tagen beschäftigt werden.

C Die jugendlichen Auszubildenden müssen eine Ruhepause von mindestens 30 Minuten einhalten, wenn sie mehr als vier und weniger als 7 Stunden beschäftigt werden.

D Die jugendlichen Auszubildenden dürfen täglich nicht länger als acht Stunden ununterbrochen ohne Ruhepause beschäftigt werden.

E Die jugendlichen Auszubildenden müssen jeweils am letzten Arbeitstag vor der schriftlichen Abschlussprüfung und der mündlichen Abschlussprüfung freigestellt werden.

☐

Aufgabe 10

In der Personalabteilung der Firma Hertel GmbH in Hamburg ist u. a. Jan Plate (29 Jahre alt) als Personalsachbearbeiter beschäftigt. Welche der nachfolgenden Einnahmen von bzw. Zahlungen an Herrn Plate gehören zu seinen Einkünften aus nichtselbstständiger Arbeit?

A Zinsen aus Bankguthaben

B Einnahmen aus Vermietung

C Urlaubsgeld

D Verkaufserlöse des privaten Pkw von Herrn Plate

E Elterngeld

F Vermögenswirksame Leistungen der Hertel GmbH

☐ ☐

Aufgabe 11

Welche der nachfolgenden Ausgaben von Herrn Plate werden vom Finanzamt als Sonderausgaben anerkannt?

A Gewerkschaftsbeiträge von Herrn Plate

B Aufwendungen für Arbeitsmittel (z. B. Fachliteratur)

C Reinigungskosten für den Anzug, den Herr Plate an seinem Arbeitsplatz trägt.

D Spenden an das Rote Kreuz

E Aufwendungen von Herrn Plate für die Wege zwischen seiner Wohnung und der Hertel GmbH

F Gezahlte Kirchensteuer

☐ ☐

Aufgabe 12

Herr Plate beabsichtigt, seine langjährige Freundin Chiara Moor zu heiraten. Auch Frau Moor hat ein festes Arbeitsverhältnis. Die Gehälter von Herrn Plate und Frau Moor sind in etwa gleich hoch. Zurzeit sind beide in Steuerklasse I. Welche der folgenden Aussagen zur Wahl der Steuerklasse/n nach der Heirat ist zutreffend? Herr Plate und Frau Moor sollten…

A weiterhin getrennt die Steuerklasse I beibehalten, da sich die Lohnsteuerabzüge auch nach der Heirat nicht ändern.

B die Steuerklassen III und V wählen. Somit können beide ihre Lohnsteuerabzüge künftig senken.

C beide die Steuerklasse IV wählen, da sie weiterhin Lohnsteuerabzüge in gleicher Höhe wie bisher zu leisten haben.

D die Steuerklassen III und V wählen, da die Lohnsteuerabzüge dann gleich bleiben.

E beide die Steuerklasse IV wählen, da sie ihre Lohnsteuerabzüge so künftig senken können.

☐

Situation zu den Aufgaben 13 und 14

Die Finnberg & Co. KG ist ein Hamburger Unternehmen, das Alarm- und Sicherheitsanlagen herstellt und vertreibt. In der KG sind die Komplementäre, Prokuristen und Handlungsbevollmächtigten mit allgemeiner Handlungsvollmacht jeweils allein vertretungsberechtigt.

Aufgabe 13

Eintragungen in das Handelsregister erfolgen in unterschiedlichen Abteilungen und mit unterschiedlicher rechtlicher Wirkung.

Eintragungsvarianten:

1 Eintragung in Abteilung A mit konstitutiver Wirkung

2 Eintragung in Abteilung A mit deklaratorischer Wirkung

3 Eintragung in Abteilung B mit konstitutiver Wirkung

4 Eintragung in Abteilung B mit deklaratorischer Wirkung

5 Keine Eintragung in das Handelsregister

Ordnen Sie den nachfolgenden Sachverhalten die o. a. Eintragungsvarianten zu.

Sachverhalte:

A Die Finnberg & Co. KG nimmt einen neuen voll haftenden Gesellschafter auf.

B Die Finnberg & Co. KG entzieht Rudolf Biehl die Prokura.

C Die Einlage des Kommanditisten Ralf Paulsen wird von 50.000,00 EUR auf 30.000,00 EUR herabgesetzt.

D Die Finnberg & Co. KG soll in eine GmbH umgewandelt werden.

E Frau Birgit Rudolf wird Generalbevollmächtigte der Finnberg & Co. KG.

A	B	C	D	E

Aufgabe 14

Welche der folgenden Rechtshandlungen darf im Außenverhältnis

1 nur der Komplementär Jonas Kleff rechtswirksam vornehmen?

2 neben dem Herrn Kleff auch der Prokurist Georg Bürger vornehmen?

3 sowohl der Prokurist Herr Bürger als auch der Handlungsbevollmächtigte Herr Rheinfeld alleine vornehmen?

Ordnen Sie zu!

A Vertretung der Finnberg & Co. KG in einem Zivilprozess vor dem Landgericht

B Abschluss eines Kreditvertrages über 3 Millionen EUR

C Erteilung eines Auftrags zum Umbau der Geschäftsräume

D Erteilung einer Vollmacht

E Unterzeichnung des Jahresabschlusses der KG

F Veräußerung eines Firmengrundstücks

A	B	C	D	E	F

Aufgabe 15

In einer Finanzzeitschrift lesen Sie die folgende Meldung: Das Hamburger Immobilienunternehmen Herold AG erwirbt über seine 100-prozentige Tochtergesellschaft, die Immobilien AG, sämtliche Anteile an der GFK Immobilien GmbH, die anschließend im Handelsregister gelöscht wird. Verkäuferin ist die Hansestadt Lübeck. Welche Art des Zusammenschlusses trifft auf diesen Fall zu?

A Vertikaler Konzern

B Horizontales Kartell

C Vertikales Kartell

D Fusion

E Holding

Aufgabe 16

Nachfrager und Anbieter können auf Preisänderungen unterschiedlich reagieren. Bei welchen der nachstehenden Situationen liegt ein/e

1 elastische Nachfrage
2 unelastische Nachfrage
3 elastisches Angebot
4 unelastisches Angebot vor?

Situationen

A Die Aktienkurse deutscher Standardwerte an der Frankfurter Wertpapierbörse steigen, die Anleger ordern weiter auf hohem Niveau.

B Bei sinkenden langfristigen Darlehenszinsen nimmt die Nachfrage nach Baudarlehen deutlich zu.

C Wegen Erreichen der Kapazitätsgrenzen können die Anbieter von Stahlblechen trotz steigender Preise ihr Angebot nicht erhöhen.

D Die Benzinpreise steigen, die Nachfrage der Autofahrer bleibt nahezu unverändert.

E Trotz sinkender Refinanzierungskosten für die Kreditinstitute ändert sich deren Nachfrage nach Liquidität nicht.

F In Erwartung steigender Preise für Landeier steigern die Landwirte die Aufzucht von Junghühnern und erhöhen ihr Angebot.

A	B	C	D	E	F

Aufgabe 17

Im Rahmen der Produktpolitik werden Bankprodukte neu entwickelt, verändert und später wieder vom Markt genommen. Welche der folgenden Aussagen über Produktinnovationen in der Nordbank AG ist richtig?

A Eine erfolgreiche Produktinnovation sichert der Nordbank AG als innovativem Anbieter einen dauerhaften Wettbewerbsvorsprung vor seinen Konkurrenten.

B Die Nordbank AG muss in ihrer Produktpolitik berücksichtigen, dass im Bankbereich wegen des fehlenden rechtlichen Schutzes der innovativen Bankmarktleistungen die Nachahmungsgeschwindigkeit hoch ist.

C Bei der Produktinnovation spielt das vorgesehene Marktsegment der Nordbank AG, in dem das Produkt eingeführt werden soll, eine geringe Rolle.

D Die Nordbank AG hat beobachtet, dass freie Finanzdienstleister mit geringen Marktanteilen versuchen, ihre innovativen Produkte in Massenmärkten mit geringen Margen einzuführen.

E Produkte der Nordbank AG unterliegen nicht dem Produktlebenszyklus.

Aufgabe 18

Bei einem Produkt ergibt sich folgende Nachfragefunktion:

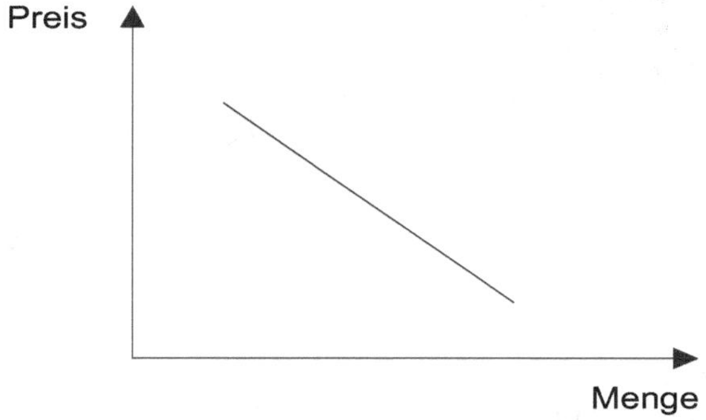

Stellen Sie in den folgenden Fällen jeweils fest, ob der geschilderte Sachverhalt zu einer Verschiebung der Nachfragekurve führt, oder ob sich eine Bewegung auf der Nachfragekurve ergibt. Die Fälle sind unabhängig voneinander zu betrachten.

1 Die Nachfragekurve verschiebt sich nach rechts.
2 Die Nachfragekurve verschiebt sich nach links.
3 Es kommt zu einer Bewegung auf der Nachfragekurve nach rechts.
4 Es kommt zu einer Bewegung auf der Nachfragekurve nach links.

<u>Fälle:</u>

A Durch Steuererhöhungen verringern sich die verfügbaren Einkommen der Haushalte.

B Steigende Rohstoffpreise erhöhen die Herstellungskosten für das Produkt.

C Durch eine erfolgreiche Werbeaktion können neue Käuferschichten gewonnen werden.

D Ein Konkurrenzprodukt (Substitutionsgut) kommt zu einem günstigeren Preis neu auf den Markt.

E Die Verbraucher erfahren, dass das Produkt gesundheitsschädliche Stoffe enthält.

F Durch den Wegfall von Zulassungsbeschränkungen treten neue Anbieter auf den Markt.

A	B	C	D	E	F

Situation zu den Aufgaben 19 bis 21

Die Nordbank AG möchte ihre Kundeneinlagen wieder ausleihen, ohne dass ihr Liquiditätsprobleme entstehen. Gehen Sie von der folgenden Situation aus:

- Ein Kunde der Nordbank AG zahlt auf sein laufendes Konto 4.500,00 EUR bar ein.
- Mindestreservesatz der EZB: 2,0 %
- Kassenreservesatz der Kreditinstitute: 8,0 %

Es ist davon auszugehen, dass genügend Kreditnachfrage besteht und die Kreditnehmer nur bargeldlos über die ihnen gewährten Kredite verfügen.

Aufgabe 19

Berechnen Sie die erste Überschussreserve bei der Nordbank AG.

☐☐☐☐ , ☐☐ EUR

Aufgabe 20

Berechnen Sie den Geldschöpfungsmultiplikator.

☐☐

Aufgabe 21

Berechnen Sie, welches Kreditvolumen aufgrund dieser Einzahlung in Höhe von 4.500,00 EUR im gesamten Kreditsektor maximal geschaffen werden kann.

☐☐☐☐☐ , ☐☐ EUR

Aufgabe 22

Durch welche der folgenden staatlichen Maßnahmen ist eine

1 angebotsorientierte Wirtschaftspolitik und eine
2 nachfrageorientierte Wirtschaftspolitik gekennzeichnet?
3 Die Maßnahme ist nicht zuzuordnen.

Ordnen Sie zu.

Staatliche Maßnahmen

A Die Bundesregierung senkt die Lohn- und Einkommensteuersätze.
B Die Bundesregierung verfügt einen vorübergehenden Einstellungsstopp für ihre Bundesbehörden.
C Die Bundesregierung fördert die Vergabe zinsgünstiger Darlehen zur Erleichterung von Existenzgründungen.
D Die Bundesregierung beschließt eine Rentenerhöhung um 2,3 %.
E Die Bundesregierung senkt die Höchstsätze für die degressive Abschreibung.
F Die Bundesregierung senkt den Beitragssatz zur gesetzlichen Rentenversicherung von 18,7 % auf 18,6%.

A	B	C	D	E	F

Aufgabe 23

Die folgenden Zahlen sind dem Monatsbericht Juli ... der Deutschen Bundesbank entnommen. Ermitteln Sie den Saldo der Leistungsbilanz.

Wichtige Posten der Zahlungsbilanz (Auszug, alle Angaben in Mrd. EUR)

Dienstleistungen – Saldo	- 3,4
Direktinvestitionen	+ 5,7
Sekundäreinkommen – Saldo	- 2,4
Währungsreserven - Saldo	- 0,9
Warenhandel – Saldo	+ 10,1
Übriger Kapitalverkehr – Saldo	- 14,9

☐ , ☐ Mrd. EUR

Aufgabe 24

Welche der unten stehenden Transaktionen ...

1 vergrößern einen positiven Saldo der Leistungsbilanz?
2 verringern einen positiven Saldo der Leistungsbilanz?
3 haben keine Auswirkung auf den Saldo der Leistungsbilanz?

Ordnen Sie zu.

Transaktionen

A Die Thyssen-Krupp AG, Duisburg, liefert Stahlbleche nach China.
B Familie Leonhard aus Elmshorn macht Urlaub auf Kuba.
C Die Spedition Wieland & Bauer OHG, Hamburg, lässt einen Seetransport von einer türkischen Reederei durchführen.
D Die Deutsche Bundesbank bewertet ihre Goldreserven neu.

A	B	C	D

Aufgabe 25

Übersicht „Verwendung des Inlandsprodukts" (in Mrd. EUR)

	1. Jahr	2. Jahr	3. Jahr	4. Jahr
in Preisen von 20..				
1. private Konsumausgaben	1.149	1.183	1.092	1.108
2. Konsumausgaben des Staates	378	385	375	379
3. Ausrüstungen	159	175	160	174
4. Bauten	245	241	249	243
5. Sonstige Anlagen	21	23	23	25
6. Vorratsveränderungen	4	12	- 4	3
Inländische Verwendung	1.956	2.019	1.895	1.932
Bruttoinlandsprodukt	1.974	2.025	1.911	1.968

Berechnen Sie die Wachstumsrate des nominalen Bruttoinlandsprodukts im 2. Jahr (auf zwei Stellen nach dem Komma runden).

☐ , ☐☐ %

Aufgabe 26

Die Mindestreserve-Basis der Nordbank AG, für die ein positiver Mindestreserve-Satz von 1 % gilt, beträgt am 31. Januar 20.. 185 Mio. EUR.

1. Erläuterungen Mindestreserve-Basis der reservepflichtigen Kreditinstitute

Verbindlichkeiten gegenüber anderen Mindestreserve-pflichtigen Kreditinstituten, der EZB und den teilnehmenden nationalen Zentralbanken sind von der Mindestreserve-Basis ausgenommen. Sollte ein Kreditinstitut den Betrag seiner Verbindlichkeiten in Form von Schuldverschreibungen mit einer Laufzeit von bis zu zwei Jahren und Geldmarktpapieren gegenüber den zuvor erwähnten Instituten nicht nachweisen können, kann es einen bestimmten Prozentsatz dieser Verbindlichkeiten von seiner Mindestreserve-Basis in Abzug bringen. Die Erfüllungsperiode für das Reservesoll am 31. Januar 20.. beginnt am 12. März 20.. und endet am 15. April 20...

2. Erläuterung Mindestreserve-Erfüllung

Das Mindestreserve-Soll eines jeden Kreditinstituts wird zunächst errechnet, indem auf die reservepflichtigen Verbindlichkeiten die Reservesätze der entsprechenden Verbindlichkeitenkategorien auf der Grundlage der Bilanzdaten zum Ende eines jeden Kalendermonats angewendet werden; anschließend zieht jedes Kreditinstitut von dieser Größe einen Freibetrag von 100.000,00 EUR ab. Das auf diese Weise berechnete Mindestreserve-Soll wird dann für das ganze Euro-Währungsgebiet aggregiert. Der Mindestreserve-Satz für die Basisreserve beträgt 1 %.

Welchen Zinsbetrag schreibt die Deutsche Bundesbank der Nordbank AG für die Erfüllungsperiode auf dem Bundesbankkonto gut (Mindestreservezinssatz 1 % p. a.; Berechnungsmethode act/360)?

☐☐☐☐ , ☐☐ EUR

Aufgabe 27

Der erhöhte Export von Waren aus den Euroländern nach den USA hat Auswirkungen auf den Wechselkurs des US-Dollar gegenüber dem Euro. Der Wechselkurs beträgt zur Zeit: 1 EUR / USD 1,0858. Welche der folgenden Aussagen ist zutreffend?

Der erhöhte Export von Waren aus den Euroländern nach den USA führt tendenziell zu einem ...

A Anstieg des Wechselkurses und einer Aufwertung des Euro gegenüber dem US-Dollar.

B Sinken des Wechselkurses und einer Aufwertung des Euro gegenüber dem US-Dollar.

C Sinken des Wechselkurses und einer Abwertung des Euro gegenüber dem US-Dollar.

D Anstieg des Wechselkurses und einer Abwertung des Euro gegenüber dem US-Dollar.

E Sinken des Euro-Außenwerts.

☐

INFOPOOL

W. Grundmann et al., *Abschlussprüfung Teil II*, Prüfungstraining für Bankkaufleute,
https://doi.org/10.1007/978-3-658-48144-5

Formelsammlung

Die Formelsammlung ist Bestandteil des Prüfungsaufgabensatzes und bei der Bearbeitung der Prüfungsaufgaben verbindlich zu verwenden.

1. Kontoabschluss, Verzinsung und Zinstageermittlung

1.1 Abschluss eines Kontokorrentkontos

- Der Abschluss eines Kontokorrentkontos von Privatkunden erfolgt zum Ablauf eines Kalenderquartals, von gewerblichen Kunden zum Ablauf eines Kalendermonats.

1.2 Verzinsungen

- Es werden auch Bruchteile von Euro (Cent) verzinst.

1.3 Sichteinlagen und Einlagen auf Tagesgeldkonten

- Die Verzinsung beginnt mit dem Tag der Einzahlung und endet mit dem der Rückzahlung vorhergehenden Kalendertag.
- Deutsche Methode der Zinsrechnung (30/360)

1.4 Termineinlagen

- Die Verzinsung beginnt mit dem Tag der Einzahlung und endet mit dem der Rückzahlung vorhergehenden Kalendertag.
- Privatkunden: Deutsche Methode der Zinsrechnung (30/360)
- Gewerbliche Kunden: Eurozinsmethode (act/360)

1.5 Spareinlagen mit 3-monatiger Kündigungsfrist

- Die Verzinsung beginnt mit dem Tag der Einzahlung und endet mit dem der Rückzahlung vorhergehenden Kalendertag.
- Deutsche Methode der Zinsrechnung (30/360)
- Progressive Zinsberechnung
- Die Berechnung der Kündigungsfrist beginnt mit dem auf den Tag der Kündigung folgenden Kalendertag.
- Verfügungen über Zinsen innerhalb von 2 Monaten nach Kapitalisierung erfolgen ohne Berechnung eines Vorfälligkeitsentgelts (Vorschusszinsen).
- Verfügungen bis zu einem Gesamtbetrag von 2.000,00 EUR innerhalb eines Kalendermonats erfolgen ohne Berechnung eines Vorfälligkeitsentgelts (Vorschusszinsen).
- Die Berechnung eines Vorfälligkeitsentgelts (Vorschusszinsen) erfolgt nach der 90-Tage-Methode.
- Wird über einen gekündigten Betrag nicht innerhalb eines Monats verfügt, unterliegt dieser Betrag wieder der vereinbarten Kündigungsfrist.

1.6 Sparbriefe

- Die Verzinsung beginnt mit dem Tag des Erwerbs und endet mit dem der Rückzahlung vorhergehenden Kalendertag.
- Deutsche Methode der Zinsrechnung (30/360)

1.7 Rentenwerte (Zinsmethode)

- Euro-Rentenwerte act/act
- Anleihen mit einer Gesamtlaufzeit unter 2 Jahren und Floater act/360

1.8 Effektivverzinsung (Rendite)

$$\text{Rendite} = \frac{\left[\text{Nominalzinssatz} + \frac{(100 - \text{Erwerbskurs})}{\text{Laufzeit}}\right] \times 100}{\text{Erwerbskurs}}$$

2. Kennziffern

Der **Bilanzgewinn** ist, sofern nichts anderes angegeben ist, als **kurzfristiges Fremdkapital** anzusehen.

$$\text{Eigenkapitalquote} = \frac{\text{Eigenkapital} \times 100}{\text{Bilanzsumme}}$$

$$\text{Anlagendeckungsgrad I} = \frac{\text{Eigenkapital} \times 100}{\text{Anlagevermögen}}$$

$$\text{Anlagendeckungsgrad II} = \frac{(\text{Eigenkapital} + \text{langfristiges Fremdkapital}) \times 100}{\text{Anlagevermögen}}$$

Cash-flow = Betriebsergebnis
+ Planmäßige Abschreibungen auf Sachanlagen
+ Zuführung zu den langfristigen Rücklagen

$$\text{Cash-flow-Rate} = \frac{\text{Cash-Flow} \times 100}{\text{Umsatzerlöse}}$$

$$\text{Eigenkapitalrentabilität} = \frac{\text{Betriebsergebnis} \times 100}{\text{Eigenkapital}}$$

$$\text{Umsatzrentabilität} = \frac{\text{Betriebsergebnis} \times 100}{\text{Umsatzerlöse}}$$

$$\text{Debitorenziel (Kundenziel)} = \frac{\text{Forderungen aus Lieferungen und Leistungen} \times 365}{\text{Umsatzerlöse}}$$

$$\text{Kreditorenziel (Lieferantenziel)} = \frac{\text{Verbindlichkeiten aus Lieferungen und Leistungen} \times 365}{\text{Materialaufwand bzw. Wareneinsatz}}$$

$$\text{KGV} = \frac{\text{Börsenkurs}}{\text{Erwarteter Gewinn pro Aktie}}$$

$$\text{Dividendenrendite} = \frac{\text{Veröffentlichte Dividende} \times 100}{\text{Kapitaleinsatz}}$$

3. Definition des Betriebsergebnisses für die Jahresabschlussanalyse

Umsatzerlöse (netto)
+/- Bestandsveränderungen
+ andere aktivierte Eigenleistungen
- Materialaufwand
-- Personalaufwand
-- planmäßige Abschreibungen auf Sachanlagen
-- sonstige betriebliche Aufwendungen
= **Betriebsergebnis**

4. Gesamtbetriebskalkulation auf Basis GuV zur Ermittlung des Teilbetriebsergebnisses und des Betriebsergebnisses

Prozentuale Auswertungen am Beispiel einer durchschnittlichen Bilanzsumme von 2.200 Mio. EUR:

	Mio. EUR		
Zinserträge	235,0		
+ lfd. Erträge aus Aktien und Beteiligungen	0,0		
+ Erträge aus Gewinngemeinschaften, Gewinnabführungs- oder Teilgewinnabführungsverträgen	0,0	Zinserträge	10,68 %
- Zinsaufwendungen	175,0	Zinsaufwendungen	7,95 %
= Zinsüberschuss (1)	**60,0**	**Bruttozinsspanne**	**2,73 %**
Provisionserträge	80,0		
- Provisionsaufwendungen	30,0		
= Provisionsüberschuss (2)	**50,0**	**Provisionsspanne**	**2,27 %**
Personalaufwand	45,0	Personalaufwandspanne	2,05 %
+ andere Verwaltungsaufwendungen	30,0		
+ Abschreibungen und Wertberichtigungen auf immaterielle Anlagewerte und Sachanlagen	16,0	Sachaufwandsspanne	2,09 %
= Verwaltungsaufwand (3)	**91,0**	**Bruttobedarfsspanne**	**4,14 %**
Teilbetriebsergebnis (1) + (2) – (3)	**19,0**		
Erträge des Handelsbestands	8,0		0,36 %
Aufwendungen des Handelsbestands	5,0		0,22 %
Nettoergebnis des Handelsbestands (4)	**3,0**	**Handelsspanne (Handelsergebnis)**	**0,14 %**
Sonstige betriebliche Erträge	20,0		
- Sonstige betriebliche Aufwendungen	5,0		
= Saldo der sonstigen betrieblichen Aufwendungen und Erträge (5)	**15,0**	**Sonstige Ertragsspanne**	**0,68 %**
Abschreibungen und Wertberichtigungen auf Forderungen und bestimmte Wertpapiere sowie Zuführungen zu Rückstellungen im Kreditgeschäft	21,0		0,95 %
- Erträge aus Zuschreibungen zu Forderungen und bestimmten Wertpapieren sowie aus der Auflösung von Rückstellungen im Kreditgeschäft	2,0		0,09 %
= Bewertungsergebnis (Risikovorsorge) (6)	**19,0**	**Bewertungsspanne (Risikospanne)**	**0,86 %**
Betriebsergebnis aus normaler Geschäftstätigkeit (1) bis (6)	**18,0**	**Nettogewinnspanne**	**0,82 %**

Bruttozinsspanne (1)	**2,73 %**
+ Provisionsspanne (2)	**2,27 %**
+ Handelsergebnis (4)	**0,14 %**
+ sonstige Ertragsspanne (5)	**0,68 %**
= Bruttoertragsspanne	**5,82 %**

Personalaufwandspanne	**2,05 %**
+ Sachaufwandsspanne	**2,09 %**
= Bruttobedarfsspanne (3)	**4,14 %**

Bruttoertragsspanne	**5,82 %**
- Bruttobedarfsspanne (3)	**- 4,14 %**
= Bruttogewinnspanne	**1,68 %**
- Bewertungsspanne (6)	**- 0,86 %**
= Netto(rein)gewinnspanne	**0,82 %**

5. Kalkulation

Der Kalkulation im Betriebsbereich liegt die Teilkostenrechnung (prozessorientierte Standardeinzelkostenrechnung) zu Grunde.
Jeder Prozentsatz wird als Prozentsatz p. a. angegeben.

5.1 Produktkalkulation im Aktivgeschäft

Ermittlung der **Preisuntergrenze** eines Produktes:

  Alternativzinssatz für Anlagen am GKM
+ Mindestkonditionenmarge, bestehend aus:
  direkt zurechenbare Betriebskosten in %
  Risikokosten in %
  Eigenkapitalkosten in %
= Preisuntergrenze Aktivprodukt in %

Ermittlung des **Deckungsbeitrags**:

  Zinserlöse
- Alternativzinsen für Anlage am GKM
= **Deckungsbeitrag I** (Zinsüberschuss, Zins-Konditionenbeitrag)
+ direkt zurechenbare Provisionserlöse
- direkt zurechenbare Betriebskosten
= **Deckungsbeitrag II** (Netto-Konditionenbeitrag)
- Risikokosten
- Eigenkapitalkosten
= **Deckungsbeitrag III** (Beitrag zum Betriebsergebnis)

Deckungsbeitrag III ohne Berücksichtigung der Overhead-Kosten.
Die Kosten für die Unterlegung mit Eigenkapital werden angegeben.

5.2 Produktkalkulation im Passivgeschäft

Ermittlung der **Preisobergrenze** eines Produktes:

  Alternativzinssatz für Beschaffung am GKM
- direkt zurechenbare Betriebskosten in %

= Preisobergrenze Passivprodukt in %

Ermittlung des **Deckungsbeitrags**:

  Alternativzinsen für Beschaffung am GKM
- Zinskosten

= **Deckungsbeitrag I** (Zins-Konditionenbeitrag)
+ direkt zurechenbare Provisionserlöse
- direkt zurechenbare Betriebskosten

= **Deckungsbeitrag II** (Netto-Konditionenbeitrag)
= **Deckungsbeitrag III** (Beitrag zum Betriebsergebnis)

Deckungsbeitrag II und III ohne Berücksichtigung der Overhead-Kosten

5.3 Kundenkalkulation

  Konditionenbeiträge der Aktivgeschäfte
+ Konditionenbeiträge der Passivgeschäfte

= **Deckungsbeitrag I** (Zins-Konditionenbeitrag)
+ direkt zurechenbare Provisionserlöse
- direkt zurechenbare Betriebskosten

= **Deckungsbeitrag II** (Netto-Konditionenbeitrag)
- direkt zurechenbare Risikokosten
- direkt zurechenbare Eigenkapitalkosten

= **Deckungsbeitrag III** (Deckungsbeitrag der Kunden)

Aktuelle Eurobeträge, Freigrenzen und Freibeträge

Meldung an die Erbschaftsteuerstelle im Todesfall	Kontoguthaben über 5.000,00 EUR
Pfändungsschutz auf dem P-Konto	1.499,99 EUR im Kalendermonat pro Person ab 01.07.2024
Identifizierungspflicht des Kunden nach dem GwG	bei der Annahme oder Abgabe von Bargeld, Wertpapieren oder Edelmetallen im Wert von 15.000,00 EUR oder mehr
Verfügung über Spareinlagen ohne vorherige Kündigungsfrist nach der Rechnungslegungsverordnung	2.000,00 EUR
Haftungshöchstgrenze bei Bank- und Kreditkarten für Kunden vor Verlustmitteilung	50,00 EUR
EU-Einlagensicherung	100.000,00 EUR pro Anleger
Einlagensicherung des Bundesverbandes deutscher Banken	8,75 % des haftenden Eigenkapitals pro Gläubiger
Sparen nach dem Vermögensbildungsgesetz	
Vermögenswirksames Sparen	
Sparhöchstbetrag	470,00 EUR jährlich pro Arbeitnehmer
Arbeitnehmersparzulage für Arbeitnehmer in % pro Jahr	9 % höchstens 43,00 EUR
Einkommensgrenzen	40.000,00 EUR / 80.000,00 EUR jährlich für Ledige / Verheiratete
Mindestsparleistung	13,00 EUR monatlich regelmäßig bzw. 39,00 EUR im Kalenderjahr
Sperrfrist	7 Jahre ab Vertragsschluss
Beteiligungssparen	
Arbeitnehmersparzulage für Beteiligungssparen pro Jahr	20 %
Sparhöchstbetrag für Beteiligungssparen u. ä.	400,00 EUR jährlich je Arbeitnehmer
Einkommensgrenzen	40.000,00 EUR / 80.000,00 EUR jährlich für Ledige / Verheiratete
Sperrfrist	Ansparzeit 6 Jahre, 7 Jahre ab 01.01. des Jahres der ersten Einzahlung
Mindestsparleistung	13,00 EUR monatlich bzw. 39,00 EUR im Kalenderjahr

Sparen nach dem Wohnungsbauprämiengesetz	
Jährlicher Sparhöchstbetrag	700,00 EUR p. P.
Wohnungsbauprämie	10 % jährlich
Einkommensgrenzen	35.000,00 EUR / 70.000,00 EUR jährlich für Ledige / Verheiratete
Sperrfristen	Bei Bausparverträgen: 7 Jahre beginnend mit dem Tag des Vertragsabschlusses Bei Wertpapiersparverträgen: 7 Jahre beginnend mit dem 01.01. des Jahres der ersten Einzahlung
Mindestsparleistung	50,00 EUR je Person
Zulagen nach dem Altersvorsorgegesetz (Riesterrente)	
Gesamtbeitrag pro Jahr in % des sozialversicherungspflichtigen Vorjahreseinkommens	4 %, maximal 2.100,00 EUR
Jährliche Grundzulage	Maximal 175,00 EUR
Maximale jährliche Kinderzulage je Kind	185,00 EUR Kinder, die nach dem 01.01.2008 geboren sind, erhalten eine Kinderzulage von 300,00 EUR.
Zulage für Berufseinsteiger unter 25 Jahre	Einmalige zusätzliche Grundzulage von 200,00 EUR
Sockelbetrag	60,00 EUR pro Jahr
Freibeträge bei Einkünften aus Kapitalerträgen nach dem EStG	
Sparer-Pauschbetrag für Ledige/Verheiratete pro Jahr	1.000,00 EUR / 2.000,00 EUR
Werbungskostenpauschbetrag	1.230,00 EUR jährlich pro Arbeitnehmer
Sonderausgaben-Pauschbetrag **Ausbildungsfreibetrag (auswärtige Unterbringung)**	36,00 EUR / 72,00 EUR Ledige/Verheiratete 1.200,00 EUR
Eingangssteuersatz **Spitzensteuersatz**	14 % 45 %
Abgeltungsteuer **Körperschaftsteuer**	25 % 15 %
Grundfreibetrag	2025: 12.096,00/24.192 EUR Ledige/Verheiratete

<table>
<tr><th colspan="4">Internationaler Zahlungsverkehr</th></tr>
<tr><td>EU-Überweisung</td><td colspan="3">Gemäß der EU-Preisverordnung darf ein Kreditinstitut für grenzüberschreitende Überweisungen in EUR bis zu einem Betrag von 50.000 EUR, die mit S.W.I.F.T.-BIC und IBAN und Kontonummer versehen sind, keine höheren Entgelte erheben, als für entsprechende Inlandsüberweisungen.</td></tr>
<tr><td>Meldepflichten im Außenwirtschaftsverkehr: Geleistete und empfangene Zahlungen aus Transithandel, sonstigem Warenverkehr, Dienstleistungen, Übertragungen, Kapitalverkehr</td><td colspan="3">ab 12.500,00 EUR</td></tr>
<tr><th colspan="4">Beitragsbemessungsgrenzen der Sozialversicherungen für 2025 pro Monat und Jahr</th></tr>
<tr><td>Ges. Krankenversicherung und Ges. Pflegeversicherung</td><td colspan="3">5.512,50 EUR/66.150,00 EUR</td></tr>
<tr><td>Rentenversicherung und Arbeitslosenversicherung</td><td colspan="3">8.050,00 EUR/96.600,00 EUR</td></tr>
<tr><td>Versicherungspflichtgrenze in der gesetzlichen Krankenkasse und Pflegeversicherung</td><td colspan="3">6.150,00 EUR/73.800,00 EUR</td></tr>
<tr><th colspan="4">Beitragssätze der Sozialversicherungen für 2025</th></tr>
<tr><td>Krankenversicherung</td><td colspan="3">14,6 % + Zuschlag je nach Krankenkasse</td></tr>
<tr><td rowspan="3">Ges. Pflegeversicherung</td><td colspan="3">Der AG-Anteil beträgt immer 1,8 %</td></tr>
<tr><td></td><td>AN-Anteil</td><td>insgesamt</td></tr>
<tr><td>AN bis 23 Jahre kinderlos,
AN ab 23 Jahre kinderlos
AN mit 1 Kind (Alter egal)
AN mit 2 Kinder unter 25 Jahren
AN mit 3 Kinder unter 25 Jahren
AN mit 4 Kinder unter 25 Jahren
AN mit 5 und mehr Kindern unter 25 Jahren
AG = Arbeitgeber,
AN = Arbeitnehmer</td><td>1,80 %
2,40 %
1,80 %
1,55 %
1,30 %
1,05 %
0,80 %</td><td>3,60 %
4,20 %
3,60 %
3,35 %
3,10 %
2,85 %
2,60 %</td></tr>
<tr><td>Rentenversicherung</td><td colspan="3">18,6 %</td></tr>
<tr><td>Arbeitslosenversicherung</td><td colspan="3">2,6 %</td></tr>
<tr><th colspan="4">Weitere wichtige Beträge</th></tr>
<tr><td colspan="2">Mindestgrundkapital bei der Rechtsform der AG</td><td colspan="2">50.000,00 EUR</td></tr>
<tr><td colspan="2">Mindeststammkapital bei der Rechtsform der GmbH</td><td colspan="2">25.000,00 EUR</td></tr>
</table>

LÖSUNGEN

W. Grundmann et al., *Abschlussprüfung Teil II*, Prüfungstraining für Bankkaufleute,
https://doi.org/10.1007/978-3-658-48144-5

Prüfungssatz I

1 Vermögen aufbauen und Risiken absichern

1. Fall: Geldanlage, Kapitalerhöhung (42,5 Punkte)

Aufgabe 1.1 (2,5 Punkte)

A und **B**

Die HV kann eine Erhöhung des Grundkapitals durch Umwandlung von Kapital- und Gewinnrücklagen in Grundkapital beschließen.

Mit der Eintragung des Beschlusses über die Erhöhung des Grundkapitals in das Handelsregister ist das Grundkapital erhöht.

Die neuen Aktien (Berichtigungsaktien) gelten als voll eingezahlt.

Die Berichtigungsaktien stehen den Aktionären im Verhältnis ihrer Anteile an dem bisherigen Grundkapital zu.

Der Vermögenssituation der Aktionäre ändert sich bei der Ausgabe von Berichtigungsaktien nicht.

Das vorhandene Eigenkapital wird auf eine größere Anzahl von Aktien verteilt. Mit dem Stichtag für die Ausgabe der Berichtigungsaktien werden die alten Aktien „ex Berichtigungsaktien" (ex BA) gehandelt.

Aufgabe 1.2 (2 Punkte)

Die Ausgabe neuer Aktien zu einem Emissionspreis unter dem aktuellen Aktienkurs führt zu einem sinkenden Aktienkurs. Dieser Verwässerungseffekt tritt ein, weil sich der Unternehmenswert (Marktwert der alten Aktien plus Emissionserlös) auf eine größere Anzahl von Aktien verteilt.

Das Bezugsrecht schützt den Altaktionär vor dem daraus entstehenden Vermögensverlust:

- Wenn der Aktionär seine Bezugsrechte ausübt, gewinnen seine neuen Aktien genauso viel an Wert wie seine alten Aktien an Wert verlieren.
- Wenn der Aktionär seine Bezugsrechte verkauft, ist der Verkaufserlös genauso wie der Kursverlust seiner alten Aktien.

Die Ausgabe neuer Aktien ist also vermögensneutral.

Aufgabe 1.3 (je Auswirkung 1 Punkt, max. 3 Punkte)

- Ihr Stimmrechtsanteil geht zurück, da sie nach der Kapitalerhöhung relativ weniger Aktien besitzt als vorher.
- Depotwert der Pharma AG-Aktie sinkt, da der Kurs der Aktie infolge der Kapitalerhöhung sinkt.
- Jährlicher Dividendenertrag wird kleiner, sofern die Pharma AG zukünftig einen unveränderten Bilanzgewinn ausschüttet.
- Erzielung eines Ertrags aus dem Verkauf der ihr zustehenden Bezugsrechte.

Aufgabe 1.4 (4 Punkte)

47 neue Aktien

Rechenweg: 40 Mio. EUR Nennwert entsprechen 40 Millionen Aktien

40 Mio. Aktien – 10 Mio. Aktien = 30 Mio. Aktien vor der Kapitalerhöhung,

30 Mio. Aktien : 10 Mio. Aktien = 3 : 1 Bezugsverhältnis

3 alte Aktien – 1 neue Aktie

142 alte Aktien – x neue Aktien

X = 142 x 1 : 3 = 47,3 = 47 neue Aktien

Aufgabe 1.5 (je Handlungsalternative 2,5 Punkte, max. 5 Punkte)

Handlungsalternative 1:

Verkauf des einen Bezugsrechts und Bezug von 47 neuen Aktien, neuer Depotbestand 189 Aktien

Handlungsalternative 2:

Kauf von zwei weiteren Bezugsrechten und Bezug von 48 neuen Aktien, neuer Depotbestand 190 Aktien

1 neue Aktie – 3 Bezugsrechte

47 neue Aktien – x Bezugsrechte

X = 141 Bezugsrechte

142 Bezugsrechte – 141 Bezugsrechte = 1 nicht benötigte Bezugsrecht

Aufgabe 1.6 (4 Punkte)

Dividendennachteil: 0,60 EUR x 1/3 = 0,20 EUR

(24,95 – 15,75 – 0,20) : (3:1 + 1) = 2,25 EUR

Aufgabe 1.7 (4 Punkte)

Nr. 1 Abrechnung:

1 BR a 2,25 EUR = 2,25 EUR (Verkaufserlös)

Nr. 2 Abrechnung:

47 neue Aktien a 15,75 EUR = 740,25 EUR (Gesamter Bezugspreis)

Aufgabe 1.8 (2,5 Punkte)

E

Preislich unlimitierte Aufträge zum Kauf oder Verkauf von Bezugsrechten sind für die Dauer des Bezugsrechtshandels gültig. Wenn ein Börsenkurs für das Bezugsrecht am 1. Handelstag festgestellt wird, wird das Bezugsrecht bzw. Bezugsrechte zu diesem Kurs ge- oder verkauft.

Preislich limitierte Aufträge erlöschen mit Ablauf des vorletzten Tages des Bezugsrechtshandels, wenn das Kurslimit nicht erreicht wurde.

Wenn der Kunde bis zum Ablauf des vorletzten Tages des Bezugsrechtshandels keine andere Weisung erteilt hat, verkauft die Nordbank AG ihre Bezugsrechte am letzten Tag des Bezugsrechtshandels bestens (ohne Preislimit) an der Börse.

Der limitierte Verkaufsauftrag erlischt mit Ablauf des vorletzten Bezugsrechtshandelstags.

Die Bezugsrechte werden am letzten Tag des Bezugsrechtshandels bestens verkauft, wenn weder ein limitierter noch ein unlimitierter Verkaufsauftrag vorliegt.

Aufgabe 1.9 (Erklärung und je Aspekt 1 Punkt, max. 4 Punkte)

In diesem Jahr hat die United Internet AG bekannt gegeben, ein Aktienrückkaufprogramm in einem Volumen von bis zu EUR 160 Mio. aufzulegen. Das Programm hat im August 2025 begonnen und soll längstens bis zum 30. April 2026 laufen.

- Wie viele Aktien kann ein Unternehmen zurückkaufen?

Durch das „Gesetz zur Kontrolle und Transparenz im Unternehmensbereich“ können Unternehmen bis zu 10 Prozent ihrer eigenen Aktien über die Börse zurückkaufen. Die Aktionäre der Aktiengesellschaft müssen dem Rückkauf auf einer Hauptversammlung zustimmen.

- Hat ein Aktienrückkaufprogramm Vorteile?

Der Kapitalmarkt bewertet einen Aktienrückkauf in der Regel positiv: Der Kurs der Aktie kann also kurzfristig steigen. Auch beim öffentlichen Rückkaufangebot gibt es meist einen Aufschlag auf den Börsenkurs für die Aktionäre. Vorteilhafter wäre allerdings, wenn der Kurs der AG aufgrund wirtschaftlicher Erfolge steigen würde.

- Warum kaufen Aktiengesellschaften Aktien zurück?

Es verbessert sich die Eigenkapitalrendite: Indem Unternehmen Aktien aufkaufen, können sie das Grund- und Eigenkapital reduzieren. Dadurch steigt der Gewinn pro Aktie. Zugleich steigt die Gesamtkapitalrendite.

Schutz vor Übernahmen: Durch den Aktienrückkauf verringern Unternehmen die verfügbaren Anteile.

Ausgabe von Belegschaftsaktien: Mit dem Rückkaufsprogramm erwirbt die AG eigene Aktien, die dann an Belegschaftsmitglieder z. B. Aufgrund einer betrieblichen Vereinbarung an die Mitarbeiter zu günstigen Konditionen vergeben werden können.

Aufgabe 1.10 (2,5 Punkte)

A

Aufgabe 1.11 (2,5 Punkte)

B

Der DAX-Index enthält 40 Aktienwerte, die aufgrund der Kriterien Marktkapitalisierung, Streubesitz und mindestens zweimaliger hintereinander nachfolgender Jahresbilanzgewinn im Index enthalten sind. So ist z. B. die Commerzbank AG aufgrund ihrer Marktkapitalisierung und ihres zweiten Bilanzgewinns 2021 und 2022 im März 2023 wieder in den DAX 40 aufgenommen worden.

Der Deutsche Aktienindex (DAX) ist ein international anerkannter Leitindex. Bei dem Aktienindex handelt es sich um einen Performanceindex. Die Berechnung des DAX beinhaltet folgende Faktoren:

- Kursentwicklung der 40 größten deutschen Aktiengesellschaften
- Unterjährig ausgezahlte Dividenden
- Erlöse aus dem Verkauf von Bezugsrechten für junge Aktien
- Bei der Ermittlung des Performanceindex unterstellt man, dass von den Dividendenzahlungen und Bezugsrechtserlösen umgehend weitere im DAX enthaltene Aktien gekauft werden. Auch bei den anderen deutschen Indizes MDAX, SDAX und TecDAX handelt es sich um Performanceindizes.

Im Gegensatz dazu gibt es zum Performanceindex den Kursindex (Preisindex), der lediglich die Kursentwicklung der im Index enthaltenen Papiere (wie Rentenpapiere oder Aktien) zugrunde legt.

Aufgabe 1.12 (je Aspekt 2 Punkte, max. 4 Punkte)

- Die Kapitalerhöhung führt dazu, dass der Aktienkurs der Nordbank AG am 1. Tag des Bezugsrechtshandels um den Wert des Bezugsrechts sinkt.

- Wird auf der Hauptversammlung der Nordbank AG ein genehmigtes Kapital beschlossen, kann der Vorstand der AG die Kapitalerhöhung in einem Zeitraum von maximal fünf Jahren und bis zu maximal 50 % des bisherigen Grundkapitals erhöhen.
- Der Beschluss bedarf einer Zustimmung der HV von 75% der Stimmberechtigten.
- Das genehmigte Kapital gestattet es dem Vorstand, den Zeitpunkt der Kapitalerhöhung frei zu wählen und damit eine für die Emission günstige Kapitalmarktsituation abzuwarten.

Aufgabe 1.13 (2,5 Punkte)

D

Fall 2: Aktienanleihe (33,5 Punkte)

Aufgabe 2.1 (2,5 Punkte)

C und **F**

Aufgabe 2.2 (4 Weisungen, je 0,5 Punkte, max. 2 Punkte)

Bestimmung der Gültigkeitsdauer eines Auftrags

Bestimmung des Börsenplatzes der Ausführung

Bestimmung, ob der Auftrag preislich limitiert oder unlimitiert wird

Börslichen oder außerbörsliche Ausführung des Auftrags

Bestimmung der Handelsart (elektronischer Handel, Präsenzhandel)

Aufgabe 2.3 (2,5 Punkte)

A

Kapitalerträge, unabhängig von ihrer Art, werden mit 25 % Kapitalertragssteuer, 5,5 % Solidaritätszuschlag von der Abgeltungssteuer und ggf. Kirchensteuer besteuert.

Aufgabe 2.4 (2,5 Punkte)

B und **F**

Aufgabe 2.5 (3 Aspekte, je Aspekt 1 Punkt max. 3 Punkte)

- Die Schuldverschreibung im Depot wird zum Nennwert zurückgezahlt.
- Die Aktienanleihe wird zum Nennwert zurückgezahlt, wenn der Kurs der KWS Saat AG-Aktie am Feststellungstag den Basispreis nicht unterschreitet.
- Unterschreitet der Kurs der KWS Saat AG-Aktie am Feststellungstag den Basispreis, wird die Aktienanleihe je 1.000,00 EUR Nennwert durch Lieferung von 32 Stück KWS Saat AG-Aktien- zurückgezahlt.

Aufgabe 2.6 (2 Punkte)

Der höhere Zinssatz der Aktienanleihe stellt einen Risikoaufschlag für den Fall dar, dass die Aktienanleihe nicht zum Nennwert zurückgezahlt wird, sondern in Aktien, deren Gegenwert unter dem Nennwert der Aktienanleihe liegt.

Aufgabe 2.7 (2 Gründe, je 2 Punkte, max. 4 Punkte)

- Steigt das Zinsniveau am Kapitalmarkt, wird diese Aktienanleihe für Kapitalanleger unattraktiv.
- Sinkt der Kurs der KWS Saat AG-Aktie, erhöht sich das Risiko der Rückzahlung in Aktien.

- Sinkt die Bonität der Landwirtschaftsbank AG, erhöht sich das Risiko des Totalverlusts.

Aufgabe 2.8 (je Aspekt 2 Punkte max. 4 Punkte)

- Zum nächsten Zinstermin erhält Herr Metzner die Zinsen für ein Jahr.
- Da er die Aktienanleihe aber nicht das gesamte Jahr besessen hat, werden ihm beim Kauf für die Zeit, in der er die Aktienanleihe nicht besessen hat, Stückzinsen belastet.

Aufgabe 2.9 (5 Punkte)

Kurswert: 5.000,00 EUR x 99,85 %	4.992,50 EUR
+ Stückzinsen (28.04. bis 05.05.): 5.000,00 EUR x 8 Tage x 5,65 % : 365 : 100	6,19 EUR
	4.998,69 EUR
+ Bankprovision: 1 % von 5.000,00 EUR	50,00 EUR
+ Börsenentgelt: 0,5 % von 5.000,00 EUR	2,50 EUR
= Belastung	**5.051,19 EUR**

Aufgabe 2.10 (3 Punkte)

Ertrag: Zinsen 5,65 % von 5.000,00 EUR x 2 Jahre	565,00 EUR
- gezahlte Stückzinsen	6,19 EUR
= Nettozinsertrag	= 558,81 EUR
+ Kursgewinn 100,00 % - 99,85 % = 0,15 %	
0,15% von 5,000,00 EUR	+7,50 EUR
	= **566,31 EUR**

Aufgabe 2.11 (3 Punkte)

Verlust: Kurswert des Kaufs	4.992,50 EUR
- 32 Aktien x 24,00 EUR x 5.000,00 EUR : 1.000,00 EUR	-3.840,00 EUR
- Nettozinsertrag	-558,81 EUR
	= **593,69 EUR**

Fall 3: Rentenfonds (24 Punkte)

Aufgabe 3.1 (2,5 Punkte)

E

Aufgabe 3.2 (Je Risiko 1 Punkt, max. 2 Punkte)

Je Risiko 2 Punkte, max. 4 Punkte)

- Beim Fonds II Hat Frau Wallmann das Wechselkursrisiko
- Beim Fonds I hat Frau Wallmann das Risiko, dass die Ausschüttungen geringer ausfallen als erwartet.

Aufgabe 3.3 (2 Punkte)

Bonitätsrisiko: Die Bonität des Emittenten verschlechtert sich und damit steigt das Risiko für Frau Wallmann, Zinsauszahlungen und /oder die Rückzahlung nicht mehr zeitgerecht zu erhalten.

Aufgabe 3.4 (2 Punkte)

Kursrisiko: Der Kurs einer Anleihe sinkt tendenziell, wenn das Kapitalmarktzinsniveau steigt.

Aufgabe 3.5 (je Aspekt 1 Punkt, max. 2 Punkte)

- Das Bonitätsrisiko wird durch Diversifizierung verringert, da Anleihen vieler verschiedener Emittenten in Fondsvermögen enthalten sind und der Ausfall eines Emittenten dementsprechend nur relativ geringe Auswirkungen hätte.
- Das Kursrisiko wird durch die Diversifizierung verringert, da Anleihen mit verschiedenen Laufzeiten und mit unterschiedlichen Nominalzinssätzen in Fondsvermögen enthalten sind.

Aufgabe 3.6 (je Recht 0,5 Punkte, max. 2,5 Punkte)

- Miteigentum nach Bruchteilen am Sondervermögen
- Anspruch auf Beteiligung am Fondsertrag
- Anspruch auf Rückgabe der Anteile an die Kapitalanlagegesellschaft
- Anspruch auf ordnungsgemäße Verwaltung des Fondsvermögens
- Regelmäßige Erstellung eines Jahresberichts

Aufgabe 3.7 (2 Punkte)

Bei einer Haltedauer über vier Jahre ist die Variante mit Ausgabeaufschlag günstiger.
Rechenweg:
1,50 % - 0,75 % = 0,75 %
3,00 % : 0,75 % = 4 Jahre

Aufgabe 3.8 (2,5 Punkte)

D

Als Dachfonds (englisch fund of funds) werden Investmentfonds bezeichnet, die das Geld der Anleger wiederum in Anteilen von Investmentfonds anlegen. Die Fonds, in die der Dachfonds investiert, bezeichnet man dabei als Zielfonds. Investmentfonds, die sowohl in einzelne Wertpapiere wie Aktien oder Rentenpapiere als auch in Investmentfonds investieren, werden zuweilen in Unterschied zum Dachfonds auch Superfonds genannt. Daneben gibt es auch spezialisierte Dachfonds, die sich auf eine bestimmte Asset-Klasse oder ein bestimmtes Thema konzentrieren. Dazu gehören u. a. Dachhedgefonds. Diese investieren in einzelne Hedgefonds.

Dachfonds konkurrieren mit klassischen Fonds-Vermögensverwaltungsstrategien. Beide Fonds-Vermögensverwaltungsvarianten dienen Anlegern als professionelle Alternative zum selbstverwalteten Fondsdepot.

Aufgabe 3.9 (2 Punkte)

- Der Renten-Indexfonds bildet durch die Auswahl der Papiere den zugrunde liegenden Index genau ab.
- Die aktiv gemanagten Rentenfonds wählen aus dem Gesamtangebot der zu den Anlagebedingungen passenden Anlageobjekte die aussichtsreichsten aus.

Aufgabe 3.10 (je Aspekt 1 Punkt, max. 2 Punkte)

- Vorteil: Renten-Indexfonds sind kostengünstiger beim Erwerb.
- Nachteil: Renten-Indexfonds können keine bessere Performance erreichen als der zugrunde liegende Index.

Aufgabe 3.11 (2,5 Punkte)

C und **F**

2 Finanzierungsvorhaben begleiten

Fall 1: Avalkredit, Kontokorrentkredit (55 Punkte)

Aufgabe 1.1 (3 Punkte)

A und **B**

Aufgabe 1.2 (2,5 Punkte)

C

Bei einem Gewährleistungsaval verpflichtet sich die Nordbank AG im Auftrag der Windkraft GmbH gegenüber dem Kunden der Windkraft GmbH, für die Erfüllung der vertraglichen Pflichten der Windkraft GmbH bis zur Höhe des vereinbarten Gewährleistungsbetrages einzustehen. Die Bank gibt die Verpflichtungserklärung aufgrund eines mit der Windkraft GmbH geschlossenen Avalkreditvertrag ab. Die Windkraft GmbH zahlt nur die Avalprovision, die quartalsmäßíg abgerechnet wird. Die Nordbank AG zahlt auf erstes Anfordern des Kunden der Windkraft GmbH, ohne die Rechtmäßigkeit des Anspruchs zu prüfen.

Aufgabe 1.3 (4 Punkte)

- Gewährung eines Kredits durch Übernahme einer Bürgschaft oder Garantie
- Die *Windenergie GmbH* erhält keine liquiden Mittel, sondern die Kreditwürdigkeit der Nordbank AG wird zur Verfügung gestellt.

Aufgabe 1.4 (2 Punkte)

Die *Windenergie GmbH* erhält den gesamten Rechnungsbetrag ohne Abzug eines 5%igen Einbehalts von ihrem Kunden.

Aufgabe 1.5 (je Aspekt 1 Punkt, max. 5 Punkte)

- Prüfung der Bonität der *Windenergie GmbH*
- Ermittlung des Avalbetrags
- Abschluss des Avalkreditvertrags zwischen der *Windenergie GmbH* und der Nordbank AG
- Ausstellung der Avalurkunde und Übergabe an die *Windenergie GmbH* bzw. an deren Kunden.
- Zahlung der Avalprovision und des Entgelts für die Avalurkunde

Aufgabe 1.6 (2,5 Punkte)

A und **C**

Die Aussagen B, D, E und F sind aus der Sicht der Nordbank AG keine finanzierungsbedingte Risiken sondern allgemeine Marktrisiken.

Aufgabe 1.7 (je Aspekt 1 Punkt, max. 5 Punkte)

- Bonität des Kreditnehmers
- Laufzeit des Avals
- Zweck des Avals
- Höhe des Avals
- Zinsniveau

Aufgabe 1.8 (4 Punkte)

5% von 400.000,00 EUR	20.000,00 EUR
20.000 x 3% p. a.	600,00 EUR

600,00 EUR x 2 Jahre	1.200,00 EUR
1.200,00 EUR + 50,00 EUR	**1.250,00 EUR**

Aufgabe 1.9 (4 Punkte)

20.000 EUR x 8,5% p. a.	1.700,00 EUR
1.700,00 EUR x 2 Jahre	3.400,00 EUR
3.400,00 EUR – 1.250,00 EUR	**2.150,00 EUR**

Aufgabe 1.10 (2 Punkte)

Vorlage der Avalurkunde

Aufgabe 1.11 (je Aspekt 1 Punkt, max. 3 Punkte)

- Belastung der *Windenergie GmbH* mit dem Avalkreditbetrag
- Ausbuchung des Avals
- Anteilige Rückrechnung der Avalprovision

Aufgabe 1.12 (0,5 Punkte je richtige Zuordnung, max. 4,5 Punkte)

A	B	C	D	E	F	G	H	I
2	**1**	**2**	**2**	**1**	**2**	**2**	**2**	**1**

Aufgabe 1.13 (2,5 Punkte)

C und **D**

Maßnahmen der Risikoüberwachung bei Firmenkrediten:

- Prüfung der Kreditwürdigkeit in regelmäßigen Zeitabständen
- Überwachung der gestellten Sicherheiten
- Kontrolle der Einhaltung der Vertragsbedingungen
- Überwachung der Umsatzentwicklung auf den Konten
- Beobachtung der Branchenentwicklung einschließlich der Situation von Lieferanten und Abnehmern des Firmenkunden

Aufgabe 1.14 (je Merkmal 1 Punkt, max. 2 Punkte)

- jederzeitige Inanspruchnahme
- jederzeitige Rückzahlungsmöglichkeit
- Zinsen nur bei Inanspruchnahme
- Nutzung von Skontoabzug bei Lieferantenrechnungen
- unbürokratische Inanspruchnahme
- jederzeitige Kündigungsmöglichkeit
- höherer Zinssatz im Vergleich zum Ratenkredit

Aufgabe 1.15 (3 Punkte)

Ersparnis: **1.825,97 EUR**

Rechenweg:

3% Skonto von 80.000,00 EUR = 2.400,00 EUR

Kreditbetrag: 77.600,00 EUR

Kreditzeitraum: 60 Tage - 15 Tage = 45 Tage

6% Zinsen für 45 Tage, Kreditbetrag 77.600,00 EUR = 574,03 EUR

Ersparnis: 2.400,00 EUR - 574.03 EUR = 1.825,97 EUR

Aufgabe 1.16 (2 Punkte)

Cash-Flow: **158**

Rechenweg:

Betriebsergebnis	117
+ ordentliche Abschreibungen	36
+ Zuführungen zu den langfristigen Rückstellungen	5
Cash-Flow	158

Aufgabe 1.17 (2 Aspekte, je 2 Punkte, max. 4 Punkte)

- Der Cash-Flow gibt Auskunft darüber, ob ein Unternehmen aus eigener Kraft Investitionen tätigen kann. (=Maßstab für Innenfinanzierungskraft)
- Der Cash-Flow gibt Auskunft darüber, in welcher Höhe liquide Mittel zur Bedienung von Verbindlichkeiten erwirtschaftet wurden.

Fall 2: Baufinanzierung (45 Punkte)

Aufgabe 2.1 (2 Punkte)

Gesamtbetrag für die Sanierungsmaßnahme **54.000,00 EUR**

Rechenweg :

15.000,00 EUR + 35.000,00 EUR + 17.000,00 EUR = 67.000,00 EUR

67.000,00 EUR - 13.000,00 EUR = 54.000,00 EUR

Aufgabe 2.2 (4 Punkte)

60.000,00 EUR

Rechenweg :

240.000,00 EUR x 60 % = 144.000,00 EUR

144.000,00 EUR - 84.000,00 EUR = 60.000,00 EUR

Aufgabe 2.3 (4 Punkte)

300,00 EUR

Rechenweg:

3,0 % + 3,2 % = 6,2 %

58.000,00 EUR x 6,2 % = 3.596,00 EUR

3.596,00 EUR : 12 Monate = 299,67 EUR / Monat

also 300,00 EUR

Aufgabe 2.4 (2 Punkte)

50,00 EUR

Rechenweg:

700,00 EUR + 300,00 EUR = 1.000,00 EUR

1.000,00 EUR - 950,00 EUR = 50,00 EUR

Aufgabe 2.5 (4 Punkte)

D und **E**

- Abtretung des freien Grundschuldanteils von 36.000,00 EUR (120.000,00 EUR - 84.000,00 EUR) von der Unionbank AG an die Nordbank AG und Eintragung der Abtretung im Grundbuch.
- Eintragung einer weiteren Grundschuld über 22.000,00 EUR für die Nordbank AG im Grundbuch
- Verringerung 1. Grundschuld auf 84.000, 2. Grundschuld über 58.000 (0P)

Aufgabe 2.6 (4 Punkte)

A und **D**
- Die Kündigung kann erst nach Ablauf von 10 Jahren erfolgen.
- Die 10-Jahres-Frist beginnt nach vollständiger Auszahlung des Darlehensbetrags.
- Die Kündigungsfrist beträgt 6 Monate.

Aufgabe 2.7 (2,5 Punkte)

B

Aufgabe 2.8 (je Aspekt 3 Punkte, max. 6 Punkte)

(Dingliche) Zwangsvollstreckungsklausel, durch die Herr Schneider sich der sofortigen Zwangsvollstreckung in das Grundstück unterwirft

(Persönliche) Zwangsvollstreckungsklausel, durch die Herr Schneider sich der sofortigen Zwangsvollstreckung in sein gesamtes Vermögen unterwirft

Aufgabe 2.9 (2,5 Punkte)

D

Aufgabe 2.10 (je Grund 1 Punkte, max. 2 Punkte)

- Herr Schneider kann sich mit einem jetzt abgeschlossenen Bausparvertrag einen aktuell geltenden Darlehenszinssatz für die Zukunft sichern. (Die Eheleute erwarten steigende Zinsen in der Zukunft)
- Der Abschluss eines Bausparvertrags ermöglicht das Ansparen für weitere Reparatur- oder Sanierungsmaßnahmen in der Zukunft. (=Modernisierung)

Aufgabe 2.11 (3 Punkte)

87,0 Mio. EUR

  Zinserträge aus den Bankgeschäften
\+ Laufende Erträge aus Aktien
\- Zinsaufwendungen
\+ Provisionserträge
\- Provisionsaufwendungen
\- Personalaufwand
\- Abschreibungen und Wertberichtigungen auf Sachanlagen

Aufgabe 2.12 (2 Punkte)

0,3 % Abschreibungen und Wertberichtigungen auf Forderungen sowie Zuführungen zu Rückstellungen im Kreditgeschäft 15,0 Mio. EUR * 100 / 5000

Aufgabe 2.13 (3 Punkte)

5,42 % [(Zinserträge aus den Bankgeschäften + Laufende Erträge aus Aktien - Zinsaufwendungen) + (Provisionserträge - Provisionsaufwendungen) + Nettoerträge aus Finanzgeschäften + (Sonstige betriebliche Erträge - Sonstige betriebliche Aufwendungen)]

271 * 100 / 5000

Aufgabe 2.14 (2 Punkte)

3,26 % Personalaufwand + Abschreibungen und Wertberichtigungen auf Sachanlagen

163 * 100 / 5000

Aufgabe 2.15 (2 Punkte)

1,86 % Betriebsergebnis (alle Erträge und Aufwendungen außer den außerordentlichen)

93 * 100 / 5000

3 Wirtschafts- und Sozialkunde

100 Punkte, gleichmäßig auf alle Aufgaben verteilt!

Aufgabe 1

1	2	3	4	5
A	**B**	**B**	**A**	**B**

Grundsätzlich gilt: Das materielle Recht umfasst Rechtsnormen, die eine inhaltliche Aussage über das geltende Recht treffen. Demgegenüber beinhaltet das formelle Recht verfahrensrechtliche Regelungen zur Durchführung und Durchsetzung von Ansprüchen, die sich aus dem materiellen Recht ergeben.

- Formelles Recht. Bezieht sich auf die verfahrensrechtliche Durchsetzung von Ansprüchen gemäß den Regelungen in der Zivilprozessordnung.
- Materielles Recht. Das GmbHG regelt die Rechte der Gesellschafter zueinander, zur GmbH und der GmbH gegenüber Dritten.
- Materielles Recht. Der besondere Teil des StGB regelt die Verwirklichung der einzelnen Straftatbestände.
- Formelles Recht. Die ZPO regelt die Verfahrensvorschriften für Rechtsmittel, zum Beispiel die Berufung und die Revision.
- Materielles Recht. Die Verjährungsfristen zu den jeweiligen Ansprüchen sind im BGB geregelt.

Aufgabe 2

A	B	C	D
4	**2**	**1**	**2**

Zu A: vgl. § 931 BGB (Abtretung des Herausgabeanspruchs)
Zu B und D: vgl. § 929 BGB (Ist der Erwerber im Besitz der Sache, so genügt die Einigung über den Übergang des Eigentums)

Aufgabe 3

17.06. (Verlängerte Kündigungsfristen gelten nur für den Arbeitgeber!)

Aufgabe 4

Fünf Mitglieder für die Jugend- und Auszubildendenvertretung können gewählt werden.
Erklärung: 110 Wahlberechtigte (4 jugendliche Arbeiter unter 16 Jahre plus 1 Arbeiter 17 Jahre alt + 103 Auszubildende zwischen 16 und 24 Jahre und 3 Auszubildende über 25 Jahre, vgl. § 8 und §§ 60 bis 62 BetrVG

Aufgabe 5

B, vgl. aktives und passives Wahlrecht der JAV in §§ 60 und 61 Betriebsverfassungsgesetz: Der Angestellte Hinz ist nicht mehr wählbar, da er 25 Jahre alt ist, vgl. § 61 BetrVG.

Wahl	Aktives Wahlrecht	Passives Wahlrecht
Betriebsratswahl	Ab 16 Jahre alle Arbeitnehmer	Ab 18 Jahre + 6 Monate Betriebszugehörigkeit
Wahl zur JAV	Alle Arbeitnehmer unter 18 Jahre + alle Auszubildenden	Alle Arbeitnehmer unter 25 Jahre + alle Auszubildenden

Aufgabe 6

B und **D,** vgl. §§ 67 bis 71 BetrVG

Die Jugend- und Auszubildendenvertretung kann zu allen Betriebsratssitzungen einen Vertreter entsenden. Der Betriebsrat hat die Jugend- und Auszubildendenvertretung zu Besprechungen zwischen Arbeitgeber und Betriebsrat beizuziehen, wenn Angelegenheiten behandelt werden, die besonders die Auszubildenden betreffen.

Die Jugend- und Auszubildendenvertretung hat folgende allgemeine Aufgaben:

- Maßnahmen, die den in § 60 Abs. 1 genannten Arbeitnehmern dienen, insbesondere in Fragen der Berufsbildung und der Übernahme der zu ihrer Berufsausbildung Beschäftigten in ein Arbeitsverhältnis, beim Betriebsrat zu beantragen;
- Anregungen insbesondere in Fragen der Berufsbildung, entgegenzunehmen und, falls sie berechtigt erscheinen, beim Betriebsrat auf eine Erledigung hinzuwirken. Die Jugend- und Auszubildendenvertretung hat die betroffenen Arbeitnehmer über den Stand und das Ergebnis der Verhandlungen zu informieren.

Zur Durchführung ihrer Aufgaben ist die Jugend- und Auszubildendenvertretung durch den Betriebsrat rechtzeitig und umfassend zu unterrichten. Die Jugend- und Auszubildendenvertretung kann verlangen, dass ihr der Betriebsrat die zur Durchführung ihrer Aufgaben erforderlichen Unterlagen zur Verfügung stellt.

Die Jugend- und Auszubildendenvertretung kann vor oder nach jeder Betriebsversammlung im Einvernehmen mit dem Betriebsrat eine betriebliche Jugend- und Auszubildendenversammlung einberufen.

Aufgabe 7

A	B	C	D	E	F
1	**3**	**1**	**2**	**1**	**3**

Zu A: Preiskartell

Zu B: Es handelt sich um eine horizontale Fusion, bei der die wirtschaftliche und rechtliche Selbstständigkeit der Solartech GmbH aufgegeben wird. Das gesamte Vermögen wird von der AG aufgenommen. Häufig wird dann die fusionierte Unternehmung auch mit einem neuen Namen versehen. Bei einem Konzern bleiben die Unternehmen rechtlich selbstständig und geben evtl. nur ihre wirtschaftliche Selbstständigkeit teilweise auf.

Zu C: Gebietskartell

Zu D: z. B. Unterordnungskonzern, d. h. ein Unternehmen kauft die Kapitalmehrheit an einem Unternehmen auf. Durch die Kapitalverflechtung entsteht ein sog. Mutter-Tochter-Verhältnis, das oft mit einem Beherrschungs- oder Gewinnabführungsvertrag verbunden ist.

Zu E: Submissionskartell

Ein Kartell ist der vertragliche Zusammenschluss von Unternehmen gleicher Produktions- oder Handelsstufe, die rechtlich selbstständig bleiben, ihre wirtschaftliche Selbstständigkeit jedoch ganz oder zum Teil aufgeben, um daraus einen Wettbewerbsvorteil zu erzielen. Die

am Kartell beteiligten Unternehmen verpflichten sich in der Regel zu gemeinsamen wirtschaftlichen Handeln und zur Zahlung von Vertragsstrafen, sofern gegen Regelungen des Kartellvertrages verstoßen wird.
Unterschieden werden z. B. Preiskartelle, Gebietskartelle, die Vereinbarungen über festgelegte Absatzgebiete treffen, Quotenkartelle, Rabattkartelle, Rationalisierungskartelle oder Krisenkartelle, die dauerhafte oder vorübergehende Absatzrückgänge und deren wirtschaftliche Schäden als Folge von Konjunktur- oder Strukturkrisen durch gemeinsames Vorgehen mildern wollen.
Nach dem Gesetz gegen Wettbewerbsbeschränkungen (Kartellgesetz) sind Kartelle grundsätzlich verboten. Allerdings nennt das Gesetz verschiedene Ausnahmen. So können bestimmte Kartelle vom Bundeskartellamt genehmigt werden wie die Erlaubniskartelle. Bei den Widerspruchskartellen muss die Kartellbehörde der Anmeldung des Kartells widersprechen. Auch die legalisierten Kartelle unterliegen der Missbrauchsaufsicht. Wegen des Kartellverbots versuchen Unternehmen, durch abgestimmtes Verhalten (Frühstückskartelle) den Wettbewerb zu beschränken.

Aufgabe 8

Beitragsart	EUR
Krankenversicherung 8,05 % x 5.512,50 x 13 : 100	5.768,83
Pflegeversicherung 1,8 % x 5.512,50 x 13 : 100	1.289,93
Rentenversicherung 9,3 % x 8.050 x 13 : 100	9.732,45
Arbeitslosenversicherung 1,3 % x 8.050 x 13 : 100	1.360,45
Gesamtbetrag	**18.151,66**

Aufgabe 9

Versicherungsart	EUR
Krankenversicherung 8,05 % von 5.512,50	443,76
Pflegeversicherung 2,4 % von 5.512,50	132,30
Gesamtbetrag	**576,06**

Aufgabe 10

D

Aufgabe 11

11.04.20.., vgl. §§ 269, 930 BGB

Aufgabe 12

A, vgl. §§ 269, 446 BGB: Ist ein Ort für die Leistung weder bestimmt noch aus den Umständen zu entnehmen, so hat die Leistung an dem Orte zu erfolgen, an welchem der Schuldner zur Zeit der Entstehung des Schuldverhältnisses seinen Wohnsitz hatte. Mit der Übergabe der verkauften Sache geht die Gefahr des zufälligen Untergangs und der zufälligen Verschlechterung auf den Käufer über.

Aufgabe 13

Investitionen der Unternehmen
90 Geldeinheiten (entspricht der Spartätigkeit der privaten Haushalte)

Aufgabe 14

Inländischer Konsum der privaten Haushalte

280 Geldeinheiten (Faktoreinkommen 500 GE + Transferzahlungen 20 GE - Steuern von den privaten Haushalten an Staat 110 GE - Dienstleistungen im Ausland 40 GE - Sparen der privaten Haushalte 90 GE)

Aufgabe 15

Saldo der Handelsbilanz

70 Geldeinheiten (Exporte 100 GE - Importe 30 GE)

Aufgabe 16

Saldo der Kapitalbilanz

0 Geldeinheiten (Exporte 100 GE - Importe 30 GE - Beiträge an UNO 30 GE - Dienstleistungen im Ausland 40 GE) Die Kapitalbilanz ist ausgeglichen.

Aufgabe 17

A	B	C	D
1	**2**	**4**	**3**

Die Preiselastizität der Nachfrage gibt an, wie stark die Nachfrage nach einem Produkt auf eine Preisänderung reagiert. Sie ist definiert als die prozentuale Veränderung der nachgefragten Menge eines Produktes im Verhältnis zur prozentualen Veränderung des Preises dieses Produktes:

$$PE = \frac{(Q_1 - Q_2)/Q_1}{(P_1 - P_2)/P_1}$$

Q_1 Q_2 = Menge vor bzw. nach der Preisänderung

P_1 P_2 = Preis vor bzw. nach der Preisänderung

Ist der Absolutbetrag der Preiselastizität

> 1, so ist die Nachfrage elastisch – eine 1-prozentige Preisänderung bewirkt eine mehr als 1-prozentige Mengenänderung

= 1, so ist die Nachfrage isoelastisch – eine 1-prozentige Preisänderung bewirkt eine 1-prozentige Mengenänderung

< 1, so ist die Nachfrage unelastisch – eine 1-prozentige Preisänderung bewirkt eine weniger als 1-prozentige Mengenänderung

Aufgabe 18

52,00 EUR ((1.063.000 - 985.000) : 1.500)

Während die Fixkosten von dem Kapazitätsausnutzungsgrad unabhängig sind, nehmen die variablen Kosten mit der Zunahme der Kapazitätsauslastung bzw. Abnahme der Kapazitätsauslastung zu bzw. ab.

Aufgabe 19

153.000,00 EUR (Gesamtkosten für 16.000 Taschenrechner - variable Kosten)

Aufgabe 20

8.500 Taschenrechner

(Monatliche Fixkosten : (Verkaufspreis pro Taschenrechner - variable Kosten pro Taschenrechner))

Aufgabe 21

Betriebserlöse beim Verkauf von 15.000 Taschenrechnern

Verkaufspreis 70,00 EUR x 15.000	1.050.000,00 EUR
./. variable Kosten	780.000,00 EUR
./. Fixkosten	153.000,00 EUR
Betriebserlös	**117.000,00 EUR**

Aufgabe 22

A	B	C	D	E	F
1	**4**	**4**	**2**	**3**	**2**

Direkte Steuern: Die direkten Steuern sind Veranlagungssteuern, z. B. Einkommen und Körperschaftssteuer.
Indirekte Steuern: Indirekte Steuern werden beim Hersteller von Waren erhoben, wobei eine Überwälzung der Steuerlast auf die Verbraucher unterstellt wird.
Transferzahlungen: Tatsächliche und bestimmte unterstellte Zahlungen bzw. Einnahmen der Sektoren der Volkswirtschaft (z. B. private Haushalte, Unternehmen, Staat), die ohne spezielle Gegenleistung an andere Sektoren geleistet oder von diesen empfangen werden. Sofern Transfers Zahlungen der öffentlichen Hand an private Haushalte darstellen, erhöhen sie deren verfügbares Einkommen.

Aufgabe 23

A	B	C	D	E
1	**2**	**2**	**3**	**1**

Polypol: Es handelt sich hierbei um einen unvollkommenen Markt. Die angebotenen Güter stimmen in Art, Aufmachung und Qualität nicht völlig überein. Die Käufer haben Präferenzen räumlicher, zeitlicher und persönlicher Art. Die Marktteilnehmer reagieren auf Veränderungen mit zeitlichen Verzögerungen.
Oligopol: Im Angebotsoligopol stehen wenigen Anbietern mit großen Marktanteilen und entsprechender Marktmacht viele Nachfrager mit nur geringer Marktmacht gegenüber.
Monopol: Beim Angebotsmonopol steht ein Anbieter einer Vielzahl von Nachfragern gegenüber. Da der Monopolist den gesamten Markt beherrscht, kann er die Höhe des Preises oder die Verkaufsmenge so bestimmen, dass er einen größtmöglichen Gewinn erzielt.

Aufgabe 24

D und **F**

Eine Steigerung des Preisniveaus führt zu einer Abnahme der Kaufkraft, da sich die Konsumenten weniger als zuvor für ihr Geld kaufen können. Bei einer Reallohnsteigerung können sich die Konsumenten mehr als zuvor für ihr Geld kaufen.

Aufgabe 25

70,21 % (Arbeitnehmerentgelte : Volkseinkommen)

Aufgabe 26

71,23 % Lohnquote für 2023, Verschlechterung um 1,02 % von 2023 zu 2024

Aufgabe 27

B

Die EZB fußt ihre Geldpolitik auf der sog. Zwei-Säulen-Strategie. In der ersten Säule analysiert die Notenbank die Entwicklung der Geldmenge, vor allem das weite Geldmengenaggregat M3 und das Kreditwachstum. Dahinter steht die Überlegung, dass Inflation auf mittlere bis lange Sicht immer ein monetäres Phänomen ist. Nur wenn zu viel Geld auf zu wenige Güter trifft, können die Preise auf breiter Front und anhaltend steigen. In der zweiten Säule ihrer Strategie analysiert die EZB eine große Zahl nichtmonetärer Faktoren, die auf kurze Sicht die Inflationsrate beeinflussen können. Dazu zählen das Wirtschaftswachstum, die Arbeitslosigkeit, Lohnabschlüsse, die staatlichen Haushaltsdefizite und anderes.

Aufgabe 28

A	B	C	D
3	**1**	**2**	**3**

Inflation bezeichnet in der Volkswirtschaftslehre einen andauernden, signifikanten Anstieg des Preisniveaus infolge längerfristiger Ausweitung der Geldmenge durch Staaten oder Zentralbanken. Es verändert sich also das Austauschverhältnis von Geld zu allen anderen Gütern zu Lasten des Geldes: für eine Geldeinheit gibt es weniger Güter, oder umgekehrt: für Güter muss mehr Geld gezahlt werden, das heißt sie werden teurer. Daher kann man unter Inflation auch eine Geldentwertung verstehen. Unter Deflation versteht man den volkswirtschaftlichen Zustand eines allgemeinen und anhaltenden Rückgangs des Preisniveaus für Waren und Dienstleistungen.

Aufgabe 29

A	B
1	**3**

Tenderverfahren: Verfahren zur Erstplatzierung von Wertpapieren, bei dem diese dem Meistbietenden unter Beachtung eines Mindestpreises verkauft werden. Die Gebote der Interessenten müssen entweder unter Angabe von Kaufpreis (bzw. Zinssatz) und -menge (Zinstender) oder bei vom Emittenten vorgegebenem Preis bzw. Zins lediglich unter Angabe der Kaufmenge (Mengentender) schriftlich abgegeben werden. Das gesamte Emissionsgeschäft wird dann so untergebracht, dass beginnend mit dem Höchstgebot abwärts zugeteilt wird. Im Rahmen des holländischen Verfahrens erfolgt die Zuteilung zu Einheitskonditionen, im Rahmen des amerikanischen Verfahrens zu den Konditionen gemäß den Geboten. Die Deutsche Bundesbank verwendet dieses Verfahren im Rahmen der Offenmarktpolitik.

Aufgabe 30

18 % (54 x 100 : 300)

Aufgabe 31

4,5 Mio. EUR (18 % von 25 Mio. EUR)

Aufgabe 32

38 Mrd. EUR (92 Mrd. EUR - 54 Mrd. EUR)

Prüfungssatz II

1 Vermögen aufbauen und Risiken absichern

1. Fall: Geldanlage in Investmentanteilen (32,5 Punkte)

Aufgabe 1.1 (je Aspekt 2 Punkt, max. 6 Punkte)

Grundprinzipien/Merkmale:
- Das Management der Investmentgesellschaft bzw. Kapitalanlagegesellschaft verwaltet den Fonds und analysiert den Wertpapiermarkt.
- Das Management investiert mittels Risikostreuung im Rahmen der Fondsbedingungen bzw. des Investmentgesetzes.
- Herr Wohltmann kauft Fondsanteile und erwirbt damit entweder Miteigentum am Sondervermögen oder einen schuldrechtlichen Anspruch gegenüber der Kapitalanlagegesellschaft.
- Herr Wohltmann hat die Möglichkeit, kleinere Beträge in Wertpapieranlagen der Investmentgesellschaft anzulegen.

Aufgabe 1.2 (2 Vorteile und 2 Nachteile je Aspekt 1 Punkt max. 4 Punkte)

Vorteile:
- Herr Wohltmann hat größere Ertragschancen durch den Kauf von Anteilen an Fonds, die in börsengängige Wertpapiere (Anleihen oder Aktien) investieren.
- Herr Wohltmann hat einen Liquiditätsvorteil gegenüber einer Spareinlage, da er bei Bedarf über größere Beträge sofort durch Rückgabe an die Fondsgesellschaft verfügen kann. Bei Spareinlagen ist nach der Rechnungslegungsverordnung eine Kündigungsfrist von 3 Monaten bei Beträgen über 2.000,00 EUR gesetzlich vorgesehen.

Nachteile:
- Herr Wohltmann hat bei der Anlage in Investmentanteilen Risiken auf Grund von Kurs- und Ertragsschwankungen.
- Zusätzlich hat Herr Wohltmann bei der Anlage in einem Investmentfonds Kosten, z. B. den Ausgabeaufschlag beim Kauf und eine Verwaltungsprovision für die Verwahrung seiner Investmentanteile.

Aufgabe 1.3 (je Anlageziel pro Fonds 2 Punkt max. 4 Punkte)

- Das Anlageziel des Dachfonds Global Euro Profit ist das Erzielen stabiler Erträge bei gleichzeitiger Risikominimierung.
- Das Anlageziel des Aktienfonds Global Standard Profit ist die Nutzung hoher Ertragschancen und die Ansammlung der Erträge zur weiteren Anlage in Wertpapieren.

Aufgabe 1.4 (je Maßnahme 2 Punkte max. 4 Punkte)

Maßnahmen Dachfonds Global Euro Profit:
- Der Dachfonds investiert vor allem in Anteile anderer Fonds und sonstige Vermögenswerte, d. h. verschiedene Fonds unter einem Dach.
- Der Dachfonds investiert in Fonds mit Renten- und Aktienwerten.
- Der Dachfonds investiert ausschließlich in Euro-Werte.

Maßnahmen Aktienfonds Global Standard Profit:
- Der thesaurierende Fonds investiert in Aktienwerte.
- Der Aktienfonds investiert weltweit.

Aufgabe 1.5 (2,5 Punkte)

E

Zu D): richtig wäre einkommensteuerpflichtig

Aufgabe 1.6 (3 Punkte)

Mit dem Ausgabeaufschlag will die Investmentgesellschaft den Werbeaufwand für den Investmentfonds, die Provision für Vertriebspartner und die Erwerbskosten der Wertpapiere finanzieren.

Aufgabe 1.7 (je Aspekt 2 Punkte max. 4 Punkte)

Faktoren:
- Kurssteigerungen
- Veräußerungsgewinne
- Ertragsthesaurierung der Wertpapiere im Fonds

Aufgabe 1.8 (2,5 Punkte)

B

Aufgabe 1.9 (2,5 Punkte)

C

2. Fall: Geldanlage in Aktien (22,5 Punkte)

Aufgabe 2.1 (2 Punkte)

Virtuelle Hauptversammlung

Aktionärinnen und Aktionäre können heute ohne Anwesenheit am Versammlungsort an der Hauptversammlung ihrer AG teilnehmen. Gesetzlich wurde dafür ein neuer § 118a in das Aktiengesetz (AktG) eingefügt. Mit der virtuellen Hauptversammlung wurde die Digitalisierung des Gesellschaftsrechts weiter vorangetrieben.

Die Abhaltung einer virtuellen Hauptversammlung erfordert eine Grundlage in der Satzung; entweder als direkte Festlegung oder als Ermächtigung für den Vorstand. Damit entscheiden die Aktionärinnen und Aktionäre, ob die Versammlung virtuell abgehalten werden kann. Die Satzungsregelung oder -ermächtigung muss auf bis zu fünf Jahre befristet werden.

Aufgabe 2.2 (4 Punkte)

Jeweils 2 Punkte für „Anmeldung“ und „Stimmrechtsausübung“
- Eingabe der Internetadresse der AG
- Eingabe ihrer Aktionärsnummer z. B. 8624315
- Eingabe der individuellen Zugangsnummer (PIN) (2 Punkte)

Die Stimmrechtsausübung kann
- Durch Anmeldung per Internet oder
- Durch Anmeldung per Briefwahl oder
- Per Vollmacht und Weisung (2 Punkte)

Aufgabe 2.3 (2 Punkte)

- Antragsrecht,

- Auskunftsrecht,
- Fragerecht,
- Rederecht

Ausgestaltung der Aktionärsrechte

Durch das Gesetz sind die Aktionärsrechte uneingeschränkt gewahrt. Dies bedeutet im Einzelnen:

- Die gesamte Versammlung muss in Bild und Ton übertragen werden.
- Aktionärinnen und Aktionäre müssen ihr Stimmrecht auf elektronischem Wege ausüben können.
- Den Aktionärinnen und Aktionären steht das Recht zu, alle Arten von Anträgen im Wege der Videokommunikation in der Versammlung zu stellen.
- Die Aktionärinnen und Aktionäre erhalten ein Auskunftsrecht im Wege elektronischer Kommunikation. Dieses Auskunftsrecht kann, wie in der Präsenzversammlung, ausschließlich im Versammlungstermin gewährt werden. Der Vorstand kann allerdings auch entscheiden, dass Aktionärsfragen bis spätestens drei Tage vor dem Versammlungstermin eingereicht werden müssen. Dann muss der Vorstandsbericht oder der wesentliche Inhalt daraus bereits vor der Versammlung den Aktionärinnen und Aktionären zugänglich gemacht werden, damit die Aktionärinnen und Aktionäre ihr Fragerecht auf dieser Grundlage ausüben können. Die Gesellschaft muss die Fragen dann bis spätestens einen Tag vor der Versammlung beantworten. In der Versammlung erhalten die Aktionärinnen und Aktionäre ein umfassendes Nachfragerecht sowie ein Fragerecht zu anderen Inhalten, damit auch zu tagesaktuellen Themen gefragt werden kann.
- Alle Aktionärinnen und Aktionäre erhalten das Recht, Stellungnahmen im Vorfeld der Versammlung einzureichen.
- Ein Rederecht in der Versammlung muss für die elektronisch zugeschalteten Aktionärinnen und Aktionäre gewährleistet sein. Anträge und Fragen dürfen auch in Redebeiträgen gestellt werden.
- Elektronisch zugeschalteten Aktionärinnen und Aktionären muss in der Versammlung ein Recht zum Widerspruch gegen Beschlüsse der Hauptversammlung zur Verfügung stehen.

Aufgabe 2.4 (4 Punkte)

Tagesordnungspunkte	2.	3.	6.	8.
Mehrheitsverhältnisse	**A**	**A**	**A**	**B**

Aufgabe 2.5 (3 Punkte)

Die Nordbank AG kauft im eigenen Namen für Rechnung von Frau Fehrmann Aktien. Die Bank tritt als Kommissionär für ihren Kunden auf (Kommissionsvertrag für das Abwicklungsgeschäft). Das Ausführungsgeschäft wird über die Börse abgewickelt (Börsenzwang) und wird für Rechnung des Kunden abgeschlossen. Dem Kunden wird Rechenschaft über die Ausführung der Order abgelegt (Orderabrechnung). Die Bank haftet für die ordnungsgemäße Orderausführung.

Aufgabe 2.6 (2,5 Punkte)

D

Finanz AG **12,05** (61,80 : 5,13 = 12,0467; gerundet 12,05)

Software AG **13,10** (41,80 : 3,19 = 13,1034; gerundet 13,10)

Kurs-Gewinn-Verhältnis: Wichtige Kennzahl zur Beurteilung der Ertragskraft und -entwicklung eines Unternehmens im Vergleich zu einem oder mehreren anderen, auch Price-Earning-

Ratio (PER) genannt. Es stellt das Verhältnis zwischen dem Gesamtgewinn, bezogen auf eine einzige Aktie, und dem Kurs dieser Aktie her. Beispiel: Der Kurswert einer Aktie liegt bei 200 EUR. Das Unternehmen erwirtschaftet 10 EUR Gewinn pro Aktie. 200 durch 10 macht 20 – also beträgt das Kurs-Gewinn-Verhältnis (KGV) 20. Je niedriger das KGV, umso besser.

Aufgabe 2.7 (2,5 Punkte)

A

Aktien der Finanz AG soll Frau Fehrmann wegen des niedrigeren Kurs-Gewinn-Verhältnisses erwerben.

Kurs-Gewinn-Verhältnis: Die Ertragskraft einer Unternehmung vermag die wichtigsten Aussagen über die bisherige und zukünftige Kursentwicklung zu liefern.

PER (Preis-Earning-Ratio) = Börsenkurs der Aktie : Gewinn pro Aktie

Die Kennzahl gibt an, wie viele Jahre das Unternehmen diesen Gewinn erzielen müsste, um den aktuellen Kurs der Aktie zu erwirtschaften.

Aufgabe 2.8 (2,5 Punkte)

B

3. Fall: Erwerb von Aktienoptionen (22,5 Punkte)

Aufgabe 3.1 (5 Punkte)

A	B	C	D	E	F
4	**2**	**5**	**1**	**3**	**6**

Stammaktie: Aktie, die dem Inhaber die normalen Aktionärsrechte laut Aktiengesetz gewährt.

Namensaktie: Auf den Namen des Inhabers ausgestellte Aktien. Name, Wohnort und Beruf des Inhabers müssen im Aktienregister der Gesellschaft eingetragen werden. Namensaktien sind kraft Gesetzes Orderpapiere und können daher nur durch Indossament übertragen werden. Namensaktien bieten Gesellschaften die Möglichkeit, ihren Aktionärskreis besser zu kennen und einfacher mit den Aktionären direkt in Kontakt zu treten.

Vinkulierte Namensaktie: Sonderform der Namensaktie. Eine vinkulierte Namensaktie kann nur mit Zustimmung der AG an einen neuen Eigentümer übertragen werden. Die Vinkulierung von Namensaktien ist möglich, wenn die Satzung der Gesellschaft dieses vorsieht, so z. B. bei Versicherungsgesellschaften, deren Grundkapital nicht voll eingezahlt ist, oder bei Gesellschaften, die sich vor Überfremdung schützen wollen.

Vorzugsaktie: Aktiengattung, der im Gegensatz zur Stammaktie das Stimmrecht fehlt. Als Ausgleich dafür sind i. d. R. Vorrechte bei der Gewinnverteilung und Abwicklung einer AG verbrieft. Eine AG kann neben Stammaktien auch Vorzugsaktien emittieren, allerdings darf deren Anteil am Grundkapital nicht höher sein als der Anteil der Stammaktien. Zu den Sonderrechten von Vorzugsaktionären gehört meist eine höhere Dividende.

Berichtigungsaktie (Gratisaktie): Aktie, die durch die Umwandlung von offenen Rücklagen in Grundkapital entsteht und an die Aktionäre ohne Gegenleistung ausgegeben wird (§§ 207 bis 220 AktG). Die Bezeichnung „Gratisaktien“ ist irreführend, weil der Aktionär bereits vor dem reinen Passivtausch an den Rücklagen durch seinen Aktienbesitz beteiligt war. Für den Aktionär ändert sich daher der Wert seiner Beteiligung nicht, obwohl die Aktie um den Berichtigungsabschlag leichter wird.

Aufgabe 3.2 (2,5 Punkte)

E

Stop-Buy-Order: Mit einer Stop-Buy-Order erteilt der Anleger einen Kaufauftrag, der erst dann wirksam wird, wenn ein bestimmter oberhalb des aktuellen Börsenpreises liegender Kurs erreicht oder überschritten wird. Eine Stop-Buy-Order erteilt ein Anleger, der eine Aktie erst beim Erreichen eines höheren Kurses kaufen möchte, da hier z. B. ein technischer Widerstand durchbrochen wurde und der Anleger weitere Kurssteigerungen erwartet.

Stop-Loss-Order: Mit dieser Order erteilt der Anleger einen Verkaufsauftrag, der erst dann wirksam wird, wenn ein bestimmter unterhalb des aktuellen Börsenpreises liegender Kurs erreicht oder unterschritten wird. Diese Order dient dazu, Verluste zu begrenzen bzw. Kursgewinne zu sichern. Der Anleger schützt sich vor weiter fallenden Kursen.

Eine Stop-Order kann als Market- oder als Limit-Order erteilt werden. Bei einer Stop-Market-Order wird der Auftrag nach Erreichen der Kursschwelle als nicht limitierter Order zum nächsten Kurs ausgeführt. Bei einer Stop-Limit-Order wird der Auftrag nach Erreichen der Kursschwelle als limitierte Order wirksam.

Zu C: ex BR bedeutet „ohne Bezugsrecht". Es ist der Kurs zu Beginn der Bezugsfrist bei einer Kapitalerhöhung gegen Einlagen. Die Kaufaufträge werden am Tag vor dem Bezugsrechtshandel bzw. am Tag nach der Hauptversammlung gelöscht.

Aufgabe 3.3 (2,5 Punkte)

B

Das Aktienregister ist ein Register, das von Aktiengesellschaften geführt wird, die Namensaktien oder Zwischenscheine emittieren. Während Inhaberaktien formlos durch bloße Einigung und Übergabe übertragen werden können (§§ 929 ff. BGB), gehören Namensaktien und Zwischenscheine zu den geborenen Orderpapieren, die zwecks Übertragung noch eines Indossaments bedürfen. Die Sonderform der vinkulierten Namensaktien macht deren Übertragung von der Zustimmung der AG abhängig, wodurch zur Übertragung eine Zession erforderlich wird. Namensaktien und Zwischenscheine erfordern die Führung eines Aktienregisters durch die AG, sodass neben Indossament/Zession auch das Aktienregister die Verkehrsfähigkeit dieser Aktienarten behindert.

In § 67 Abs. 1 AktG wird bestimmt, dass die Inhaber von Namensaktien zur Eintragung ins Aktienregister Namen, Geburtsdatum und Adresse sowie die Stückzahl oder die Aktiennummer (bei Nennbetragsaktien den Betrag) mitzuteilen haben. Die Eintragung ins Aktienregister ist für den konstitutiven Rechtserwerb der Aktionärsrechte jedoch nicht notwendig, sondern dient lediglich der Legitimation gegenüber der Gesellschaft.

Das Aktienregister dient der Gesellschaft zur sicheren Identifikation des Aktionärs und dazu, den Mitteilungspflichten gegenüber den Aktionären nachkommen zu können. Das Aktienregister gibt die aktuelle Aktionärsstruktur und deren Veränderungen wieder. Aktienregisterführer kann sowohl die Gesellschaft sein oder eine von ihr hiermit beauftragte Registrargesellschaft. Der Inhalt eines Aktienregisters ist in § 67 Abs. 1 Aktiengesetz abschließend aufgezählt.

Aufgabe 3.4 (2 Punkte)

Kauf einer Verkaufsoption (Long PUT)

Aufgabe 3.5 (4 Punkte)

Steigende Kurse der *Chemie AG* in der Zeit bis September 20..:

- Aktie der *Chemie AG* kann mit Gewinn verkauft werden.
- Option wird wertlos und verfällt.
- Verlust in Höhe des Optionspreises mindert den Gewinn aus der Aktie („Versicherungsprämie“).

Aufgabe 3.6 (4 Punkte)

Fallende Kurse der *Chemie AG* in der Zeit bis September 20..:

- Die Aktie der *Chemie AG* kann nur mit Verlust verkauft werden.
- Die Option gewinnt an Wert und kann mit Gewinn glatt gestellt werden.
- Der Gewinn aus der Option deckt Verluste aus der Aktie.
- Alternative: Herr Baum übt die Option aus und verkauft die Aktien zum vereinbarten Basispreis.

Aufgabe 3.7 (2,5 Punkte)

C

Put (Verkaufsoption): Option, die den Käufer berechtigt, einen bestimmten Basiswert in einer bestimmten Menge zu einem im Voraus festgelegten Ausübungspreis bis oder zu einem bestimmten Termin zu verkaufen. Der Käufer eines Puts erwarten, dass der Preis des Basiswertes während der Laufzeit der Option fällt.

Call (Kaufoption): Standardisiertes, an einer Terminbörse gehandeltes Kaufrecht auf einen Basiswert. Ein Call ist ein verbrieftes Recht, aber nicht die Pflicht, eine bestimmte Menge eines Basiswertes zu einem vereinbarten Preis (Basispreis) innerhalb eines festgelegten Zeitraums zu erwerben.

4. Fall: Anlage in Altersvorsorgeprodukten (22,5 Punkte)

Aufgabe 4.1 (2 Punkte)

Versorgungslücke:

- Rentenversicherung kann in Zukunft nur noch Grundsicherung gewährleisten
- private Vorsorge als eine Maßnahme zur Sicherung eines angestrebten Alterseinkommens

Aufgabe 4.2 (2 Punkte für eine ausführliche Begründung, max. 4 Punkte)

- Bevölkerungsstruktur entwickelt sich ungünstig, längere Lebenserwartung
- Geburtenrückgang, sodass immer weniger Erwerbstätige mehr Rentner finanzieren
- Beitragssätze für Erwerbstätige müssen steigen, oder zukünftige Renten müssen sinken (Vergrößerung der Versorgungslücke)

Aufgabe 4.3 (1 Punkt für die Benennung der Schicht des Schichtenmodells, 1 Punkt für die Beispiele, max. 6 Punkte)

Basisversorgung	- gesetzlicher Rentenanspruch - Versorgungsleistungen der berufsständischen Versorgungseinrichtungen - kapitalgedeckte private Leibrenten (Rürup-Rente)
Kapitalgedeckte Zusatzversorgung	- Riester-Verträge im Rahmen der privaten Altersvorsorge - betriebliche Zusatzversorgung in Form von Pensionszusagen - Direktversicherungen
Sonstige Kapitalanlagen und Versicherungsprodukte	Kapitalanlageprodukte, die der Altersvorsorge, aber auch anderen Zwecken dienen können

Aufgabe 4.4 (je 1,5 Punkte, max. 3 Punkte)

- Herr und Frau Schneider gehören zum geförderten Personenkreis
- Sie sind sozialversicherungspflichtige/r Arbeitnehmer bzw. Angestellte im öffentlichen Dienst

Aufgabe 4.5 (2,5 Punkte)

D

Bei einer Kapitallebensversicherung wird die Versicherungsleistung beim Tod der versicherten Person, spätestens aber bei Ablauf der vereinbarten Versicherungsdauer fällig, z. B. bei Vollendung des 65. Lebensjahres der versicherten Person. Die Anlage verbindet Altersvorsorge und Hinterbliebenenversorgung.

Aufgabe 4.6 (2,5 Punkte)

B

Aufgabe 4.7 (2,5 Punkte)

C

2 Finanzierungsvorhaben begleiten

1. Fall: Immobilienerwerb mit Hilfe des Bausparens (50 Punkte)

Aufgabe 1.1 (je Aspekt 1 Punkt, max. 3 Punkte)

- Die bisherige Kontoführung bei der Nordbank AG ist ohne Beanstandungen.
- Die Schufa-Auskunft zeigt keine negativen Merkmale.
- Der Kapitaldienst aus der Finanzierung ist tragbar.
- Die Eigentumswohnung ist als Sicherheit werthaltig.
- Herr Schulte stellt weitere werthaltige Sicherheiten.

Aufgabe 1.2 (je Unterlage mit Begründung 1 Punkt, max. 3 Punkte)

- Kaufvertrag: Prüfung der Höhe des Kaufpreises und der Zahlungsmodalitäten
- Grundbuchauszug: Nachweis der Eigentumsverhältnisse und Vorlasten
- Baupläne: Einblick in Größe und Aufteilung der Wohnung

Aufgabe 1.3 (2 Punkte)

6 ‰ von 60.000,00 EUR = **360,00 EUR**

Aufgabe 1.4 (3 Punkte für jede Finanzierungsart, max. 6 Punkte)

- Herr Schulte sollte zum 30.06.2025 die Zuteilung bei der Bauspar AG beantragen, Bausparsumme 60.000,00 EUR.
- Die Finanzierungslücke kann durch ein erstrangiges Baudarlehen der Nordbank AG in Höhe von 100.000,00 EUR geschlossen werden, da Herr Schulte 20.000,00 EUR Eigenmittel besitzt.

Aufgabe 1.5 (2 Punkt je Sicherheit, max. 4 Punkte)

- Das Baudarlehen der Nordbank AG wird durch eine erstrangige Grundschuld gesichert.
- Zugunsten der Bauspar AG wird eine zweitrangige Grundschuld in Höhe von 36.000,00 EUR in das Grundbuch eingetragen.

Aufgabe 1.6 (2 Punkte je Erklärung, max. 4 Punkte)

Sondereigentum: Herr Schulte erwirbt Sondereigentum an den Räumen der eigenen Wohnung bzw. alleinige Nutzung der Eigentumswohnung durch Herrn Schulte.

Miteigentum: Miteigentum bedeutet, dass Herr Schulte ein Miteigentum nach Bruchteilen an dem gemeinschaftlichen Eigentum (Grundstück, Treppenhaus, Gemeinschaftsräume, Dachboden) erwirbt, das gemeinschaftlich genutzt werden kann.

Aufgabe 1.7 (2,5 Punkte)

B

Kaufvertrag über den Erwerb einer Eigentumswohnung (schuldrechtlicher Anspruch): Am 28.05.20.. (10:15 Uhr) war der rechtswirksame Abschluss des Kaufvertrages über die Eigentumswohnung sowie der Anspruch auf Eigentumsübertragung (Auflassung) durch notarielle Beurkundung.

Aufgabe 1.8 (4 Punkte)

Durch die Eintragung einer Auflassungsvormerkung wird der schuldrechtliche Anspruch auf Übertragung des Eigentums grundbuchlich abgesichert. Verfügungen über die Eigentumswohnung durch den Eigentümer sind nach Eintragung der Auflassungsvormerkung dem Vormerkungsberechtigten gegenüber unwirksam.

Aufgabe 1.9 (4 Punkte)

Eigentumsübertragung (dinglicher Anspruch): Mit der Eintragung im Grundbuch am 20.07.20.. wurde Herr Schulte neuer Eigentümer der Eigentumswohnung.

Aufgabe 1.10 (2,5 Punkte)

B

13.07.20.. mit Übergabe der Wohnungsschlüssel und Inbesitznahme der Eigentumswohnung.

Aufgabe 1.11 (2,5 Punkte)

4,0 % Kundenzins Aktiv 9,0 % - GKM-Satz (4 J.) 5,0 %

Aufgabe 1.12 (2,5 Punkte)

0,6 % GKM-Satz (2 Mo.) 2,9 % - Kundenzins Passiv 2,3 %

Aufgabe 1.13 (2,5 Punkte)

2,1 % GKM-Satz Aktivgeschäft 5,0 % - GKM-Satz Passiv 2,9 % oder

Strukturbeitrag Aktiv 3,7 % (= GKM-Satz Aktivgeschäft 5,0 % - GKM-Satz für Tagesgeld 1,3 %) +/– Strukturbeitrag Passivgeschäft – 1,6 % (= GKM-Satz für Tagesgeld 1,3 % - GKM-Satz Passivgeschäft 2,9 %)

Aufgabe 1.14 (2,5 Punkte)

6,7 % Kundenzins Aktiv 9,0 % – Kundenzins Passiv 2,3 %

oder Konditionsbeitrag + Strukturbeitrag (4,0 % + 0,6 %) + 2,1 %

2. Fall: Firmenkredit (50 Punkte)

Aufgabe 2.1 (3 Punkte je Aspekt, max. 6 Punkte)

- Die Glaserei kann den Zinsaufwand reduzieren. Die Kreditinanspruchnahme ist zinsgünstiger als die Kreditüberziehung.
- Mit einer Erhöhung des Betriebsmittelkredits kann der finanzielle Spielraum für die Glaserei erweitert werden.

Aufgabe 2.2 (3 Punkte)

- Durch die Erhöhung der Kreditlinie erhöht sich das Risiko für die Nordbank AG.
- Durch die Sicherheitenbestellung kann sich die Nordbank AG vor möglichen Ausfällen schützen oder diese minimieren.

Aufgabe 2.3 (je Aspekt 2 Punkte, max. 6 Punkte)

- Grundlage der Globalzession ist ein Rahmenvertrag.
- Gegenwärtige und künftig entstehende Forderungen werden von der Glaserei Meier GmbH an die Nordbank AG abgetreten.

- Gegenwärtige Forderungen gehen mit Abschluss des Globalzessionsvertrags, zukünftige Forderungen mit ihrer Entstehung auf die Nordbank AG über.
- Um das Knebelungsverbot zu vermeiden, wird nur ein Teil der des Forderungsbestandes an die Nordbank AG abgetreten. Praxisüblich werden Forderungsgruppen abgetreten, z. B. Debitoren mit den Anfangsbuchstaben A - K.

Aufgabe 2.4 (2 Punkte je Aspekt, max. 4 Punkte)

- Die Drittschuldner der Glaserei Meier GmbH werden über die Abtretung nicht informiert.
- Die Drittschuldner können mit schuldbefreiender Wirkung an die Glaserei Meier GmbH ihre Rechnungen bezahlen.

Aufgabe 2.5 (2 Punkte je Aspekt, max. 4 Punkte)

- Die Nordbank AG vereinbart mit der Glaserei Meier GmbH einen Offenlegungsvorbehalt, d. h. im Falle der Zahlungsunfähigkeit der Glaserei Meier GmbH z. B. kann die Nordbank AG die Forderungen gegenüber den Drittschuldnern offenlegen.
- Zu diesem Zweck muss die Glaserei Meier GmbH Blankobenachrichtigungsschreiben unterzeichnen und sie der Nordbank AG übersenden.

Aufgabe 2.6 (2 Punkte je Aspekt, max. 4 Punkte)

- Überprüfung der Höhe des Forderungsvolumens
- Identifizierung bonitätsmäßig zweifelhafter Drittschuldner
- Ältere Forderungen können identifiziert werden.

Aufgabe 2.7 (2 Punkte)

Die Nordbank AG prüft die wirtschaftlichen Verhältnisse der Kreditnehmer und damit deren Bonität.

Aufgabe 2.8 (2 Punkte)

Zahlung des vereinbarten Avalbetrages an den Investor bei Vorliegen der Avalbedingungen

Aufgabe 2.9 (2 Punkte je Aspekt, max. 4 Punkte)

- Zahlung der vereinbarten Avalprovision
- Aufwendungsersatzpflicht, wenn die Nordbank AG gezahlt hat

Aufgabe 2.10 (2,5 Punkte)

0,8 % 10 % von 8 %

Zu den Aufgaben 2.11 bis 2.15

Ermittlung des Teilbetriebsergebnisses und des Betriebsergebnisses:

(Quelle: siehe auch Formelsammlung der IHK)

	Mio. EUR	Proz. Auswertungen zur durchschnittlichen Bilanzsumme: 2.000 Mio. EUR	
Zinserträge	250	Zinserträge	12,5 %
+ lfd. Erträge aus Aktien und Beteiligungen	30		
+ Erträge aus Gewinngemeinschaften, Gewinn-- od. Teilgewinnabführungsverträgen	12		
- Zinsaufwendungen	150	Zinsaufwendungen	7,5 %

= Zinsüberschuss (1)	**142**	**Bruttozinsspanne**	**7,1 %**
Provisionserträge	90		
- Provisionsaufwendungen	40		
= Provisionsüberschuss (2)	**50**	**Provisionsspanne**	**2,5 %**
Personalaufwand	50	Personalaufwandsspanne	2,5 %
+ andere Verwaltungsaufwendungen			
+ Abschreibungen und Wertberichtigungen auf immat. Anlagewerte und Sachanlagen	25 15	Sachaufwandsspanne	1,25 %
= Verwaltungsaufwand (3)	**90**	**Bruttobedarfsspanne**	**4,5 %**
Teilbetriebsergebnis (1) + (2) – (3)	**102**		
Nettoergebnis aus Finanzgeschäften (4)	**4**	**Handelsergebnis**	**0,2 %**
Sonstige betriebliche Erträge	15		
- Sonstige betriebliche Aufwendungen	3		
= Saldo der sonstigen betrieblichen Aufwendungen und Erträge (5)	**12**	**Sonstige Ertragsspanne**	**0,6 %**
Abschr. und Wertber. auf Forderungen und bestimmte Wertpapiere sowie Zuführungen zu Rückstellungen im Kreditgeschäft	12		
- Erträge aus Zuschreibungen zu Forderungen und best. Wertpapieren sowie aus der Auflösung von Rückstellungen im Kreditgeschäft	0		
Bewertungsergebnis (=Risikovorsorge) (6)	**12**	**Risikospanne**	**0,6 %**
Betriebsergebnis aus normaler Geschäftstätigkeit (1) bis (6)	**106**	**Nettogewinnspanne**	**5,3 %**

Aufgabe 2.11 (2,5 Punkte)

7,1 % (siehe oben)

Aufgabe 2.12 (2,5 Punkte)

4,5 % (siehe oben)

Aufgabe 2.13 (2,5 Punkte)

102 Mio. EUR (siehe oben)

Aufgabe 2.14 (2,5 Punkte)

0,2 % (siehe oben)

Aufgabe 2.15 (2,5 Punkte)

0,6 % (siehe oben)

3 Wirtschafts- und Sozialkunde

100 Punkte, gleichmäßig auf alle Aufgaben verteilt!

Aufgabe 1

C

Vgl. § § 125, 766 BGB: Nichtigkeit wegen Formmangels; Zur Gültigkeit des Bürgschaftsvertrag ist schriftliche Erteilung der Bürgschaftserklärung erforderlich. Eine Bürgschaftserklärung in elektronischer Form ist ausgeschlossen.

Zu A: Wegen Täuschung anfechtbar, vgl. § 123

Zu B und D: Anfechtbar wegen Irrtums, vgl. § 119 BGB

Zu E: Schwebend unwirksam wegen beschränkter Geschäftsfähigkeit, vgl.§ 108 BGB

Aufgabe 2

C

Es handelt sich um ein unverbindliches Angebot.

Aufgabe 3

D, vgl. § 439 BGB

Aufgabe 4

C und **E,** vgl. § 25 sowie §§ 48 ff. HGB

Aufgabe 5

B und **F,** vgl. §§ 48 ff. HGB

Zu D: Die Prokura kann nur von dem Inhaber ... oder seinem gesetzlichen Vertreter und nur mittels ausdrücklicher Erklärung erteilt werden, vgl. § 48 HGB

Zu E: Die Unterzeichnung der Steuerbilanz kann nur durch den Vorstand der AG erfolgen und somit auch nicht durch eine Sondervollmacht auf einen Prokuristen oder einen anderen Bevollmächtigten übertragen werden.

Aufgabe 6

A	B	C
3	**7**	**4**

Vgl. Aktiengesetz

Aufgabe 7

D

vgl. § 8 Jugendarbeitsschutzgesetz: (Dauer der Arbeitszeit)

(1) Jugendliche dürfen nicht mehr als acht Stunden täglich und nicht mehr als 40 Stunden wöchentlich beschäftigt werden. ...

Aufgabe 8

D

Vgl. §§ 32 ff. Jugendarbeitsschutzgesetz: Ein Jugendlicher, der in das Berufsleben eintritt, darf nur beschäftigt werden, wenn er innerhalb der letzten 14 Monate von einem Arzt untersucht worden ist (Erstuntersuchung) und dem Arbeitgeber eine von diesem Arzt ausgestellte

Bescheinigung vorliegt. Die Kosten der Erstuntersuchung und folgender Nachuntersuchungen trägt das jeweilige Land (§ 44 JArbSchG).

Zu A: Vgl. Berufsbildungsgesetz, die Probezeit beträgt min. einen Monat und max. vier Monate.

Zu B: Wettbewerbsverbot

Zu C: Vgl. Bundesurlaubsgesetz bzw. Manteltarifvertrag

Zu E: Vgl. §§ 614 BGB

Aufgabe 9

7.360 wahlberechtigte Mitarbeiter, vgl. § 7 Betriebsverfassungsgesetz

Aufgabe 10

35 zu wählende Betriebsratsmitglieder, vgl. § 9 Betriebsverfassungsgesetz

Aufgabe 11

A

Aufgabe 12

E, vgl. Sozialgesetzbuch VII,

§ 21 (Verantwortung des Unternehmers, Mitwirkung der Versicherten):

(3) Die Versicherten haben nach ihren Möglichkeiten alle Maßnahmen zur Verhütung von Arbeitsunfällen, Berufskrankheiten und arbeitsbedingten Gesundheitsgefahren sowie für eine wirksame Erste Hilfe zu unterstützen und die entsprechenden Anweisungen des Unternehmers zu befolgen.

§ 22 Sicherheitsbeauftragte

(1) In Unternehmen mit regelmäßig mehr als zwanzig Beschäftigten hat der Unternehmer ... Sicherheitsbeauftragte unter Berücksichtigung der im Unternehmen für die Beschäftigten bestehenden Unfall- und Gesundheitsgefahren und der Zahl der Beschäftigten zu bestellen. ...

(2) Die Sicherheitsbeauftragten haben den Unternehmer bei der Durchführung der Maßnahmen zur Verhütung von Arbeitsunfällen und Berufskrankheiten zu unterstützen, insbesondere sich von dem Vorhandensein und der ordnungsgemäßen Benutzung der vorgeschriebenen Schutzeinrichtungen und persönlichen Schutzausrüstungen zu überzeugen und auf Unfall- und Gesundheitsgefahren für die Versicherten aufmerksam zu machen.

Aufgabe 13

A	B	C	D	E	F
3	**2**	**4**	**3**	**4**	**1**

Aufgabe 14

B

Aufgabe 15

2.980 Mrd. EUR (1.650 + 710 + 510 + 650 - 540)

Aufgabe 16

a) 1.880,1 Mrd. EUR

b) Lohnquote **65,2 %** (Lohnquote = Arbeitnehmerentgelte : Volkseinkommen)

c) verfügbares Einkommen der privaten Haushalte **2.142,8 Mrd. EUR**

d) Sparquote **11,2 %**

Verfügbares Einkommen	**Mrd. EUR**
Arbeitnehmerentgelte	1.225,50
+ Unternehmens- und Vermögenseinkommen	654,60
= Volkseinkommen	1.880,10
- Steuern	265,30
- Sozialversicherung	287,70
= Nettoeinkommen	1.327,10
+ Transferzahlungen	815,70
= Verfügbares Einkommen der privaten Haushalte	2.142,80
Privater Konsum	1.902,60
Privates Sparen (2.142,80 – 1.902,60)	240,20
Sparquote = Privates Sparen : Verfügbares Einkommen x 100	11,20963 %
Sparquote gerundet	**11,2 %**

Aufgabe 17

A	B	C	D	E
2	**1**	**3**	**2**	**1**

Aufgabe 18

C und **F**

Aufgabe 19

E

Verkäufermarkt: Es handelt sich um eine Marktsituation steigender Preise. Ursache eines Verkäufermarktes ist ein Angebotsdefizit, das sich bei sinkendem Angebot und konstanter Nachfrage ergibt, bzw. ein Nachfrageüberschuss, der sich bei steigender Nachfrage und konstantem Angebot ergibt.

Käufermarkt: Es handelt sich um eine Marktsituation sinkender Preise. Ursache eines Käufermarktes ist ein Angebotsüberschuss, der sich bei steigendem Angebot und konstanter Nachfrage ergibt, bzw. ein Nachfragedefizit, das sich bei sinkender Nachfrage und konstantem Angebot ergibt.

Aufgabe 20

D

Unternehmenszusammenschluss (Fusion): Es ist eine freiwillige Vereinigung von Unternehmungen im Vertragswege durch Verschmelzung (Vollfusion) oder Konzernierung. Bei der Konzernierung kommt es zu einem Gleichordnungs- oder Unterordnungskonzern. Beim Konzern bleibt in allen Fällen die rechtliche Selbstständigkeit der als AG oder GmbH gegründeten Unternehmungen erhalten.

Aufgabe 21

Liquiditätsreservesatz = 1 % + 9 % = 10 %

Reziproker Wert des Liquiditätsreservesatzes = 1 : 10 % = 10

Überschussreserve = 5.000 – 10 % von 5.000 = 4.500 EUR

Kreditschöpfung = 4.500 x 10 = **45.000,00 EUR**

Aufgabe 22

A

Zu B: Falsch, da eine Inflation entstehen kann, wenn die Lohnerhöhungen dauerhaft über dem Produktivitätszuwachs liegen.

Zu C: Falsch, da eine Verknappung der Liquiditätslage die Inflation bekämpft.

Zu D: Beschreibt eine deflatorische Situation.

Zu E: Keine inflatorische Wirkung, da eine inflationsinduzierte Nachfragesteigerung durch die Bereitstellung ausländischer Investitionsgüter kompensiert wird.

Aufgabe 23

3.581,40 EUR (3.527 : 116,7 x 118,5)

Aufgabe 24

A	B	C	D	E
4	**1**	**3**	**2**	**5**

Aufgabe 25

A und **C**

Eine Aufwertung des Euro gegenüber dem US-Dollar schwächt tendenziell die Exportwirtschaft im Euroraum.

Aufgabe 26

B und **D**

Zu A: Mit der Erhöhung des Mindestreservesatzes verknappt die EZB die Geldmenge und will damit preisstabilisierend wirken. Diese Maßnahme führt tendenziell zu einem weiter steigenden Euro gegenüber dem US-Dollar.

Zu C: Diese Maßnahme wirkt ebenfalls stabilisierend auf den Euro gegenüber dem US-Dollar.

Zu E: Diese Maßnahme schwächt den Euro gegenüber dem US-Dollar. Die Eurogeldmenge steigt an.

Zu F: Diese Maßnahme stärkt den Euro gegenüber dem US-Dollar.

Aufgabe 27

Geldmenge x Umschlagshäufigkeit der Geldmenge = Handelsvolumen x Preisniveau

Geldmenge = Handelsvolumen x Preisniveau : Umschlagshäufigkeit der Geldmenge

Geldmenge = **7,2 Mrd. EUR** (12 x 1,5 : 2,5)

Aufgabe 28

2.530,00 Mrd. EUR (Inländische Verwendung = BIP – Exporte + Importe)

Prüfungssatz III

1 Vermögen aufbauen und Risiken absichern

1. Fall: Geldanlage in Anleihen (32,5 Punkte)

Aufgabe 1.1 (2,5 Punkte)

A

Es sind professionelle Kunden und Privatkunden zu unterscheiden. Nach dem Wertpapierhandelsgesetz (WpHG) sind Privatkunden vor dem Abschluss von Wertpapiergeschäften umfänglich über die Art des Geschäftes und die damit verbundenen Risiken zu informieren. Alle Informationen an den Kunden müssen eindeutig und nicht irreführend sein. Die Kunden sind in verständlicher Form über das Wertpapierdienstleistungsunternehmen und seine Dienstleistungen, die Arten von Finanzinstrumenten und vorgeschlagene Anlagestrategien einschließlich damit verbundener Risiken, Ausführungsplätze sowie Kosten und Nebenkosten zu informieren. Anlageprodukte sind für einen Kunden geeignet, wenn das Produkt seinen Anlagezielen entspricht, die Anlagerisiken für ihn finanziell tragbar sind und er mit seinen Kenntnissen und Erfahrungen die Anlagerisiken verstehen kann. Erlangt die Bank die erforderlichen Informationen nicht, darf die Bank keine Anlageberatung erbringen.

Aufgabe 1.2 (3 Punkte)

Bonität der Stahlwerke AG als Anleiheschuldnerin ist schlechter als die Bonität der Bundesrepublik Deutschland als Anleiheschuldnerin

höherer Nominalzins beinhaltet Risikoaufschlag

Aufgabe 1.3 (2 Punkte)

Risiko, dass der Emittent einer Schuldverschreibung die Zinszahlung und/oder die Rückzahlung der Anleihe **nicht** oder nicht vollständig erbringt

Aufgabe 1.4 (2 Punkte)

Risiko, dass der Kurs der Anleihe bei steigendem Marktzinsniveau sinkt

Aufgabe 1.5 (3 Punkte)

gering, da Verbindlichkeiten aus ausgegebenen Pfandbriefen durch Kredite an die öffentliche Hand gedeckt sind (Deckungsmasse)

Aufgabe 1.6 (3 Punkte)

gering, da die Nominalverzinsung dieses Pfandbriefs alle 3 Monate an das aktuelle Geldmarktzinsniveau für 3-Monats-Anlagen wird

Aufgabe 1.7 (3 Punkte)

- Am Zinstermin erhält der Kunde die Zinsen für die gesamte Zinsperiode.
- Da der Kunde die Anleihe nicht die gesamte Zinsperiode besessen hat, muss er dem Verkäufer für diese Zeit bereits beim Kauf die ihm zustehenden Zinsen bezahlen.

Aufgabe 1.8 (3 Punkte)

Zinssatz: 1,1 % + 0,5 % = 1,6 %
Nächste Zinszahlung am 28.07. (vom 28.04. bis 27.07.= 91 Tage):

$\frac{30.000,00 \cdot 1,6 \cdot 91}{100*360}$ = **121,33 EUR**

Aufgabe 1.9 (6 Punkte)

Stückzinsen vom 01.08.Vorjahr bis 04.05.diesen Jahres= 277 Tage

$\frac{30.000 * 7 * 277}{100 \cdot 365}$ =1.052,88

Kurswert	31.440,00 EUR	(1 Punkt)
+ Stückzinsen	1.593,70 EUR	(2 Punkte)
= ausmachender Betrag	33.033,70 EUR	
+ 0,75 %o Maklercourtage	22,50 EUR	(1 Punkt)
+ Bankprovision	157,20 EUR	(1 Punkt)
= Belastungsbetrag	**33.213,40 EUR**	(1 Punkt)

Aufgabe 1.10 (5 Punkte)

A und **E**, vgl. Ziffer 2 Abs. 2, 3 und 4 AGB der Banken (Eine Bankauskunft enthält allgemein gehaltene Feststellungen und Bemerkungen über die wirtschaftlichen Verhältnisse des Kunden, seine Kreditwürdigkeit und Zahlungsfähigkeit. Betragsmäßige Angaben über Kontostände, Sparguthaben, Depot- oder sonstige der Bank anvertraute Vermögenswerte sowie Angaben über die Höhe von Kreditinanspruchnahmen werden nicht gemacht. Bankauskünfte über Privatkunden erteilt die Bank nur, wenn diese generell oder im Einzelfall ausdrücklich zugestimmt haben. Eine Bankauskunft wird nur erteilt, wenn der Anfragende ein berechtigtes Interesse an der gewünschten Auskunft glaubhaft dargelegt hat.)

Bankgeheimnis

Kreditinstitute sind zur Verschwiegenheit über alle kundenbezogenen Daten verpflichtet. Schutzbedürftige Interessen des Kunden dürfen aus Datenschutzgründen nicht verletzt werden.

2. Fall: Geldanlage in Aktien und Optionen (22,5 Punkte)

Aufgabe 2.1 (5 Punkte)

Kursgewinn pro Aktie 30,70 - 24,48 =	6,22 EUR
Kursgewinn für 400 Aktien	2.488,00 EUR
./. Abgeltungsteuer 25 %	622,00 EUR
./. SolZ 5,5 %	34,21 EUR
Kursgewinn nach Steuern	**1.831,79 EUR**

Aufgabe 2.2 (2,5 Punkte)

E

A Kurszusatz bG
B Kurszusatz G
C Kurszusatz b
D Kurszusatz bB

Aufgabe 2.3 (3 Punkte)

Die treuhänderische Verwahrung von Namensaktien erfolgt i. d. R. durch die Clearstream Banking AG. Dadurch kann eine kostengünstige Abwicklung in der Girosammelverwahrung erreicht werden. Bei großen Aktiengesellschaften wird das gesamte Aktienkapital in einer mit Blankoindossament versehenen Globalurkunde verbrieft.

Aufgabe 2.4 (3 Punkte)

Das Rating drückt die Möglichkeit eines Schuldners aus, seinen Finanzverbindlichkeiten zeitgerecht und vollständig nachzukommen. Mit einem Mix aus qualitativen und quantitativen Kriterien wird die Kreditwürdigkeit des Schuldners festgestellt. Einerseits werden schuldnerspezifische Daten wie Profitabilität, Liquidität oder Kapitalstruktur untersucht. Andererseits sind auch externe Einflussfaktoren wie Branche, Konkurrenzunternehmen, Länderrisiko etc. von Belang. Im Ergebnis ergibt sich eine Einschätzung der Ausfallwahrscheinlichkeit, die meist mit einer Buchstaben- und/oder Ziffernfolge dargestellt wird.

Aufgabe 2.5 (4 Punkte)

Zerobonds sind Anleihen ohne Zinsscheine: Es werden während der Laufzeit keine Zinszahlungen geleistet. Der Zinsertrag ergibt sich aus der Differenz zwischen Rückzahlungskurs und Emissionskurs. Bei Fälligkeit der Zerobonds erhält der Anleger eine Einmalzahlung statt periodischer Zinszahlungen. Zerobonds werden mit einem Disagio auf den Nennwert emittiert und zu pari zurückgezahlt.

Aufgabe 2.6 (2,5 Punkte)

C

Put (Verkaufsoption): Option, die den Käufer berechtigt, einen bestimmten Basiswert in einer bestimmten Menge zu einem im Voraus festgelegten Ausübungspreis bis oder zu einem bestimmten Termin zu verkaufen. Käufer eines Puts erwarten, dass der Preis des Basiswertes während der Laufzeit der Option fällt.

Call (Kaufoption): Standardisiertes, an einer Terminbörse gehandeltes Kaufrecht auf einen Basiswert. Ein Call ist ein verbrieftes Recht, aber nicht die Pflicht, eine bestimmte Menge eines Basiswertes zu einem vereinbarten Preis (Basispreis) innerhalb eines festgelegten Zeitraums zu erwerben.

Aufgabe 2.7 (2,5 Punkte)

A

Long-Position: Fällt der Kurs wie erwartet, kauft der Anleger die Aktien am Markt und verkauft sie an den Stillhalter zum höheren Basispreis. Stagniert oder steigt der Kurs, lässt der Anleger die Option verfallen. Sein Verlust ist auf den Optionspreis beschränkt.

3. Fall: Besteuerung von Kapitalerträgen und Kapitalerhöhung einer AG (22,5 Punkte)

Aufgabe 3.1 (3 Punkte)

Die Eintrittskarte wird bei der Hinterlegungsstelle der AG angefordert.

Aufgabe 3.2 (4 Punkte)

Durch die Einstellung eines Teils des Gewinns in die „anderen Rücklagen" erhöht die AG ihr haftendes Eigenkapital.

- Die AG trifft Vorsorge für Risiken in der Zukunft.
- Ein Teil des Gewinns soll im Unternehmen für künftige anstehende Investitionen, die die AG z. T. aus eigenen Mittel selbst finanzieren möchte, verbleiben.
- Ein Teil des Gewinns soll im Unternehmen verbleiben, um die Verbesserung bestimmter Kennzahlen, z. B. die Eigenkapitalquote oder die Eigenkapitalrentabilität zu erreichen und somit zur evtl. Steigerung des Aktienkurses bei verbesserten Analysteneinschätzungen beizutragen.
- Ein Teil des Gewinns soll im Unternehmen verbleiben, um auch in Zukunft eine Dividendenkontinuität zu gewährleisten.

Aufgabe 3.3 (4 Punkte)

- Ein Rückkauf der Aktien führt über steigende Nachfrage am Markt tendenziell zu steigenden Börsenkursen und damit zu Kursgewinnen für Frau Hausmann.
- Eine stabilisierende Kurspflege durch antizyklische Käufe und Verkäufe reduziert die Volatilität und damit das Verlustrisiko durch Kursschwankungen für Frau Hausmann.
- Die Stimmrechtsmacht steigt, da die AG kein Stimmrecht aus eigenen Aktien hat.

Aufgabe 3.4 (4 Punkte)

Zu 1.: Kurs-Gewinn-Verhältnis: Die Ertragskraft einer Unternehmung vermag die wichtigsten Aussagen über die bisherige und zukünftige Kursentwicklung zu liefern.

PER (Preis-Earning-Ratio) = Börsenkurs der Aktie : Gewinn pro Aktie

Die Kennzahl gibt an, wie viele Jahre das Unternehmen diesen Gewinn erzielen müsste, um den aktuellen Kurs der Aktie zu erwirtschaften.

Zu 2.: Dividendenrendite: Berücksichtigung insbesondere der zu erwartenden, zukünftigen Dividende; in der Regel bemühen sich die Gesellschaften um gleichbleibende Dividendenausschüttungen.

Dividendenrendite = Dividendensatz (mit/ohne Steuergutschrift) x 100 : Anschaffungskurs (bzw. aktueller Kurs)

Aufgabe 3.5 (2,5 Punkte)

5,93 %

(2,10 *100)/35,40 Euro

Aufgabe 3.6 (2,5 Punkte)

B

Negative Kapitalerträge, die nicht sofort mit positiven Kapitalerträgen des laufenden Jahres verrechnet werden können, werden in Verlustverrechnungstöpfen erfasst und mit späteren positiven Kapitalerträgen verrechnet. Veräußerungsverluste aus Aktiengeschäften dürfen nur mit Gewinnen aus Aktiengeschäften verrechnet werden. Veräußerungsgewinne aus Aktiengeschäften können hingegen mit allen anderen negativen Kapitalerträgen verrechnet werden. Andere negative Kapitalerträge, z. B. gezahlte Stückzinsen beim Erwerb von Anleihen, können mit allen positiven Kapitalerträgen, z. B. Zinserträge, Dividenden oder Veräußerungsgewinne bei Aktien, verrechnet werden. Aufgrund dieser Regelungen muss die Bank einen Aktienverlustverrechnungstopf und einen allgemeinen Verlustverrechnungstopf führen. Die Verlustverrechnung hat Vorrang vor der Belastung des Freistellungsauftrages.

Aufgabe 3.7 (2,5 Punkte)

D

Bei Vorlage einer NV-Bescheinigung zahlt das Kreditinstitut Kapitalerträge ohne Steuerabzug aus. Eine NV-Bescheinigung stellt das Finanzamt auf Antrag des Steuerpflichtigen aus, wenn seine Kapitalerträge voraussichtlich nicht einkommensteuerpflichtig sind. Die betraglich nicht begrenzte NV-Bescheinigung gilt für maximal 3 Jahre und kann nach Fristablauf neu beim Finanzamt beantragt werden.

Zu C: Antrag beim zuständigen Wohnsitzfinanzamt; die NV-Bescheinigung ist dann 3 Jahre gültig.

Zu E: Wenn Frau Hausmann keine NV-Bescheinigung vorlegt, kann sie als Steuerpflichtige auch im Rahmen eines Freistellungsauftrags bis zu 1.000,00 EUR jährlich Kapitalerträge ohne Steuerabzug vereinnahmen.

4. Fall: Unfallversicherung und Berufsunfähigkeit (22,5 Punkte)

Aufgabe 4.1 (2 Punkte)

Ja, nach den Bedingungen liegt ein Unfall vor

PAUKE (**P**lötzliches, von **a**ußen **u**nfreiwillig auf den **K**örper wirkendes **E**reignis)

Aufgabe 4.2 (2 Punkte)

Sie lag 17 Tage unfallbedingt, zur medizinisch notwendigen Behandlung im Krankenhaus, somit erhält sie 17 x 40 Euro = 680,00 Euro Krankenhaustagegeld

Aufgabe 4.3 (3 Punkte)

Rechter Fuß	40 %
Linker Arm	30 %
Gesamt	70 %

Aufgabe 4.4 (8 Punkte)

	Gesetzliche Unfallversicherung	**Private Unfallversicherung**
Träger	Berufsgenossenschaften	private Versicherungsunternehmen
Zielgruppe	Arbeitnehmer, Auszubildende, Studenten, Schüler, Kinder in Kindertageseinrichtungen	alle Menschen (z. B. Selbstständige, Hausfrauen/-männer, Personen mit risikoreichen Hobbys)
Versicherungsfall	nur Arbeitsunfälle, Wegeunfälle und Berufskrankheiten	Unfälle in Beruf und Freizeit, weltweit und 24 Stunden am Tag
Beitragszahler	Arbeitgeber	Versicherungsnehmer

Leistungen	medizinische und berufliche Rehabilitation des Verletzten, Auszahlung von Übergangsgeldern und Renten an Verletzten bzw. an dessen Angehörige	Invaliditätsleistung, Unfallrente, Soforthilfe, Tagegeld, Krankenhaustagegeld, Todesfallleistung, Kosten für kosmetische Operationen, Kosten für Such-, Bergungs- oder Rettungseinsätze

Aufgabe 4.5 (5 Punkte)

B und **D**

Zu E: vgl. § 22 Nr. 5 EstG
Die Direktversicherung ist eine Lebens- oder Rentenversicherung, die der/die Arbeitgeber/in zugunsten des Arbeitnehmers bzw. der Arbeitnehmerin abschließt.
Die Direktversicherung ist flexibel an Ihre Bedürfnisse und finanziellen Mittel anpassbar. Sie basiert auf einer Entgeltumwandlung bzw. Gehaltsumwandlung. Dabei zahlt der Arbeitgeber den Beitrag direkt aus dem Bruttogehalt in die Betriebsrente ein.

Aufgabe 4.6 (2,5 Punkte)

C

2 Finanzierungsvorhaben begleiten

1. Fall: Immobilienerwerb und Bausparen (50 Punkte)

Aufgabe 1.1. (3 Punkte)

- Grunderwerbskosten
- Notarkosten
- Gerichtskosten
- Kreditkosten

Aufgabe 1.2. (3 Punkte je Erklärung, max. 6 Punkte)

Vorkaufsrecht: Sobald Gerhard Rosenau (Verpflichteter) mit den Eheleuten Leidig (Dritten) einen Kaufvertrag abgeschlossen hat, kann Maria Rosenau (Berechtigte) das Vorkaufsrecht ausüben, d. h. anstelle der Eheleute Leidig in den Vertrag eintreten.

Reallast: Maria Rosenau hat das Recht, eine lebenslange monatliche Zahlung von 400,00 EUR zu erhalten.

Aufgabe 1.3. (1 Punkt je Aspekt, max. 4 Punkte)

- Tilgung der Restschuld (durch Herrn Rosenau oder Verrechnung mit dem Kaufpreis im Rahmen der notariellen Abwicklung)
- Löschungsbewilligung/löschungsfähige Quittung der Hamburger Sparkasse
- Antrag auf Löschung der Grundschuld
- Löschung im Grundbuch

Aufgabe 1.4. (2 Punkte je Aspekt, max. 4 Punkte)

- Freihalten einer Rangstelle für eine spätere Abtretung im Rahmen einer Darlehensgewährung
- Kostenersparnis, da die Eigentümergrundschuld ohne zusätzliche Eintragungen in das Grundbuch abgetreten werden kann.

Aufgabe 1.5. (4 Punkte)

- Schriftliche Abtretung des dinglichen Anspruchs
- Briefübergabe
- Alternative: mündliche Abtretung, Briefübergabe, Bewilligung, Eintragung der Umschreibung

Aufgabe 1.6. (4 Punkte)

	345.000,00 EUR	Gesamtaufwand
./.	110.000,00 EUR	Freie Eigenmittel
./.	40.000,00 EUR	Bausparsumme
	195.000,00 EUR	Darlehen der Nordbank AG

Aufgabe 1.7. (4 Punkte für Berechnung der monatlichen Annuitäten und die Entscheidung, max. 8 Punkte)

Beleihungswert 285.000,00 EUR

60 % des Beleihungswertes = 171.000,00 EUR erstrangiges Darlehen

80 % des Beleihungswertes = 228.000,00 EUR nachrangiges Darlehen

	Darlehensbetrag	Annuität	Monatl. Belastung
Erstrangiges Darlehen der NB	171.000,00 EUR	11.115,00 EUR	926,25 EUR
Nachrangiges Darlehen der NB	24.000,00 EUR	1.644,00 EUR	137,00 EUR
Bauspardarlehen	24.000,00 EUR		240,00 EUR
Monatliche Belastung			1.303,25 EUR

Die monatliche Belastung ist tragbar, da sie das frei verfügbare Resteinkommen nicht übersteigt (1.303,25 EUR sind geringer als 2.390,00 EUR, ggf. muss Familie Leidig auch die Rentenzahlung an Frau Maria Rosenau mitübernehmen, solange noch kein Todesnachweis erfolgt ist.)

Aufgabe 1.8 (2,5 Punkte)

A

Aufgabe 1.9 (2,5 Punkte)

B

Kommunikative Kompetenz ist die Fähigkeit, sich im Gespräch entsprechend den eigenen Interessen und Zielsetzungen sowie denen der Gesprächspartner und der Rahmenbedingungen adäquat zu verhalten und so Kommunikationssituationen zu meistern.

Aufgabe 1.10 (2,5 Punkte)

4 x Monatsmiete (4 x 85 x 8,50)	2.890,00 EUR
Jahresmiete	34.680,00 EUR
4 Stellplatzmieten jährlich (4 x 35 x 12)	1.680,00 EUR
Jahresrohertrag	**36.360,00 EUR**

Aufgabe 1.11 (2,5 Punkte)

Jahresrohertrag	36.360,00 EUR
./. 25 % Bewirtschaftungskosten	9.090,00 EUR
Jahresreinertrag	**27.270,00 EUR**

Aufgabe 1.12 (2,5 Punkte)

Jahresreinertrag	27.270,00 EUR
./. 3 % Bodenwertverzinsung von 350.000,00 EUR	10.500,00 EUR
Gebäudereinertrag	**16.770,00 EUR**

1.13 (2,5 Punkte)

Ertragswert des Objekts (18,255925 x 16.770)	306.151,86 EUR
Abgerundet auf volle 10.000,00 EUR	**300.000,00 EUR**
+ Bodenwert	350.000,00 EUR
Beleihungswert (Ertragswert + Bodenwert)	**650.000,00 EUR**

Beleihungsgrenze (60% des Beleihungswertes) **390.000,00 EUR**

Ermittlung des Ertragswertes

Jahresrohertrag - Bewirtschaftungskosten = Jahresreinertrag

Jahresreinertrag - Bodenwertverzinsung = Gebäudereinertrag

Kapitalisierung des Gebäudereinertrags + Bodenwert = Ertragswert der Immobilie

Die Verzinsung des Bodenwerts richtet sich nach dem Kapitalmarktzins. Er wird häufig mit 5 % angesetzt.

Ermittlung des Beleihungswertes

Ertragswert + Bodenwert = 300.000 + 350.000 = **650.000,00 EUR**

Aufgabe 1.14 (2 Punkte)

Für Renditeobjekte ist der Ertragswert die wertbestimmende Größe. Der Wert des Objekts ist in erster Linie von dem erwarteten Ertrag und dem mit der Anlage verbundenen Risiko abhängig. Die Berechnung des Ertragswertes erfolgt bei Kreditinstituten mit Hilfe von Barwertfaktoren. Mietobjekte haben i. d. R. nur eine begrenzte Nutzungsdauer. Je niedriger die Restnutzungsdauer des Gebäudes ist, desto niedriger ist auch der Barwertfaktor.

2. Fall: Firmenkredit (50 Punkte)

Aufgabe 2.1 (je Aspekt 2 Punkte, max. 6 Punkte)

Durchschnittliches Debitorenziel:

sagt aus, wie viele Tage die Kunden der Stahlbau Olaf Kuhn GmbH durchschnittlich das eingeräumte Zahlungsziel in Anspruch genommen haben.

Entwicklung der Kennziffer (7-20-35 Tage): Die Kunden begleichen die Rechnung der Stahlbau Olaf Kuhn GmbH später als im Vorjahr; erhöhter Liquiditätsbedarf.

Durchschnittliches Kreditorenziel:

sagt aus, an wie vielen Tagen die Stahlbau Olaf Kuhn GmbH durchschnittlich die von ihren Lieferanten eingeräumten Lieferantenkredite in Anspruch genommen hat.

Entwicklung der Kennziffer (10-20-25 Tage): Die Stahlbau Olaf Kuhn GmbH begleicht die Rechnungen ihrer Lieferanten später als im Vorjahr; Liquiditätsbedarf.

Umsatzentwicklung:

sagt aus, um wie viel % sich der Umsatz zum vorangegangenen Geschäftsjahr erhöht oder vermindert hat. Hier Umsatzsteigerung: 5 %, 9 %, 13 %

Aufgabe 2.2 (2 Punkte)

Entwicklung des Liquiditätsbedarfs: Das Debitorenziel ist größer als Kreditorenziel.

Kunden der Stahlbau Olaf Kuhn GmbH kommen ihren Zahlungsverpflichtungen langsamer nach als die Stahlbau Olaf Kuhn GmbH gegenüber ihren Lieferanten. Daraus ergibt sich ein erhöhter Liquiditätsbedarf.

Aufgabe 2.3 (3 Punkte)

Aspekte zur Finanzierung einer Investition über einen Kontokorrentkredit:

- Ein Kontokorrentkredit wird in der Regel nur kurzfristig gewährt.
- Der jetzige Kontokorrentkredit reicht nicht aus, eine Krediterhöhung ist notwendig.

- Der Kontokorrentkredit ist ein kurzfristiger Kredit, die gewöhnliche Nutzungsdauer der Gabelstapler ist mit 5 Jahren mittelfristig. Eine wichtige Finanzierungsregel wurde nicht beachtet.

Aufgabe 2.4 (je Aspekt 1 Punkt, max. 4 Punkte, Kriterien: Kredithöhe, Laufzeit, Tilgung, Besicherung)

Finanzierungsvorschlag der Nordbank AG:

Kreditbetrag 74.000,00 EUR als Investitionskredit

Mögliche Kreditbesicherung:

1. Ausnutzung des freien Teils der Grundschuld, zurzeit 115.000,00 EUR (425.000 - 310.000) aus Annuitätendarlehen mit Nr. 489370
2. Sicherungsübereignung der anzuschaffenden Gabelstapler

Laufzeit: bis maximal 5 Jahre; die gewöhnliche Nutzungsdauer beträgt 5 Jahre.

Rückzahlung: monatliche Rückführung in gleich bleibenden Raten (Annuitätendarlehen) oder in fallenden Raten (Abzahlungsdarlehen)

Aufgabe 2.5 (1 Punkt für die Besicherung; je 2 Punkte für einen Vorteil, max. 5 Punkte)

Besicherungsvorschläge:

1. Besicherung durch eine Grundschuld:

Die Grundschuld ist abstrakt und somit vom Bestehen einer Forderung losgelöst.

Der freie Teil der bestehenden Grundschuld kann in diesem Fall genutzt werden. Eine zusätzliche Grundschuldbestellung ist nicht mehr erforderlich. Allerdings ist eine Änderung der Sicherungsabrede/Zweckerklärung notwendig.

Nach Rückführung des Investitionskredits kann die Grundschuld bei späteren Kreditaufnahmen wieder als Sicherheit herangezogen werden.

2. Besicherung durch eine Sicherungsübereignung der Gabelstapler:

Die Sicherungsübereignung der Gabelstapler ist zweckmäßig, da das Besitzkonstitut die Übergabe des Sicherungsgutes ersetzt. Die Sicherungsübereignung erfolgt durch Einigung und Vereinbarung eines Besitzkonstituts.

Der Sicherungsgeber Stahlbau Olaf Kuhn GmbH kann dadurch das Sicherungsgut (Gabelstapler) weiterhin nutzen; der freie Teil der Grundschuld bleibt so für weitere Kreditaufnahmen verfügbar.

Aufgabe 2.6 (2 Punkte für die Zusammenstellung der Kreditkonditionen und 3 Punkte für Erstellung der Beispielrechnung, max. 5 Punkte)

Belastung:

1. Annuitätendarlehen gegen erstrangige Grundschuld:

Monatliche Rate = Kreditbetrag x (Zinssatz + anfängliche Tilgung) : (100 x 12)

Beispielrechnung: 1.325,83 EUR bei 5 Jahren Laufzeit (74.000 x (4,5 + 17) : (100 x 12)

2. Abzahlungsdarlehen gegen Sicherungsübereignung:

Anfängliche monatliche Rate = Kreditbetrag x Zinssatz x 100 % : 12 + Kreditbetrag : Laufzeit in Monaten

Beispielrechnung:

1.541,66 EUR bei 5 Jahren Laufzeit (74.000 x 5 : (100 x 12) + 74.000 : 60 = 308,33 + 1.233,33 = 1.541,66 EUR)

Aufgabe 2.7 (1 Aspekt 2 Punkte, max. 2 Punkte)

- Die Nordbank AG muss sich laufende Informationen über die Geschäftsentwicklung durch Jahresabschlüsse und aufgrund von Informationen durch Zwischenbilanzen einholen.
- Die Gabelstapler müssen regelmäßig auf ihren technischen Zustand überprüft werden.
- Weiterhin müssen die Entwicklung der Liquidität und die Kontoführung auf dem Kontokorrentkonto überprüft werden.

Aufgabe 2.8 (je Signal 2 Punkte, max. 4 Punkte)

- Sie stellen auf dem Kontokorrentkonto nicht genehmigte Überschreitungen des Kreditlimits fest.
- Das Kreditlimit wird zunehmend häufig überschritten.
- Sie beobachten, dass andere Kreditinstitute und Lieferanten der Stahlbau Olaf Kuhn GmbH häufig Auskunftsanfragen an die Nordbank AG stellen.
- Sie stellen aufgrund der Informationen über die Stahlbau Olaf Kuhn GmbH Umsatzrückgänge fest. Der Kontokorrentkredit wird seit Monaten bis zum Limit ausgenutzt.

Aufgabe 2.9 (je Maßnahme 2 Punkte, max. 4 Punkte)

- Sie sollten ein Gespräch mit der Stahlbau Olaf Kuhn GmbH führen über das Kreditengagement und die weitere Entwicklung des Unternehmens.
- Das Kreditlimit muss eventuell erhöht werden.
- Die Laufzeit des Investitionskredits muss ggf. verlängert werden.
- Es müssen laufende Informationen über die Geschäftsentwicklung angefordert werden.

Aufgabe 2.10 (2,5 Punkte)

3,24 % p. a.

Die Lösung nach der IHK-Formelsammlung Punkt 1.1. %-Angaben in den Aufgaben 21 bis 23 in % p. a.!

Ermittlung der Preisuntergrenze eines Aktivproduktes:

Alternativzinssatz für Anlagen am GKM	2,15 %
+ Mindestkonditionenmarge, bestehend aus:	
direkt zurechenbare Betriebskosten in %	0,50 %
Risikokosten in %	0,45 %
Eigenkapitalkosten in %	0,14 %
= Preisuntergrenze Aktivprodukt in %	3,24 %

Berechnung der Betriebskosten in Prozent: p = Z * 100 / K / i = 1.000 * 100 / 200.000 / 1 = 0,5 % p. a.

Aufgabe 2.11 (2,5 Punkte)

3.500,00 EUR

Lösungsweg siehe Formelsammlung 1.1:

Ermittlung des **Deckungsbeitrags**:

Zinserlöse	3,90 %
- Alternativzinsen für Anlage am GKM	2,15 %
= **Deckungsbeitrag I** (Zinsüberschuss, Zins-Konditionenbeitrag)	1,75 % von 200.000,00 EUR = 3.500,00 EUR

2.12 (2,5 Punkte)

0,66 % p. a.

* **Deckungsbeitrag I** (Zinsüberschuss, Zins-Konditionenbeitrag)	1,75 %
	0,00 %
+ direkt zurechenbare Provisionserlöse	0,50 % (siehe Aufgabe 2.10)
- direkt zurechenbare Betriebskosten	
= **Deckungsbeitrag II** (Netto-Konditionenbeitrag)	1,25 %
- Risikokosten	0,45%
- Eigenkapitalkosten	0,14%
= **Deckungsbeitrag III** (Beitrag zum Betriebsergebnis)	0,66 %

Ein schnellerer Lösungsweg: Kundenzins 3,90 % abzüglich Preisuntergrenze (Aufgabe 2.10) 3,24 % = 0,66%

Aufgabe 2.13 (7,5 Punkte)

A **1**

B **4**

C **2**

3 Wirtschafts- und Sozialkunde

100 Punkte, gleichmäßig auf alle Aufgaben verteilt!

Aufgabe 1

B, vgl. § 48 HGB: Die Prokura kann nur von dem Inhaber des Handelsgeschäft oder seinem gesetzlichen Vertreter und nur mittels ausdrücklicher Erklärung erteilt werden und § 53 HGB: Die Erteilung der Prokura ist von dem Inhaber des Handelsgeschäfts zur Eintragung in das Handelsregister anzumelden.

Aufgabe 2

B und **F**, vgl. §§ 49 HGB (Umfang der Prokura): Zur Veräußerung und Belastung von Grundstücken ist der Prokurist nur ermächtigt, wenn ihm diese Befugnis besonders erteilt ist.

Aufgabe 3

A	B	C	D	E	
3	**1**	**1**	**1**	**1**	**2**

Zu A: vgl. §§ 10 und 11 GmbH-Gesetz
Zu B: vgl. § 128 HGB
Zu C: vgl. § 114 HGB
Zu D: vgl. § 125 HGB

Aufgabe 4

B und **D**, vgl. §§ 171, 172 HGB.

Zu A und F: vgl. § 13 Abs. 2 GmbH-Gesetz: Für die Verbindlichkeiten der Gesellschaft haftet den Gläubigern derselben nur das Gesellschaftsvermögen.

Aufgabe 5

B und **E**

AGB: Es sind alle für eine Vielzahl von Verträgen vorformulierten Vertragsbedingungen, die ein Unternehmen vom Kunden einseitig verlangt, ohne dass die Klauseln im Einzeln vereinbart worden sind. AGB vereinfachen den Abschluss von Massengeschäften und begrenzen das Risiko des Unternehmers durch die Einschränkung seiner Vertragspflichten. Vorschriften des BGB, die den Verbraucher schützen, können nicht durch Bestimmungen der AGB umgangen werden, z. B. Verzicht auf Neulieferung der Ware bei Verbrauchsgütern im Falle der Schlechtleistung. Das Unternehmen muss ausdrücklich auf die Einbeziehung der AGB z. B. in den Kaufvertrag hinweisen. Der Kunde muss die AGB leicht erreichen und mühelos lesen können und muss den AGB zustimmen. Individuelle Absprachen haben Vorrang vor abweichenden AGB. Überraschende und mehrdeutige Klauseln werden nicht Vertragsbestandteil. Eine AGB-Klausel ist z. B. unwirksam, wenn der Unternehmer in den AGB bestimmt, dass kurzfristige Preiserhöhungen für Waren oder Dienstleistungen möglich sind, die innerhalb von vier Monaten nach Vertragsschluss geliefert oder erbracht werden sollen.

Zu C: Schutz des Verbrauchers gegen unangemessene Benachteiligung: In § 307 Abs. 2 AGBG wird näher beschrieben, wann eine unangemessene Benachteiligung angenommen werden muss. § 310 Abs. 3 Nr. BGB ordnet an, dass bei Verträgen zwischen einem Unternehmer und einem Verbraucher die Beurteilung der unangemessenen Benachteiligung unter Einschluss der den Vertragsschluss begleitenden Umstände vorzunehmen ist. Als solche Umstände, die für oder gegen eine unangemessene Benachteiligung sprechen können, sind

z. B. die geschäftliche Erfahrenheit oder Unerfahrenheit des Verbrauchers, die Ausnutzung einer Überrumpelungssituation durch den Unternehmer und Ähnliches anzusehen.

Aufgabe 6

C, vgl. § 935 BGB: Kein gutgläubiger Erwerb von abhanden gekommenen Sachen.

Aufgabe 7

C

Die Probezeit in einem Berufsausbildungsverhältnis beträgt mindestens einen Monat und längstens vier Monate. Die Probezeit in einem unbefristeten Arbeitsverhältnis beträgt längstens sechs Monate. Ein Arbeitsverhältnis ohne Einräumung einer Probezeit ist möglich.

Aufgabe 8

A

Besonderer Kündigungsschutz für Arbeitnehmergruppen:

- Auszubildende: Nach § 22 BBiG kann das Berufsausbildungsverhältnis nach der Probezeit nur vom Auszubildenden mit einer Kündigungsfrist von vier Wochen gekündigt werden, wenn man die Berufsausbildung aufgeben oder man sich für eine andere Berufstätigkeit ausbilden lassen will. Die Kündigung muss schriftlich und unter Angabe der Kündigungsgründe erfolgen. Davon unberührt bleibt die Kündigung aus wichtigem Grund für beide Vertragspartner.
- Werdende Mütter: Nach § 9 Mutterschutzgesetz haben ‚Arbeitnehmerinnen während der Schwangerschaft und bis zum Ablauf von vier Monaten nach der Entbindung Kündigungsschutz. Die Kündigung ist unwirksam, wenn dem Arbeitgeber zurzeit der Kündigung die Schwangerschaft bekannt war oder innerhalb zweier Wochen nach Zugang der Kündigung mitgeteilt wird.
- Betriebsräte und Jugendvertreter: Nach § 15 des Kündigungsschutzgesetzes haben Mitglieder eines Betriebsrates bzw. einer Jugend- und Auszubildendenvertretung Anspruch auf Kündigungsschutz. Der Kündigungsschutz besteht bis ein Jahr nach Beendigung der Amtszeit. Die Kündigung aus wichtigem Grund bleibt hiervon unberührt.
- Schwerbehinderte Arbeitnehmer: Nach §§ 85 und 86 des Sozialgesetzbuches IX bedarf die Kündigung des Arbeitsverhältnisses eines Schwerbehinderten Menschen durch den Arbeitgeber der vorherigen Zustimmung des Integrationsamtes. Die Kündigungsfrist beträgt mindestens vier Wochen.
- Kündigungsschutz für Arbeitnehmer mit langen Beschäftigungszeiten und ältere Arbeitnehmer: Nach § 17 Manteltarifvertrag (MTV) haben Arbeitnehmer, die das 50. Lebensjahr vollendet haben und dem Betrieb mindestens zehn Jahre ununterbrochen angehören, Anspruch auf besonderen Kündigungsschutz: Sie können nur bei Vorliegen eines wichtigen Grundes und bei Betriebsänderungen im Sinne des § 111 Betriebsverfassungsgesetz gekündigt werden.

Nach § 622 BGB und § 17 MTV haben Arbeitnehmer mit langen Beschäftigungszeiten Anspruch auf verlängerte Kündigungsfristen.

Aufgabe 9

A	B	C	D	E
1	**3**	**1**	**3**	**2**

C: Beispiel für eine Tarifgruppe im Manteltarifvertrag für das private Bankgewerbe:

Tarifgruppe 4: Tätigkeiten, die Kenntnisse und/oder Fertigkeiten erfordern, wie sie in der Regel durch eine abgeschlossene Berufsausbildung oder durch eine um entsprechende Berufserfahrung ergänzte Zweckausbildung oder längere Einarbeitung erworben werden, z. B. Kontoführer/Disponenten, Schalterangestellte mit Bedienungstätigkeit oder Arbeitnehmer in der EDV-Arbeitsnachbereitung mit Kontrolltätigkeit.

Aufgabe 10

C

Wahl	Aktives Wahlrecht	Passives Wahlrecht
Betriebsratswahl	Ab 16 Jahre alle Arbeitnehmer	Ab 18 Jahre + 6 Monate Betriebszugehörigkeit
JAV	Alle Arbeitnehmer unter 18 Jahre + alle Auszubildenden	Alle Arbeitnehmer unter 25 Jahre + alle Auszubildenden

Aufgabe 11

E

Aufgabe 12

C

Bei der Einstellung eines Geschäftsführers hat der Betriebsrat kein Mitbestimmungsrecht. Vgl. § 6 GmbH-Gesetz: Zu Geschäftsführern können Gesellschafter oder andere Personen bestellt werden. Die Bestellung wird i. d. R. durch den Gesellschaftsvertrag festgelegt.

Zu A: vgl. § 87 Abs. 1 Nr. 5 Betriebsverfassungsgesetz, Aufstellung allgemeiner Urlaubsgrundsätze
Zu B: vgl. § 87 Abs. 1 Nr. 1 Betriebsverfassungsgesetz, Fragen der Ordnung des Betriebs
Zu D: vgl. § 94 Betriebsverfassungsgesetz, Beurteilungsgrundsätze und Personalfragebogen
Zu E: vgl. § 102 Betriebsverfassungsgesetz, Mitbestimmung bei Kündigung

Aufgabe 13

A	B	C	D	E
5	**4**	**2**	**3**	**2**

Produktpolitik: Sie befasst sich mit einer Auswahl der am Markt anzubietenden Bankleistungen, z. B. Produktgestaltung.

Preis- und Konditionenpolitik: Sie befasst sich mit allen vertraglichen Vereinbarungen über die Kosten des Bankleistungsangebots, z. B. Zinsen für Festgeldanlagen.

Sortimentspolitik: Die Sortimentspolitik bezieht sich auf die Gesamtheit aller Produkte.

Distributionspolitik: Es sollen die Bankprodukte am richtigen Ort und zur rechten Zeit angeboten werden. Als Vertriebswege kommen in Frage: stationärer und mobiler Vertrieb sowie der Vertrieb über technische Medien, z. B. Telefonbanking.

Kommunikationspolitik: Sie sorgt dafür, dass im Bewusstsein der Bevölkerung ein positives Bild von der Leistungsfähigkeit des Kreditinstituts geschaffen wird.

Aufgabe 14

20,7 % = 75 : 362 x 100

Bei der Analyse der Marktgegebenheiten spielen Marktgrößen eine wichtige Rolle. Das Marktpotenzial gibt an, welche und wie viele Bankleistungen am Markt abgesetzt werden können, wenn alle denkbaren Kunden mittels des Marketinginstrumentariums angesprochen würden. Das Markvolumen kennzeichnet die realisierten Absatzmengen eines Leistungsangebots innerhalb eines Zeitraums. Der Marktanteil ist der prozentuale Anteil der in Mengen oder Wertgrößen gemessenen Absatzleistung am gesamten Marktvolumen.

Aufgabe 15

68,3 % = 362 : 530 x 100

Aufgabe 16

A

Die Marktanalyse ist im Gegensatz zur Marktbeobachtung nur eine punktuelle Darstellung der Marktsituation, weshalb man auch von einer Zeitpunktbetrachtung spricht. Hierbei werden nur die Daten erhoben, die gerade aktuell sind und so für Entscheidungen herangezogen werden können.

Aufgabe 17

B und **D**

Der unvollkommene Markt ist im Gegensatz zum vollkommenen Markt dadurch gekennzeichnet, dass die Güter nicht homogen sind und/oder die Markttransparenz unvollkommen ist.

Mit der personellen Einkommensverteilung wird dargestellt, wie das Einkommen einer Volkswirtschaft auf einzelne Personen oder Gruppen (z. B. Haushalte) verteilt wird. Dabei können 2 Arten der Einkommensverteilung voneinander unterschieden werden:

- Primäre Einkommensverteilung: Verteilung der Markteinkommen im Wettbewerb.
- Sekundäre Einkommensverteilung: Verteilung der verfügbaren Einkommen. Das ist das personelle Primäreinkommen zuzüglich der empfangenen Sozialbeiträge, Renten und anderer Transfers (z. B. Kindergeld) abzüglich der geleisteten Einkommensteuern und Vermögenssteuern, Sozialbeiträge, monetären Sozialleistungen und anderer sonstigen laufenden Transfers (z. B. Solidaritätszuschlag).

Aufgabe 18

Kombination	A	B	C	D	E
Arbeit (in EUR)	400	350	300	250	200
Kapital (in EUR)	30	90	120	150	210
Gesamtkosten (in EUR)	430	440	420	400	410

Die Kombination **D** ist mit 400,00 EUR am günstigsten.

Aufgabe 19

Kombination	A	B	C	D	E
Arbeit (in EUR)	400,00	350,00	300,00	250,00	200,00
Kapital (in EUR)	7,50	22,50	30,00	37,50	52,50
Gesamtkosten (in EUR)	407,50	372,50	330,00	287,50	252,50

Die kostengünstigste Kombination ist **E** mit 252,50 EUR.

Aufgabe 20

1,46 %

(1908,3 - 1880,8 = 27,5

27,5 : 1880,8 x 100 = 1,46214)

Aufgabe 21

E

Aufschwung: Eine abwartend positive Grundhaltung setzt sich durch. Die gesamtwirtschaftliche Produktion wird ausgeweitet und bei langsam zunehmender Kapazitätsauslastung steigen die Gewinne, obwohl die Preise zunächst noch stabil bleiben. Die Wachstumsrate des BIP steigt. Erst im späteren Aufschwung führen notwendige Erweiterungsinvestitionen zu Kostensteigerungen, die über die Preise abgewälzt werden. Falls der Staat nicht regulierend eingreift, kommt es gegen Ende der Aufschwungphase zu einer weiteren Steigerung der Nachfrage und zur Überhitzung.

Abschwung: Die auf den Beschäftigungsrückgang in der Investitionsgüterindustrie folgenden Einkommensrückgänge machen sich in der Nachfrage nach Konsumgütern bemerkbar. Eine rückläufige Kapazitätsauslastung zwingt die Unternehmen zur Kostensenkung. Die Wachstumsrate des BIP bleibt unter Vorjahresniveau. Die Arbeitslosenquote steigt. Schrumpfende Gewinne, Absatzprobleme, niedrige Lohnzuwächse und Preisdisziplin sind weitere Kennzeichen der Abschwungphase.

Aufgabe 22

A

Die Folge von Arbeitslosigkeit sind große Löcher in der Kasse der Bundesagentur für Arbeit (BA). Auf bis zu 50 Milliarden Euro könnte der Schuldenberg der BA steigen. In einer solchen Situation müsste die Bundesregierung entweder den Beitrag zur Arbeitslosenversicherung wieder deutlich erhöhen oder der Finanzminister muss mehr Geld aus Steuermitteln für die Arbeitslosen ausgeben.

Aufgabe 23

B

Die Aufnahme in die Währungsunion ist abhängig von der Einhaltung der Konvergenzkriterien:

- Preisstabilität, d. h. der Anstieg der Verbraucherpreise darf den Durchschnitt der drei preisstabilsten Länder um nicht mehr als 1,5 Prozentpunkte übersteigen.
- Wechselkursstabilität, d. h. die Währung eines Mitgliedslandes muss dem Europäischen Währungssystem angehören und darf in den letzten beiden Jahren nicht abgewertet worden sein.
- Kapitalmarktzinsniveau, d. h. die durchschnittliche Rendite langfristiger Staatsanleihen darf höchstens 2 Prozentpunkte über dem Durchschnitt der entsprechenden Zinsen in den drei Ländern mit der niedrigsten Inflationsrate liegen.
- Haushaltsdisziplin, d. h. das jährliche Budgetdefizit, die Neuverschuldung der öffentlichen Haushalte, darf höchstens 3 % des BIP betragen.
- Staatsverschuldung, d. h. die Gesamtverschuldung der öffentlichen Haushalte darf nicht mehr als 60 % des BIP betragen.

Aufgabe 24

E

Die Offenmarktgeschäfte des ESZB werden eingesetzt, um die Zinsen und die Liquidität am Markt zu steuern. Die Offenmarktgeschäfte werden i. d. R. durch die EZB in Form von befristeten Transaktionen, z. B. im Rahmen von Zins- und Mengentendern, oder Anleihekaufprogrammen durchgeführt.

Zu D: Die Gewährung von Kassenkrediten der nationalen Notenbanken an die jeweiligen Regierungen ist nicht zulässig.

Aufgabe 25

A	B	C	D	E
3	**3**	**1**	**2**	**1**

Es gibt insgesamt 27 EU-Mitgliedsstaaten, davon 20 Euro-Lander..

Aufgabe 26

A	B	C	D	E
1	**4**	**1**	**1**	**1**

Aufgabe 27

A	B	C	D	E
3	**2**	**4**	**4**	**1**

Spitzenrefinanzierungsfazilität: Zum Instrumentarium des Eurosystems gehören zwei ständige Fazilitäten. Dabei handelt es sich zum einen um eine Spitzenrefinanzierungsfazilität, die dazu dient, Übernachtliquidität zu einem vorgegebenen Zinssatz bereitzustellen und so ein Ausbrechen des Tagesgeldsatzes nach oben zu begrenzen. Die Banken können darauf bei den nationalen Zentralbanken von sich aus und – sofern sie entsprechende Sicherheiten haben – praktisch unbegrenzt über Nacht für Liquidität sorgen. Am nächsten Tag müssen sie den Kredit dann wieder zurückzahlen. Auch dieser Kredit wird auf Pfandbasis abgewickelt. Der Zinssatz für diesen Kredit ist höher als der Satz im Hauptrefinanzierungsgeschäft. Er bildet im Allgemeinen die Obergrenze für den Tagesgeldsatz, da keine Bank, die ausreichend Sicherheiten hat, am Geldmarkt mehr zahlen wird, als sie bei der Notenbank für einen Übernachtkredit bezahlen muss.

Hauptrefinanzierungsgeschäft: Das Eurosystem stellt Zentralbankgeld vornehmlich über befristete Transaktionen zur Verfügung. Dabei handelt es sich entweder um Wertpapierpensionsgeschäfte oder um eine mit Wertpapieren besicherte Kreditvergabe der Notenbank an die Kreditinstitute, bei der die Zentralbank notenbankfähige Aktiva zum Pfand hereinnimmt, anstatt sie anzukaufen. Mit Hilfe der befristeten Transaktionen steuert das Eurosystem die Zinsen und die Liquidität am Geldmarkt und gibt Signale über seinen geldpolitischen Kurs. Üblicherweise stehen die wöchentlich im Ausschreibungswege durchgeführten siebentägigen Hauptrefinanzierungsgeschäfte im Mittelpunkt.

Aufgabe 28

Ermittlung des Saldos der Leistungsbilanz in Mio. EUR	
Warenhandel	+ 99.900,00
Dienstleistungen	- 58.000,00
Primäreinkommen	- 12.600,00
Sekundäreinkommen (regelmäßige Zahlungen)	- 26.700,00
= Saldo der Leistungsbilanz	**+ 2.600,00**

Aufgabe 29

Ermittlung des Saldos der Kapitalbilanz in Mio. EUR

Direktinvestitionen	- 12.800,00
Übriger Kapitalverkehr	- 24.300,00
Wertpapieranlagen	- 9.100,00
= Saldo der Kapitalbilanz	**- 46.200,00**

Aufgabe 30

C und **F**

Handelsbilanz: In ihr werden Export und Import von Waren erfasst. Ist die Ausfuhr von Waren größer als die Einfuhr, spricht man von einer aktiven Handelsbilanz oder einem Aktivsaldo der Handelsbilanz. Ist die Einfuhr größer als die Ausfuhr, spricht man von einer passiven Handelsbilanz oder einem Passivsaldo der Handelsbilanz. Die Ausfuhr wird durchgängig zu FOB-Preisen nachgewiesen. Die Einfuhr wird im laufenden monatlichen Zahlungsbilanzausweis auch mit ihrem FOB-Wert ausgewiesen.

Die in der Zahlungsbilanz erfassten Vorgänge werden prinzipiell zweiseitig verbucht, d. h. man geht also von der Annahme aus, dass einem Wertstrom vom Inland ins Ausland stets ein gleich großer Wertstrom vom Ausland ins Inland entspricht. Beide Ströme werden in der Statistik gesondert ausgewiesen (Bruttoprinzip). So muss bei einem Verkauf von Waren an das Ausland, der in der Leistungsbilanz verbucht wird, eine Buchung in der Kapitalbilanz zum formalen Ausgleich der Gesamtbilanz gegenüberstehen. Exportüberschüsse erhalten in der Leistungsbilanz ein Plusvorzeichen, die Einfuhren von Waren und Dienstleistungen sowie die Ausgaben aus den Primäreinkommen werden mit einem Minusvorzeichen versehen. Soweit in Höhe der Ausfuhr oder der empfangenen Primäreinkommen eine Zunahme der Forderungen Deutschlands gegenüber dem Ausland stattfindet, geht sie in den Saldo der Kapitalbilanz mit einem Minuszeichen ein. In Höhe der Einfuhr können die Verbindlichkeiten gegenüber dem Ausland zunehmen. Dieses wird mit einem Pluszeichen in der Kapitalbilanz verbucht.

Prüfungssatz IV

1 Vermögen aufbauen und Risiken absichern

1. Fall: Geldanlage in Aktien und Investmentanteilen (29,5 Punkte)

Aufgabe 1.1 (2 Punkte)

Geeignetheitserklärung

Aufgabe 1.2 (4 Punkte)

Herr Kemper hat als Aktionär das Recht auf Teilnahme und Stimmrecht an der Hauptversammlung.

Beim Kauf von Aktien fällt kein Ausgabeaufschlag an, ggf. eine geringe Provision und Maklergebühr.

Bei einer Direktanlage in eine Aktie hat Herr Kemper höhere Renditechancen.

Aufgabe 1.3 (4 Punkte)

Kommissionsgeschäft	Festpreisgeschäft
- Abschluss eines Kommissionsvertrags oder - Nordbank AG kauft in eigenem Namen für Rechnung von Herrn Kemper - die Nordbank AG tritt als Kommissionär für ihren Kunden auf (Kommissionsvertrag für das Abwicklungsgeschäft) - das Ausführungsgeschäft (Kauf oder Verkauf) schließt die Nordbank AG für Rechnung des Kunden ab	- Abschluss eines Kaufvertrags (Vertrag kommt zwischen der Nordbank AG und Kunde zustande)
- Bruttoabrechnung (Kosten sind gesondert auszuweisen)	- Nettoabrechnung (Kosten sind im Preis enthalten)
- der zur Zeit der Ausführung gültige Börsenkurs muss zugrunde gelegt werden	- der Preis kann frei vereinbart werden - die Nordbank AG und Kunde vereinbaren für ein einzelnes Geschäft einen festen Preis
- dem Kommittenten (Kunde) wird Rechenschaft über die Ausführung der Order abgelegt (Orderabrechnung)	
- die Nordbank AG haftet für die ordnungsgemäße Orderausführung	
- Börsenzwang: Ausführung der Order über die Börse	- OTC over the counter Geschäft

Aufgabe 1.4 (2,5 Punkte)

A und **F**

- Vorteile einer Anlage in Investmentfonds:
- Bei einem Investmentfonds erfolgt eine Risikostreuung durch die Anlage in viele verschiedene Vermögenswerte.
- Investmentfonds werden durch professionelle Experten (Fondsmanager) verwaltet.

- Die Anlage eines gleichbleibenden Geldbetrags in Investmentanteilen ist möglich, da auch Bruchteile von Fondsanteilen gekauft werden können.
- Bereits mit einem geringen Geldbetrag kann man sich bei einer Investmentfondsanlage an mehreren Aktiengesellschaften beteiligen.

Aufgabe 1.5 (3 Punkte)

Miteigentum nach Bruchteilen am Sondervermögen
- Anspruch auf Beteiligung am Fondsertrag
- Anspruch auf Rückgabe der Anteile zum Rücknahmepreis an die Kapitalverwaltungsgesellschaft, hier WEKANord
- Anspruch auf ordnungsgemäße Verwaltung des Fondsvermögens
- Anspruch auf Rechenschaftslegung über den Investmentfonds WEKANord

Aufgabe 1.6 (3 Punkte)

Das Fondsvermögen muss getrennt vom Vermögen der Kapitalverwaltungsgesellschaft gehalten werden.
- Für einen Fonds dürfen nur bestimmte Wertpapiere und bestimmte andere Vermögensgegenstände bis zu einer bestimmten Höhe erworben werden.
- Die Kapitalverwaltungsgesellschaft unterliegt der Aufsicht durch die Bundesanstalt für Finanzdienstleistungsaufsicht (BaFin).

Aufgabe 1.7 (3 Punkte)

Inventarwert: 7.652.000,00 EUR : 200.000,00 = 38,26 EUR

Ausgabeaufschlag: 3 % von 38,26 = 1,15 EUR

Ausgabekurs: 38,26 + 1,15 = 39,41 EUR aufgerundet 39,50 EUR

Rücknahmegebühr: 0,3 % von 38,26 EUR = 0,11 EUR

Rücknahmepreis: 38,26 EUR – 0,11 EUR = 38,15 , abgerundet 38,10 EUR

Aufgabe 1.8 (2,5 Punkte)

C

Bei Zinsänderungen verändern sich auch die Kurse der im Fonds enthaltenen Anleihewerte.

Herr Kemper erhält keine Ausschüttung der Erträge, die der WEKANord erwirtschaftet hat. Diese Erträge verbleiben im Fonds.

Aufgabe 1.9 (2,5 Punkte)

C

Aufgabe 1.10 (3 Punkte)

- realisierte Kursgewinne
- Dividenden
- Evtl. Zinsen

2. Fall: Geldanlage in Aktien (27 Punkte)

Aufgabe 2.1 (3 Punkte)

Dividendenbetrag 1500 x 1 EUR =	1.500,00 EUR
Freibetrag	500,00 EUR
=	1.000,00 EUR
- 25 Abgeltungssteuer	250,00 EUR
- 5,5 SolZ von 250,00 EUR	13,75 EUR
=	736,25 EUR
+ 500,00 FSA	500,00 EUR
= Gutschriftsbetrag	**1.236,75 EUR**

Aufgabe 2.2 (5 Punkte)

A	B	C	D	E
2	**1**	**2**	**2**	**1**

Aufgabe 2.3 (1 Punkt)

12 : 1

Aufgabe 2.4 (3 Punkte)

1,06

Rechenweg: (38 - 23 - 1,2) : 13

Aufgabe 2.5 (2,5 Punkte)

E

Bookbuildung bezeichnet ein weit verbreitetes Preisfindungs- und Zuteilungssystem im Rahmen der Emission von Wertpapieren - typischerweise Börsengängen (Going Public) oder Kapitalerhöhungen. Beim Bookbuilding werden Kapitalgeber in die Preisfindung mit einbezogen.

Aufgabe 2.6 (2,5 Punkte)

A

Aufgabe 2.7 (2 Punkte)

Die Anlage in Aktien wird für Kapitalanleger uninteressanter, da eine Anlage am Rentenmarkt eine höhere Rendite bei geringerem Risiko verspricht.

Aufgabe 2.8 (3 Punkte)

C und **E**

Aufgabe 2.9 (5 Punkte)

Kurswert: 3500 x 2,57 =	8.995,00 EUR
+ 0,3 % Provision	26,99 EUR
+ 0,4 Promille	3,60 EUR
+ Abwicklungsgebühr	3,50 EUR
Belastungsbetrag	**9.029,09 EUR**

3. Fall: Firmenkredit (19 Punkte)

Aufgabe 3.1 (4 Punkte)

Der Kapitalbedarf beträgt 4 Mio. EUR
Das Bezugsverhältnis beträgt 5 : 1
Bisher umlaufende Aktien: 10 Mio. EUR Gezeich. Kapital : 5 EUR Nennwert = 2 Mio. Aktien
Anzahl der neuen Aktien: 2 Mio. : 5 = 400.000 neue Aktien
4 Mio. EUR : 400.000 = **10,00 EUR**
Der Ausgabekurs der neuen Aktien muss mindestens 10,00 EUR sein, damit die Investition in Höhe von 4 Mio. EUR durchgeführt werden kann.

Aufgabe 3.2 (2,5 Punkte)

D

Dividendenrendite = Bruttodividende : Aktienkurs x 100

Bei der Interpretation dieser Kennzahl, ist zu berücksichtigen, dass die Dividende gewinnabhängigen Schwankungen unterliegt. Zudem führt jede Ausschüttung tendenziell zu einem Kursrückgang der Aktie.

Aufgabe 3.3 (1 Punkt für die Berechnung der Dividendenrendite, für die Interpretation der Kennzahl je Aspekt 1 Punkt max. 2 Punkte, insgesamt 3 Punkte)

Dividendenrendite= 100:2,56 x 0,16 = **6,25 %**
- Die Kennzahl bezieht sich auf eine in der Vergangenheit gezahlte Dividende.
- Jede Kursveränderung ändert die Kennzahl.

Aufgabe 3.4 (2,5 Punkte)

E

Im Unterschied zur Dividendenrendite ist das Kurs-Gewinn-Verhältnis einer Aktie aussagefähiger.

Formel: KGV

Kurs-Gewinn- Verhältnis (KGV)= Aktienkurs : erwarteter Gewinn pro Aktie

Der Gewinn pro Aktie wird nach bestimmten Regeln ermittelt und ist um außerordentliche Einflüsse bereinigt.

Das KGV ist abhängig vom Aktienkurs und vom erwarteten Gewinn. Jede Veränderung einer dieser Größen verändert das KGV.

Das KGV zeigt an, mit welchem Faktor des Gewinns die Aktie an der Börse gehandelt wird.

Die Kennzahl gibt an, wie viele Jahre das Unternehmen diesen Gewinn erzielen müsste, um den Aktienkurs zu erwirtschaften.

Je niedriger das KGV, desto günstiger ist die Aktie bewertet.

Das Ergebnis je Aktie wird den Banken für die umsatzstarken Aktien laufend prognostiziert.

Aufgabe 3.5 (Berechnung des KGV 1 Punkt, Interpretation der Kennzahl 2 Punkte, insgesamt 3 Punkte)

KGV = 8

Rechenweg: 2,56 : 0,32

Die Maschinenfabrik AG müsste 8 Jahre einen Gewinn von 0,32 EUR je Aktie erzielen, um den eingesetzten Geldbetrag zu erwirtschaften.

Aufgabe 3.6 (4 Punkte)

Das KGV der Maschinenfabrik AG-Aktie liegt unter dem Branchendurchschnitt. Ein im Vergleich niedrigeres KGV deutet auf eine Unterbewertung der Aktie hin.

4. Fall: Altersvorsorge (24,5 Punkte)

Aufgabe 4.1 (2,5 Punkte)

C

- Kursrisiko: bei steigendem Kapitalmarktzins fällt der Kurs der Schuldverschreibung der NordHypo AG
- Bonitätsrisiko (Emittentenrisiko): die Zahlungsfähigkeit der NordHypo AG ist für Zinsen und/oder Rückzahlung in Frage gestellt.

Aufgabe 4.2 (4 Punkte)

- Kursrisiko besteht bei vorzeitigem Verkauf
- Bonitätsrisiko ist immer vorhanden, da die wirtschaftliche Entwicklung der NordHypo AG nicht vorhersehbar ist.

Aufgabe 4.3 (2,5 Punkte)

C und **E**

Aufgabe 4.4 (2 Punkte)

Die gezahlten Stückzinsen werden in den allgemeinen Verlustverrechnungstopf eingestellt und vermindern einen steuerpflichtigen Kapitalertrag.

Aufgabe 4.5 (4 Punkte)

2,5 % Zinsen von 15.000 EUR	375,00 EUR
- Verlustverrechnung allgemein	185,00 EUR
=	190,00 EUR
- 25 % Abgeltungssteuer	47,50 EUR
- 5,5 SolZ	2,61 EUR
=	139,89 EUR
+ Verlustverrechnungstopf allgemein	185,00 EUR
= Gutschriftsbetrag	**324,89 EUR**

Aufgabe 4.6 (2 Punkte)

- Immer weniger Beitragszahler müssen die Renten von immer mehr Rentenbeziehern finanzieren.
- Die zukünftige Rente wird nicht ausreichen, um den gewohnten Lebensstandard zum Eintritt des Rentenalters aufrecht zu erhalten.

Aufgabe 4.7 (2,5 Punkte)

C

Aufgabe 4.8 (je Nennung 1,5 Punkte, bei vollständiger Nennung 5 Punkte)

- Gesetzliche Altersversicherung
- Staatlich geförderte Altersvorsorge (Riesterrente)
- Frei angesparte Rentenverträge und Versicherungen

2 Finanzierungsvorhaben begleiten

1. Fall: Grundstückskauf (43,5 Punkte)

Aufgabe 1.1 (5 Punkte)

A	B	C	D	E
3	**2**	**4**	**6**	**5**

Das Grundbuch ist ein öffentliches Register, welches beim Amtsgericht über alle Grundstücke des betreffenden Bezirks geführt wird. Es genießt öffentlichen Glauben. Einsicht ist möglich. Das Grundbuch gibt Auskunft über:
- Bestandsverzeichnis
- Abteilung I des Grundbuches über den Eigentümer
- Abteilung II des Grundbuches über die Lasten und Beschränkungen des Eigentums
- Abteilung III des Grundbuches über eingetragene Hypotheken, Grundschulden und Rentenschulden

Aufgabe 1.2 (6 Punkte)

A	B	C
5	**1**	**4**

Auflassungsvormerkung: Maßnahme zur Sicherung des schuldrechtlichen Anspruchs auf Übertragung des Eigentums an einem Grundstück. Kann z. B. angewendet werden bei Grundstücksverkäufen, wenn der Verkäufer bereits frühzeitig eine Zahlung verlangt, obwohl der Käufer erst nach Erlangung der verschiedenen Formalitäten als Eigentümer in das Grundbuch eingetragen wird.

Grunddienstbarkeit: Grundstücksbelastungen zugunsten des jeweiligen Eigentümers eines anderen Grundstücks, wonach dieser das Grundstück in einzelnen Beziehungen nutzen darf oder wonach auf dem Grundstück gewisse Handlungen nicht vorgenommen werden dürfen. Der jeweilige Eigentümer des herrschenden Grundstücks erhält also das Recht oder Befugnisse am dienenden Grundstück. Die Grunddienstbarkeit entsteht wie jedes andere dingliche Recht an Grundstücken durch Einigung und Eintragung.

Reallast: Dingliche Belastung eines Grundstücks in der Weise, dass an den Berechtigten wiederkehrende Leistungen aus dem Grundstück zu entrichten sind. Die Leistungen können in Naturalien, Geld oder in Handlungen bestehen. Sie können zeitlich unbeschränkt oder auf eine gewisse Zeit, z. B. Lebenszeit des Berechtigten, bestellt werden. Dem Umfang nach können sie fest bestimmt oder verschieden groß sein.

Aufgabe 1.3 (3 Punkte)

1. Rang	2. Rang	3. Rang	4. Rang	5. Rang	6. Rang
1	**2**	**6**	**3**	**4**	**5**

Vgl. BGB:

§ 879 (Rangverhältnis mehrerer Rechte)

(1) Das Rangverhältnis unter mehreren Rechten, mit denen ein Grundstück belastet ist, bestimmt sich, wenn die Rechte in derselben Abteilung des Grundbuchs eingetragen sind, nach der Reihenfolge der

Eintragungen. Sind die Rechte in verschiedenen Abteilungen eingetragen, so hat das unter Angabe eines früheren Tages eingetragenen Rechts den Vorrang; Rechte, die unter Angabe desselben Tages eingetragen sind, haben gleichen Rang.

§ 880 (Rangänderung)

(1) Das Rangverhältnis kann nachträglich verändert werden.

(2) Zu der Rangänderung ist die Eintragung des zurücktretenden und des vortretenden Berechtigten und die Eintragung der Änderung in das Grundbuch erforderlich ....

§ 881 (Rangvorbehalt)

(1) Der Eigentümer kann sich bei der Belastung des Grundstücks mit einem Rechte die Befugnis vorbehalten, ein anderes, dem Umfange nach bestimmtes Recht mit dem Range vor jenem Rechte eingetragen zu lassen.

(2) Der Vorbehalt bedarf der Eintragung in das Grundbuch; die Eintragung muss bei dem Rechte erfolgen, das zurücktreten soll.

Aufgabe 1.4 (2 Punkte je Grund, max. 6 Punkte)

Der durch Gesetz angeordnete Formzwang erfüllt verschiedene Zwecke:

- Der Formzwang kann auch dazu dienen, die Erklärenden auf die rechtliche Bedeutung ihres Verhaltens hinzuweisen und vor Übereilung zu warnen (Warnfunktion).
- Die vorgeschriebene Beurkundung durch einen Notar gewährleistet, dass ein sachkundiger und neutraler Dritter mitwirkt, der die Beteiligten beraten und rechtlich belehren kann (Beratungsfunktion).
- Schließlich kann auch Formzwang geschaffen sein, um eine Kontrolle des Rechtsgeschäfts zum Schutz übergeordneter öffentlicher Interessen zu ermöglichen (Kontrollfunktion).

Aufgabe 1.5 (2 Punkte je Grund, max. 4 Punkte)

- Das fremde Vermögen, das der Notar auf dem Anderkonto verwaltet, soll vom eigenen Vermögen der Kanzlei getrennt werden.
- Bei Anderkonten verzichten Kreditinstitute auf ihr Pfand- und Zurückbehaltungsrecht nach dem AGB.
- Im Insolvenzfall der Kanzlei fallen die Guthaben auf Anderkonten nicht in die Verwertungsmasse.

Aufgabe 1.6 (1 Punkt)

Notar Mario Wende mit dem Zusatz „Anderkonto“. Zusätzlich kann der Name der wirtschaftlich Berechtigten Otterndorf angegeben werden.

Aufgabe 1.7 (2 Punkte)

Erst mit der Löschung der Auflassungsvormerkung kann Herr Schubert als Eigentümer wieder frei über sein Grundeigentum verfügen und das Grundstück einem anderen Käufer zum Kauf anbieten.

Aufgabe 1.8 (3 Punkte)

Antrag und Bewilligung der Löschung der Auflassungsvormerkung müssen vom Ehepaar Otterndorf vor einem Notar erklärt werden. Der Antrag kann auch formlos von Herrn Schubert gestellt werden. Die notarielle Erklärung der Bewilligung ist Grundlage des Grundbuchamtes für die Eintragung der Löschung der Auflassungsvormerkung im Grundbuch. Die Löschung wird dann im Grundbuchblatt rot unterstrichen und somit ausgetragen.

Aufgabe 1.9 (3 Punkte)

Über Anderkonten kann nur der Notar selbst verfügen bzw. sein Stellvertreter mit entsprechender Verfügungsmacht. Die Vertragspartner müssen sich an den Notar wenden, um den

Grundstückskaufvertrag zurück abzuwickeln und die 50.000,00 EUR auf dem Anderkonto auf das Konto vom Ehepaar Otterndorf zu überweisen.

Zu den Aufgaben 1.10 bis 1.14

Die Lösung nach der IHK-Formelsammlung Kundenkalkulation EUR

Konditionenbeiträge der Aktivgeschäfte	7,0 % - 1,5 % = 5,5 % p. a. von 1000,00 EUR / 4 (Quartal)	13,75
+ Konditionenbeiträge der Passivgeschäfte	1,5 % - 0,0 % = 1,5 % p. a. von 1200,00 EUR / 4 (Quartal)	4,50
= Deckungsbeitrag I (Zinsüberschuss, Zins-Konditionenbeitrag)		18,25
+ direkt zurechenbare Provisionserlöse	Kontoführungsgebühr	22,50
- direkt zurechenbare Betriebskosten	60,00 EUR pro halbjährlich / 2	30,00
= Deckungsbeitrag II (Netto-Konditionenbeitrag)		10,75
- direkt zurechenbare Risikokosten	0,7 % p. a. von 1000,00 EUR / 4 (Quartal)	1,75
- direkt zurechenbare Eigenkapitalkosten	0,4 % p. a. von 1000,00 EUR / 4 (Quartal)	1,00
= Deckungsbeitrag III (Deckungsbeitrag der Kunden)		8,00

Aufgabe 1.10 (2 Punkte)

13,75 EUR (siehe oben)

Aufgabe 1.11 (2 Punkte)

18,25 EUR (siehe oben)

Aufgabe 1.12 (2 Punkte)

10,75 EUR (siehe oben)

Aufgabe 1.13 (2 Punkte)

8,00 EUR (siehe oben)

Aufgabe 1.14 (2,5 Punkte)

C

Bei der Teilkostenrechnung werden nur direkt zurechenbare, variable Kosten zugerechnet. Bei einem Deckungsbeitrag von null wären daher die anderen Kosten noch nicht gedeckt, geschweige denn ein positives Betriebsergebnis zu erzielen. Daher müssen mit dem Deckungsbeitrag zunächst die Gemeinkosten gedeckt werden, bevor er zu einem positiven Betriebsergebnis beitragen kann.

2. Fall: Immobilienfinanzierung (22 Punkte)

Aufgabe 2.1 (2,5 Punkte)

D

Der Beleihungswert ist die vom jeweiligen Finanzierungsinstitut festgelegte Größe zur Beleihung einer Immobilie. Er entspricht i. d. R. dem Wert, der bei einem späteren freihändigen Verkauf unter normalen Umständen jederzeit erzielt werden kann. Es werden nur die dauernden und zukunftssichernden Eigenschaften der Grundstücke und Erträge berücksichtigt, die jeder Besitzer bei ordnungsgemäßer Bewirtschaftung nachhaltig erzielen kann. Dieser Wert ist maßgeblich für die Bestimmung des Sicherheitenwertes und der Beleihungsgrenze. In der Regel liegt dieser Beleihungswert niedriger als der geschätzte Marktwert.

Aufgabe 2.2 (2,5 Punkte)

D

Aufgabe 2.3 und 2.4 (8 Punkte)

Ermittlung des Sachwertes	EUR
Bodenwert	350.000,00
+ Herstellungskosten	1.230.000,00
+ Baunebenkosten	110.000,00
Zwischensumme	1.690.000,00
./. 30% Abschlag von den Herstellungskosten	369.000,00
Zwischensumme	1.321.000,00
Abgerundet auf volle 10.000,00 EUR	**1.320.000,00**

Ermittlung der Jahresnettomiete	EUR
Miete pro Wohnung 48 qm x 11 EUR	528,00
16 Wohnungsmieten	8.448,00
./. 30% Bewirtschaftungskosten	2.534,40
Nettogesamtmiete pro Monat	5.913,60
Jahresnettomiete	**70.963,20**

Ermittlung des Ertragswertes der Wohnimmobilie	
Jahresnettomiete	70.963,20 EUR
./. 4 % Bodenwertverzinsung von 350.000,00 EUR	14.000,00 EUR
Zwischensumme	56.963,20 EUR
Kapitalisierungsfaktor	16
Ertragswert 16 x 56.963,20 EUR	911.411,20 EUR
Abgerundet auf volle 10.000,00 EUR	**910.000,00 EUR**

Ermittlung des Beleihungswertes	EUR
Ertragswert	910.000,00
+ Bodenwert	350.000,00
Summe	1.260.000,00
Beleihungswert	1.260.000,00
Ermittlung der Beleihungsgrenze: 60 % davon	756.000,00
Abgerundet auf volle 10.000,00 EUR	**750.000,00**

Aufgabe 2.5 (3 Punkte)

Grundschuld

- Die Grundschuld ist eine von ihrem Rechtsgrund losgelöste (abstrakte) Grundstücksbelastung.
- Sie kommt sowohl in Buch- als auch in Briefform vor.
- Die Eintragung einer Zwangsvollstreckungsklausel ist möglich.
- Der Grundschuldgläubiger hat einen dinglichen Anspruch aus der Grundschuld.
- Für die Grundschuldhaften das Grundstück, die wesentlichen Bestandteile (z. B. Gebäude) und Erzeugnisse des Grundstücks, das Zubehör des Grundstücks, Miet- und Pachtforde-

rungen, Versicherungsforderungen, Ansprüche auf wiederkehrenden Leistungen zu Gunsten des Grundstückseigentümers (z. B. Reallasten).

In der Praxis bevorzugen die Kreditinstitute wegen der Abstraktheit von einer zugrunde liegenden Forderung die Grundschuld.

Aufgabe 2.6 (2 Punkte)

Durch diese Vertragsklausel soll die Kündigungspflicht gemäß § 1193 BGB aufgehoben werden, wonach eine Grundschuld erst aufgrund einer Kündigung durch den Schuldner oder den Gläubiger mit einer Frist von 6 Monaten fällig wird.

Aufgabe 2.7 (2 Punkte)

Mit der Eintragung der Zwangsvollstreckungsklausel unterwirft sich die Wohnimmobilien AG als Grundstückseigentümer der sofortigen Zwangsvollstreckung in das belastete Grundstück. Der Grundschuldgläubiger hat damit sofort einen vollstreckbaren Titel und kann die Zwangsvollstreckung in das belastete Grundstück betreiben.

Aufgabe 2.8 (2 Punkte)

Neben den zu vereinbarenden Darlehenszinsen fallen bei einer möglichen Zwangsvollstreckung Verzugszinsen an, die durch diesen höheren Zinssatz der vom Zeitpunkt der Fälligkeit des Kredites bis zur Zahlung aus der Zwangsversteigerung zur Abrechnung kommt, abgesichert werden. Außerdem ist damit auch eine Zinssatzerhöhung während der Darlehenslaufzeit abgesichert. Der dingliche Zins kann für 3 Jahre und den Rest des laufenden Jahres geltend gemacht werden, jedoch höchstens bis zum tatsächlich offenen Betrag.

3. Fall: Firmenkredit (34,5 Punkte)

Aufgabe 3.1 (je Berechnung 1 Punkt, max. 5 Punkte)

Eigenkapitalquote	Eigenkapital x 100 : Bilanzsumme 6.170.000 x 100 : 23.753.000 = **25,98 %**
Anlagendeckungsgrad I	Eigenkapital x 100 : Anlagevermögen 6.170.000 x 100 : 11.222.000 = **54,98 %**
Anlagendeckungsgrad II	(Eigenkapital + langfristiges Fremdkapital) x 100 : Anlagevermögen 13.768.000 x 100 : 11.222.000 = **122,69 %**
Cashflow	Betriebsergebnis + planmäßige Abschreibungen auf Sachanlagen + Zuführungen zu den langfristigen Rückstellungen 1.699.500 + 952.000 + 63.000 = **2.714.500,00 EUR**
Cashflow-Rate	Cashflow x 100 : Umsatzerlöse 2.714.500 x 100 : 37.272.300 = **7,28 %**

Aufgabe 3.2 (2 Punkte)

Entwicklung des Liquiditätsbedarfs: Die Eigenkapitalquote und der Anlagendeckungsgrad I haben sich im Berichtsjahr verschlechtert. Der Anlagendeckungsgrad II und der Cashflow sowie die Cashflow-Rate haben sich im Berichtsjahr gegenüber dem Vorjahr verbessert, insbesondere die Cashflow-Rate, die den Cashflow ins Verhältnis zu den Umsatzerlösen setzt. Der Cashflow ist der Nettoüberschuss an liquiden Mitteln, den ein Unternehmen innerhalb eines Jahres regelmäßig aus den Umsatzerlösen erwirtschaftet. Je größer der Cashflow, desto größer ist die Finanzkraft (Investitions- und Schuldentilgungskraft) des Unternehmens.

Aufgabe 3.3 (Punkte)

A	B	C	D	E
2	**3**	**1**	**3**	**1**

Aufgabe 3.4 (1 ausführlicher Finanzierungsvorschlag 3 Punkte)

Finanzierungsvorschlag der Nordbank AG:

Kreditbetrag 74.000,00 EUR als Investitionskredit

Mögliche Kreditbesicherung:

1. Ausnutzung des freien Teils der Grundschuld, zurzeit 115.000,00 EUR (425.000 - 310.000) aus Annuitätendarlehen mit Nr. 489370
2. Sicherungsübereignung der anzuschaffenden Multifunktionsmaschinen

Laufzeit: bis maximal 5 Jahre; die gewöhnliche Nutzungsdauer beträgt 5 Jahre.

Rückzahlung: monatliche Rückführung in gleich bleibenden Raten (Annuitätendarlehen) oder in fallenden Raten (Abzahlungsdarlehen)

Aufgabe 3.5 (2,5 Punkte)

D

Aufgabe 3.6 (2,5 Punkte)

C

Aufgabe 3.7 (3 Punkte)

Belastung:

1. Annuitätendarlehen gegen erstrangige Grundschuld:
   Monatliche Rate = Kreditbetrag x (Zinssatz + anfängliche Tilgung) : (100 x 12)
   Beispielrechnung: 1.190,17 EUR bei 5 Jahren Laufzeit
   Rechenweg: (74.000 x (4,5 + 14,8) : (100 x 12)
2. Abzahlungsdarlehen gegen Sicherungsübereignung:
   Anfängliche monatliche Rate = (Kreditbetrag x Zinssatz in %) : 12 + (Kreditbetrag : Laufzeit in Monaten)
   Beispielrechnung:
   1.541,66 EUR bei 5 Jahren Laufzeit
   Rechenweg: ((74.000 x 5): (100 x 12) + (74.000 : 60))= 308,33 + 1.233,33 = 1.541,67 EUR

Aufgabe 3.8 (2,5 Punkte)

C und **D**

Aufgabe 3.9 (je Erklärung 1 Punkt, je Beispiel 1 Punkt, max. 6 Punkte)

Selbstfinanzierung: Bei der Selbstfinanzierung führt das Unternehmen einen Teil des Gewinns den Gewinnrücklagen zu. Rücklagen erhöhen das Eigenkapital und ergeben sich durch die Nichtausschüttung von erwirtschafteten Gewinnen.

Beteiligungs- oder Außenfinanzierung:

Die Kapitalbeschaffung von außen durch die Eigentümer oder Gesellschafter des Unternehmens z. B. Erhöhung der Kapitaleinlagen oder Aufnahme neuer Gesellschafter bei Personengesellschaften.

Erhöhung des Grund- bzw. Stammkapitals bei Kapitalgesellschaften. Fremdfinanzierung oder Kreditfinanzierung: Die Gläubiger des Unternehmenssind die Kreditgeber des Unternehmens. Beispiele sind die Aufnahme von Bankkrediten, Inanspruchnahme der Lieferantenkredite, und die Emission von Schuldverschreibungen.

Aufgabe 3.10 (Erklärung 1 Punkt, 2 Beispiele 2 Punkte)

Finanzierung durch Vermögensumschichtung: Verkauf von Vermögensteilen zur Verbesserung der Liquidität, z. B. Verkauf von Wertpapieren und Verkauf von Forderungen aus Lieferungen und Leistungen.

Finanzierungen aus Abschreibungen und Rückstellungen: Abschreibungen und neu gebildete, langfristige Rückstellungen z. B. Pensionsrückstellungen sind Aufwendungen, die erst in der Zukunft zu Auszahlungen führen.

3 Wirtschafts- und Sozialkunde

100 Punkte, gleichmäßig auf alle Aufgaben verteilt!

Aufgabe 1

A	B	C	D
2	**1**	**1**	**1**

Rechtsnormen können privatrechtlicher oder öffentlich-rechtlicher Natur sein.
Um öffentliches Recht handelt es sich, wenn der Staat (oder auch eine Gemeinde) als Inhaber hoheitlicher Gewalt dem einzelnen Bürger gegenübersteht. Von einer Instanz der öffentlichen Gewalt wird etwas „angeordnet“, „genehmigt“ oder „verboten“, wird beispielsweise Sozialhilfe „bewilligt“, eine Steuer „erhoben“ oder zur Bundeswehr „einberufen“. Öffentliches Recht liegt darüber hinaus auch dann vor, wenn das rechtliche Verhältnis zwischen verschiedenen Trägern der öffentlichen Gewalt (z. B. zwischen Bund und Ländern) betroffen ist.
Das Privatrecht regelt auf der Basis der Gleichberechtigung die rechtlichen Beziehungen der Privatpersonen und privaten Einrichtungen untereinander. Die Rechtsgrundlage ist das BGB.

Aufgabe 2

B, vgl. § 113 BGB: Ermächtigt der gesetzliche Vertreter den Minderjährigen, in Dienst oder in Arbeit zu treten, so ist der Minderjährige für solche Rechtsgeschäfte unbeschränkt geschäftsfähig, welche die Eingehung oder Aufhebung eines Dienst- oder Arbeitsverhältnisses der gestatteten Art oder die Erfüllung der sich aus einem solchen Verhältnis ergebenden Verpflichtungen betreffen. Ausgenommen sind Verträge, zu denen der Vertreter der Genehmigung des Familiengerichts bedarf.

Aufgabe 3

E

Da die Übergabe bei Abschluss des Kaufvertrages nicht erfolgte, bleibt die *Supernius GmbH* Eigentümerin und Besitzerin des Gefrierschranks. Herr Bergmann hat gegenüber der GmbH nur eine Geldforderung, die er aufgrund der Insolvenz beim Insolvenzverwalter anmelden muss (vgl. § 929 BGB).

Aufgabe 4

	A	B	C	D
I	**3**	**1**	**1**	**2**
II	**d**	**a**	**b**	**e**

Vgl. Besitz in §§ 854 ff. und Eigentum §§ 903 ff. BGB
Besitz: Der Besitz einer Sache wird durch die Erlangung der tatsächlichen Gewalt über die Sache erworben.
Eigentum: Der Eigentümer einer Sache kann mit der Sache nach Belieben verfahren und andere von jeder Einwirkung ausschließen.

Aufgabe 5

D und **E**, vgl. § 128 HGB (Persönliche Haftung der Gesellschafter)
Haftung der Gesellschafter der OHG: Die Gesellschafter haften für die Verbindlichkeiten der Gesellschaft den Gläubigern als Gesamtschuldner persönlich.

Aufgabe 6

16 Werktage (mit Sonntagen eingerechnet 18 Urlaubstage)

Aufgabe 7
Am **16.07.**, Freitag, kann das neue Arbeitsverhältnis beginnen.

Aufgabe 8
D

Aufgabe 9
C

Aufgabe 10
B und **F** (vgl. § 2 Tarifvertragsgesetz: Tarifvertragsparteien sind Gewerkschaften, einzelne Arbeitgeber sowie Vereinigungen von Arbeitgebern.)

Aufgabe 11
D

Aufgabe 12
50.000,00 EUR (5.000 x (500 - 490))
Produzentenrente: Es ist die Differenz zwischen dem Preis, zu dem ein Anbieter aufgrund seiner Kostensituation noch bereit wäre, ein Gut herzustellen und anzubieten, und dem Marktpreis. Im Gegensatz zu der psychologischen Größe der Konsumentenrente ist die Produzentenrente im Rahmen der Mikroökonomik ein Ausdruck für die anfallenden Differenzialgewinne (polypolistische Preisbildung) der intra-marginalen Marktanbieter.
Im Unterschied zur Produzentenrente ist die Konsumentenrente die Differenz zwischen dem Geldbetrag, den die Konsumenten für ein Gut äußerstenfalls zu bezahlen bereit wären (maximale Zahlungsbereitschaft) und dem Marktpreis. Die Konsumentenrente ist im Schaubild die Fläche des Dreiecks, das durch die Nachfragekurve, die Ordinate (y-Achse) und die Marktpreisgerade gebildet wird. Die Konsumentenrente ist volkswirtschaftlich am größten, wenn die Bedingungen der vollkommenen Konkurrenz auf allen Märkten gegeben sind und die Preise gleich den Grenzkosten der Produzenten sind.

Aufgabe 13
D und **F**
Vor Antritt einer neuen Arbeitsstelle kann der Arbeitnehmer einen Lohnsteuernachweis bei seinem zuständigen Finanzamt erhalten, den er dann seinem Arbeitgeber übergeben kann.
Änderungen im Lohnsteuernachweis können beim zuständigen Finanzamt des Arbeitnehmers beantragt werden. Der Arbeitnehmer erhält dann eine entsprechende Bescheinigung vom Finanzamt, die er seinem Arbeitgeber weiterleiten kann.
Lohnsteuerklassenwechsel können bis zum 30. November eines Jahres vorgenommen werden. Die Lohnsteuerklassen oder Klassenkombinationen können jederzeit gewechselt werden. Generell ist eine Änderung pro Jahr zulässig. Ausnahmen werden gemacht bei Geburt, Tod des Partners, Eheschließung, Arbeitslosigkeit und Beendigung der Arbeitslosigkeit: Hier sind häufigere Wechsel möglich.

Aufgabe 14
A (ist aus der Steuerklasse IV abzuleiten) und **D** (ist aus dem Lohnsteuernachweis abzulesen)
Zu B: Der Steuerpflichtige zahlt keine Kirchensteuer, trotzdem kann er aber einer Religionsgemeinschaft angehören!

Aufgabe 15
A
Die Preiselastizität misst das Verhältnis der relativen Nachfrageveränderung und der sie auslösenden relativen Veränderung des Preises. Je höher der Preis eines Gutes, desto geringer wird im Normalfall die Nachfrage nach diesem Gut sein. Umgekehrt wird bei sinkendem Preis die Nachfrage zunehmen. Wenn die Nachfrager in dieser Weise auf Preisveränderungen reagieren, spricht man von einer preiselastischen Nachfrage.

Aufgabe 16
640 Mrd. EUR (60 + 700 - 120 (Private Haushalte an Staat))

Aufgabe 17
120 Mrd. EUR (Banken an Unternehmen)

Aufgabe 18
520 Mrd. EUR
(Konsumausgaben = Verfügbares Einkommen - Sparaufkommen: 520 = 700 + 60 - 120 - 120)

Aufgabe 19
200 Mrd. EUR (Transferzahlungen an Haushalte + Subventionen an Unternehmen: 200 = 60 + 140)

Aufgabe 20
80 Mrd. EUR
1. Rechenweg:
80 = 200 (Transferzahlungen an Haushalte plus Subventionen an Unternehmen) – 120 (Private Haushalte an Staat)
2. Rechenweg: 80 = 520 (Konsumausgaben = Verfügbares Einkommen - Sparaufkommen) - 440

Aufgabe 21
1	2	3	4	5	6
D	**A**	**C**	**E**	**B**	**F**

Konjunkturzyklus: Er ist eine Bezeichnung für den Zeitabschnitt zwischen Beginn der ersten und Ende der letzten Konjunkturphase. Der Konjunkturzyklus wird meistens von einem oberen (unteren) Wendepunkt zum nächsten oberen (unteren) Wendepunkt gemessen.

Aufgabe 22
34,2 %
Anteil der direkten Steuern und Sozialabgaben der Arbeitnehmer an den Bruttolöhnen/-gehältern
Rechenweg: (1.565,3 - 1.030,3) : 1.565,3 x 100 = **34,2 %**

Aufgabe 23
12,1 %
Rechenweg: (287,6 : 2.382,7) x 100 = **12,1 %**

Aufgabe 24

D

	Bruttoinlandsprodukt
+	Primäreinkommen der Inländer aus der übrigen Welt
-	Primäreinkommen der Ausländer aus dem Inland
=	**Bruttonationaleinkommen**
-	Abschreibungen
=	**Nettonationaleinkommen (Primäreinkommen)**
-	Produktions- und Importabgaben
+	Subventionen an Unternehmen
=	**Volkseinkommen** setzt sich zusammen aus: Arbeitnehmerentgelt und Unternehmens- und Vermögenseinkommen
-	direkte Steuern der privaten Haushalte
-	Sozialabgaben
+	Transferzahlungen an private Haushalte
=	**Verfügbares Einkommen** wird verwendet für: privater Verbrauch und private Ersparnis

Aufgabe 25

A	B	C	D
3	**2**	**4**	**1**

Saisonale Arbeitslosigkeit: Sie entsteht, wenn Produktion und Nachfrage stark von der Jahreszeit abhängen.
Friktionelle Arbeitslosigkeit: Sie hängt von zwei Faktoren ab. Erstens von Arbeitsplatzwechselvorgängen (Fluktuation), wenn Beendigung der alten und Beginn der neuen Arbeitslosigkeit zeitlich auseinander fallen. Zweitens erfordern Suchdauer, Information über den neuen Arbeitsplatz, Bewerbungen, Vorstellungen, Eignungstests Zeit und führen dadurch zu einer sog. Sucharbeitslosigkeit.
Strukturelle Arbeitslosigkeit: Sie liegt vor, wenn Angebot und Nachfrage auf dem Arbeitsmarkt deshalb nicht zusammenpassen, weil beide Seiten des Arbeitsmarktes bezüglich vermittlungsrelevanter Merkmale wie z. B. Alter, Qualifikation, Gesundheit unterschiedlich zusammengesetzt (strukturiert) sind.

Aufgabe 26

9,3 %

Arbeitslose Personen = Zivile Erwerbspersonen – zivile Erwerbstätige = 47.615 Personen
Arbeitslosenquote = 47.615 : 511.865 x 100 = 9,3 %

Aufgabe 27

A	B	C	D
3	**1**	**2**	**1**

Konjunkturindikatoren sind ökonomische Zeitreihen und aus ihnen abgeleitete Messgrößen, die den Konjunkturverlauf anzeigen. Eine Konjunkturdiagnose kann mit verschiedenen Methoden durchgeführt werden, z. B. Befragungen zahlreicher Unternehmen über den gegenwärtigen Konjunkturzustand, die in der BRD vom ifo-Institut für Wirtschaftsforschung durchgeführt werden. Den Konjunkturverlauf kann auch durch den Vergleich von Produktionspotenzial und tatsächlicher Produktion eruiert werden.

Aufgabe 28

E

Das Stabilitätsgesetz enthält fiskalpolitische Instrumente, um den Wirtschaftsablauf zur bestmöglichen Verwirklichung des „Magischen Vielecks" zu beeinflussen. Die Maßnahmen und Instrumente des Stabilitätsgesetzes, z. B. Steuererhöhungen/Steuersenkungen gehören zur nachfrageorientierten Wirtschaftspolitik.

Aufgabe 29

A und **C**

Offenmarktpolitik: Es ist die Gestaltung des Kaufs oder Verkaufs von Wertpapieren durch die Zentralbank am sog. offenen Markt. Zu den auf die Initiative der Zentralbank durchgeführten Transaktionen gehören:

- definitive An- oder Verkauf von Vermögenswerten
- Kauf oder Verkauf von Vermögenswerten mit einer Rückkaufsvereinbarung
- Kreditgewährung oder Kreditaufnahme gegen Sicherheiten
- Emissionen von Zentralbankschuldverschreibungen
- Hereinnahme von Einlagen
- Devisenswaps zwischen in- und ausländischer Währung

Aufgabe 30

C

Der Verbraucherpreisindex wird anhand eines Verbrauchsschemas, des sogenannten Warenkorbs, berechnet, der alle Güter und Dienstleistungen enthält, die den typischen Verbrauchsgewohnheiten eines Durchschnittshaushalts entsprechen. Dazu gehören Güter des täglichen Bedarfs wie Lebensmittel, Bekleidung oder Mieten und langlebige Gebrauchsgüter wie Kraftfahrzeuge oder Möbel genauso wie Dienstleistungen (z. B. Friseurbesuche oder Versicherungen). In der Regel wird der Warenkorb ungefähr alle fünf Jahre neu festgesetzt, weil sich die Konsumgewohnheiten der Verbraucher verändern oder neue Waren und Dienstleistungen angeboten werden. Die Berechnung der Preisveränderung für die Lebenshaltung erfolgt durch die Ermittlung der Preise für die einzelnen Güter des Warenkorbes. Diese Preise werden dann als Indexzahl, bezogen auf ein Basisjahr (derzeit Preisbasis 2005 = 100), ausgedrückt.

Zur Ermittlung der Preise für die Güter des Warenkorbs erheben das Statistische Bundesamt und die Statistischen Landesämter monatlich in 188 Berichtsgemeinden im gesamten Bundesgebiet für ungefähr 700 Waren und Dienstleistungen etwa 300.000 Einzelpreise. Seit 2004 bezieht das Statistische Bundesamt auch Qualitätsverbesserungen einzelner Güter in die Berechnungen ein. So wirkt sich z. B. der Qualitätsvorsprung eines heute gekauften Computers gegenüber dem gleich teuren Modell vor einigen Jahren als effektive Preissenkung aus. Für die Europäische Union wird der harmonisierte Verbraucherpreisindex ermittelt.

Prüfungssatz V

1 Vermögen aufbauen und Risiken absichern

1. Fall: Erwerb einer Inhaberschuldverschreibung (32,5 Punkte)

Aufgabe 1.1 (1 Punkt)

Das Wertpapierhandelsgesetz verpflichtet den Berater zu dieser ausführlichen Befragung von Frau Müller. Aufgrund der Befragung schätzen Sie Frau Müller als eine risikoscheue Kundin ein.

Aufgabe 1.2 (4 Punkte)

- Zinsänderungsrisiko: Bei steigendem Kapitalmarktzins fällt der Kurs der Inhaberschuldverschreibung.
- Bonitätsrisiko (Emittentenrisiko): Die Zahlungsfähigkeit der Chemie SE ist für Zinsen und/oder Rückzahlung in Frage gestellt.

Aufgabe 1.3 (4 Punkte)

- Das Kursrisiko besteht dann, wenn Frau Müller die Inhaberschuldverschreibung vorzeitig verkauft.
- Bonitätsrisiko ist immer vorhanden, da die wirtschaftliche Entwicklung der Chemie SE nicht vorhersehbar ist, insbesondere infolge der weltweiten Globalisierung.

Aufgabe 1.4 (je Erklärung 2 Punkte, max. 4 Punkte)

- Die Nominalverzinsung stellt den verbrieften jährlichen Zinsanspruch, bezogen auf den Nennwert, dar.
- Die Rendite drückt den durchschnittlichen jährlichen Kapitalertrag einer Kapitalanlage, unter Berücksichtigung der Rückzahlungsgewinne bzw. Rückzahlungsverluste, im Verhältnis zum tatsächlich eingesetzten Kapital aus.

Aufgabe 1.5 (4 Punkte)

Zinsen pro Jahr: Für 100,00 EUR Inhaberschuldverschreibung erhält Frau Müller jährlich	3,75 EUR
Aktueller Kurs der Schuldverschreibung 98,10 %	
Das bedeutet einen Rückzahlungsgewinn für 4 Jahre von 1,9 %.	
Bei 100,00 EUR Anleihebetrag ergibt sich für 4 Jahre ein Rückzahlungsgewinn von	1,90 EUR
Rückzahlungsgewinn pro Jahr 1,90 : 4 =	0,48 EUR
Ertrag pro Jahr 3,75 + 0,48 =	4,23 EUR
Renditeberechnung: 4,23 x 100 : 98,10 = 4,31192	**4,31 %**

(je Rechenschritt 0,5 Punkte, Renditeberechnung 2 Punkte, max. 4 Punkte)

Aufgabe 1.6 (2 Punkte)

Das Limit „98,30“ ist der Höchstpreis, den Frau Müller zu zahlen bereit ist.

Aufgabe 1.7 (2,5 Punkte)

E

Der Auftrag ist bis zum Börsenschluss am 14.04. gültig.

- Bleibt der Kurs unter dem gesetzten Limit von 98,30 %, dann wird der Auftrag am gleichen Tag ausgeführt.
- Steht der Kurs bis zum Börsenschluss über dem Limit von 98,30 %, dann wird der Auftrag am Ende des Börsentages gelöscht.

Aufgabe 1.8 (6 Punkte)

Kurswert 98,10 x 15.000 : 100 =	14.715,00 EUR
+ Stückzinsen für 246 Tage (15.08. des Vorjahres einschließlich bis Montag, 17.04.)	
3,75 % von 15.000,00 EUR für 246 Tage (3,75 x 15000 x 246) : (100 x 365)	379,11 EUR
+ 0,5 % Provision vom Nennwert von 15.000,00 EUR	75,00 EUR
+ 0,75 ‰ vom Nennwert von 15.000,00 EUR	11,25 EUR
Belastung	**15.180,36 EUR**

(Stückzinsberechnung 2 Punkte, jeder andere Rechenschritt 1 Punkt, max. 6 Punkte)

Aufgabe 1.9 (2,5 Punkte)

Das angegebene Konto wird am 18.04. (Dienstag) belastet.

Aufgabe 1.10 (2,5 Punkte)

B

2. Fall: Geldanlage in Aktien (22,5 Punkte)

Aufgabe 2.1 (2 Punkte je Sachverhalt, max. 4 Punkte)

Sie müssen Herrn Meyer über die Risiken von Aktien allgemein und speziell in regenerativen Energiewerten informieren, z. B. Kursrisiken, Branchenrisiken, Unternehmensrisiken.

Sie müssen feststellen, welche Kenntnisse und Erfahrungen Herr Meyer mit der Anlage in Aktien hat, um ihn gezielt über eine Direktanlage zu informieren, bzw. ihn über die Risiken aufklären zu können.

Sie müssen sich über die Vermögenssituation von Herrn Meyer informieren wegen einer gezielten Anlagestruktur seines Vermögens, z. B. ob die gewünschte Direktanlage mit seiner bisherigen Vermögensstruktur zusammenpasst.

Sie müssen Herrn Meyer über die im Zusammenhang mit der Direktanlage entstehenden Kosten informieren, z. B. Erwerbskosten, evtl. zukünftige Verkaufskosten, Auswirkungen eines Aktienerwerbs auf zukünftig anfallende Depotgebühren usw. Abschließend müssen Sie Ihre Erkenntnisse und Ihre Empfehlung in einer Geeignetheitserklärung darstellen. Aufgrund der neuen Regelungen im WpHG entfällt dann das Nachweisprotokoll. An seine Stelle tritt jetzt die Geeignetheitserklärung.

Aufgabe 2.2 (1 Punkt)

Die Geeignetheitserklärung ersetzt jetzt das Beratungsprotokoll. Darin hält der Berater fest, warum er einem Kunden ein bestimmtes Produkt — sei es eine Aktie, ein Rohstoffzertifikat oder einen Fondssparplan — empfohlen hat und warum er dieses angesichts der Anlagedauer, der persönlichen Risikobereitschaft des Kunden und von dessen Kapitalmarkterfahrung her für geeignet hält. Den Verlauf des Gesprächs muss der Kundenberater in Zukunft nicht mehr dokumentieren.

Die Kreditinstitute müssen jetzt jedes Telefonat eines Kunden mit einem Wertpapierberater aufzeichnen und für mindestens 5 Jahre archivieren. Bei Rechtsstreitigkeiten soll sich so leichter nachvollziehen lassen, ob ausreichend über die Risiken aufgeklärt wurde. Die Pflicht zur Aufzeichnung — im Fachjargon „Taping" genannt — gilt auch für das Gespräch in der Filiale — dort kann der Berater aber auch einen schriftlichen Vermerk anfertigen.

Mit der Geeignetheitserklärung soll sichergestellt werden, dass u.a. Anlageziel und Anlageempfehlung übereinstimmen.

Aufgabe 2.3 (1 Punkt je Nennung, 2 Punkte für Erklärung, max. 6 Punkte)

Spekulationsmotiv: Herr Meyer kann Chancen auf überdurchschnittliche Kurssteigerungen infolge hoher erwarteter Wachstumsmargen im in- und ausländischen Markt nutzen. Dies gilt insbesondere für regenerative Aktienwerte, da ihnen in der Zukunft ein starkes Wachstum vorhergesagt wird.

Ertragsmotiv: Durch Beteiligung an einer Aktiengesellschaft kann Herr Meyer Dividendenerträge erzielen, die in der Rendite ggf. höher sind als bei z. B. festverzinslichen Wertpapieren.

Steuerliches Motiv: Herr Meyer muss die Dividenden, Kursgewinne beim Verkauf der Aktien und ggf. Bezugsrechtserlöse versteuern. Herr Meyer kann die Erträge mit seinem Freistellungsbetrag verrechnen.

Sachwertmotiv: Durch Investition in eine Sachanlage kann sich Herr Meyer vor Geldwertverlusten (Inflation) schützen.

Mitbestimmungsmotiv: Herr Meyer kann sich regelmäßig in der Hauptversammlung über die vergangene Entwicklung des Unternehmens informieren und sein Stimmrecht direkt oder indirekt über das Vollmachtstimmrecht wahrnehmen.

Aufgabe 2.4 (4 Punkte)

- Herr Meyer sollte in umsatzstarke Energiewerte mit einer hohen Marktkapitalisierung und großem Streubesitz investieren. Dadurch können diese Aktien leicht wieder veräußert werden.
- Herr Meyer sollte in Standardwerten investieren, da bei diesen strengere Zulassungsbestimmungen den Anlegerschutz erhöhen.
- Herr Meyer sollte in unterschiedliche Energiewerte investieren.
- Herr Meyer sollte sich laufend über den regenerativen Energiemarkt informieren. Auf diese Weise kann Herr Meyer schnell auf Entwicklungen durch Zu- bzw. Verkauf von Aktien reagieren.
- Herr Meyer sollte nur Beträge in Aktien anlegen, die er für seinen laufenden Lebensunterhalt nicht benötigt. Damit verhindert er, dass er in ungünstiger Börsensituation Aktien verkaufen muss.

Aufgabe 2.5 (2,5 Punkte)

Zinsgutschrift	1.600,00 EUR
./. Freistellungsbetrag	500,00 EUR
Zwischensumme	1.100,00 EUR
./. 25 % Abgeltungssteuer	275,00 EUR
./. 5,5 % SolZ	15,13 EUR
Zwischensumme	809,87 EUR
+ Freistellungsbetrag	500,00 EUR
Gutschrift	**1.309,87 EUR**

Aktienverluste können im Verlustverrechnungstopf nur mit Aktiengewinnen verrechnet werden.

Aufgabe 2.6 (2,5 Punkte)

E

Unter der Girosammelverwahrung bezeichnet man die Verwahrung von Wertpapieren bei einer Bank in einem sogenannten Girosammeldepot. Dabei werden alle Effekten derselben Gattung gemeinsam verwahrt. Der so verwahrte Bestand steht im Eigentum nach Bruchteilen aller Einlieferer. Jeder hat einen Herausgabeanspruch an Stücken der beschriebenen Wertpapiergattung, die als Gattungssache untereinander austauschbar sind.

Eigentumserwerb

Das Eigentum wird durch Buchung auf dem Depotkonto erworben, wenn der Verwahrer zugleich den Kauf vermittelt. Bei der Einlieferung effektiver Stücke geht das Einzeleigentum an den Papieren unter. Regelmäßig wird ein Sammelbestand nur von einer Wertpapiersammelbank gebildet. Diese kann innerhalb des Sammelbestandes problemlos den Effektengiroverkehr durchführen.

Gemeinsame Aufbewahrung der von verschiedenen Kunden hinterlegten Effekten derselben Gattung, wobei die einlegenden Kunden Eigentumsrecht nicht an eingelieferten Effekten, sondern bruchteiliges Miteigentum am gesamten Sammeldepotbestand der Stücke gleicher Gattung erhalten.

Verwaltungsarbeiten

Folgende Verwaltungsarbeiten werden von der Wertpapiersammelbank übernommen:

- Zins- und Dividendenscheineinlösung
- buchtechnische Abwicklung von Kapitalerhöhungen und -herabsetzungen
- Durchführung der Verwaltungsaufgaben bei Auslosungen
- Kündigungen

Die Wertpapiersammelbank ist nicht berechtigt, Depotstimmrechte auszuüben.

Sonderverwahrung

Eine Streifbandverwahrung oder auch Sonderverwahrung genannt ist eine Form des offenen Depots, das dazu dient, Wertpapiere zu verwahren und zu verwalten. Es ist ein Bankgeschäft und obliegt einer Depotbank. Der Anleger hat bei einer Sonderverwahrung Eigentum an den verwahrten Wertpapierurkunden. Die Aufbewahrung dieser Stücke wird gesondert vorgenommen. Die Wertpapiere erhalten eine Kennzeichnung, die über den Hinterleger Auskunft gibt.

Gründe für die Sonderverwahrung

Eine Sonderverwahrung kommt nur in Frage, wenn Wertpapiere nicht sammelverwahrfähig sind oder wenn der Anleger ausdrücklich wünscht, dass die Wertpapiere gesondert verwahrt werden sollen.

Trennung von eigenen Wertpapierbeständen

Bei einer Streifbandverwahrung muss die Bank darauf achten, dass die Wertpapiere der Kunden auch getrennt von bankeigenen Wertpapierbeständen und den Wertpapieren dritter Personen aufbewahrt werden. Eine Streifbandverwahrung liegt dann vor, wenn Wertpapiere in sogenannten Streifbändern oder Mappen aufbewahrt werden. Die Kennzeichnung der Streifbänder beinhaltet Angaben zur Person, welche die Wertpapiere hinterlegt hat, und beispielsweise die Wertpapierkennnummer ISIN und die Art des Wertpapiers. Außerdem dürfen Mäntel und Bögen nicht zusammen verwahrt werden.

Kosten

Die Wertpapiere werden bei einer Streifbandverwahrung zum Beispiel im Safe der Bank verwahrt. Der Anleger muss damit rechnen, dass er die Kosten für die Verwaltung seiner Wertpapiere zu tragen hat.

Eigentumserwerb

Werden vom Bankkunden Wertpapiere käuflich erworben, erhält dieser ein sogenanntes Stückeverzeichnis. Dieses Stückeverzeichnis dient dem Anleger als Beweis dafür, dass er Eigentum an den Stücken besitzt. In einem Stückeverzeichnis werden alle erworbenen Stücke mit der jeweiligen Stücknummer für den Käufer aufgelistet.

Aufgabe 2.7 (2,5 Punkte)

D und **E**

Ausübung des Stimmrechts auf einer Hauptversammlung

Banken sind nicht verpflichtet, die Ausübung von Stimmrechten aus Kundendepots zu übernehmen. Sofern Banken das Stimmrecht für Aktionäre ausüben wollen, müssen sie vom Kunden mit der Wahrnehmung der Stimmrechte aus den hinterlegten Aktien beauftragt werden.

Arten von Stimmrechtsvollmachten

Der Kunde kann eine Einzelstimmrechtsvollmacht oder eine allgemeine Stimmrechtsvollmacht der Bank erteilen. Die Einzelstimmrechtsvollmacht gilt nur für eine Hauptversammlung. Die allgemeine Stimmrechtsvollmacht gilt für alle Hauptversammlungen inländischer Aktien im Depot des Kunden. Bei einer unbefristeten Erteilung muss die Bank einmal jährlich den Kunden auf die Möglichkeit des jederzeitigen Widerrufs der Vollmacht und auf andere Vertretungsmöglichkeiten hinweisen. Sie ist jederzeit widerruflich.

Beispiele für Vertretungsmöglichkeiten:

- Kreditinstitute
- Schutzgemeinschaft der Kleinaktionäre (SdK)
- Deutsche Schutzvereinigung für Wertpapierbesitz e.V. (DSW)

Depotkunden können sich für einzelne Hauptversammlungen Eintrittskarten von ihrer Bank besorgen lassen, um selbst das Stimmrecht auszuüben oder ausüben zu lassen.

Vorschriften für die Ausübung von Vollmachten durch Kreditinstitute:

- Kreditinstitut ist im Aktienregister anstelle des Depotkunden eingetragen: Mitteilung eigener Vorschläge zur Ausübung des Stimmrechts zu den einzelnen Tagesordnungspunkten an den Depotkunden durch das Kreditinstitut.

- Aktionär ist im Aktienregister der AG eingetragen: Kreditinstitut muss dem Aktionär die eigenen Vorschläge z. B. auf der Homepage zugänglich machen.
- Bei den eigenen Vorschlägen muss sich die Bank vom Interesse des Aktionärs leiten lassen.
- Kreditinstitut verpflichtet sich zur Einhaltung der Pflichten sowie zur ordnungsgemäßen Ausübung der Stimmrechte.
- Kreditinstitut muss den Depotkunden um Weisung für die Erteilung der Stimmrechtsausübung bitten.
- Kreditinstitut stimmt entsprechend den eigenen Vorschlägen ab, falls Aktionär nicht andere Weisungen erteilt.
- Hinweis auf personelle oder kapitalmäßige Verbindungen zwischen der Gesellschaft und dem Kreditinstitut
- Besondere Vorschriften bei eigenen Hauptversammlungen und Hauptversammlungen bei AG, bei denen das Kreditinstitut mit mehr als 5 % beteiligt ist: Depotkunde muss ausdrücklich Weisungen zu den einzelnen Punkten der Hauptversammlungen erteilen.

3. Fall: Erwerb von Aktienfonds (22,5 Punkte)

Aufgabe 3.1 (8 Punkte)

Risiken bei Rentenfonds:

Sinkender Anteilswert bei Kursverlusten der Anleihen, z. B. durch

- steigende Kapitalmarktzinsen (Zinsänderungsrisiko),
- Verschlechterung der Bonität der Emittenten der Schuldverschreibungen, die im Fonds angelegt sind (Bonitätsrisiko).

Risiken bei Aktienfonds:

Sinkender Anteilswert bei Kursverlust der im Fonds enthaltenen Aktien, z. B. durch

- Verschlechterung der Unternehmensaussichten (Gewinnerwartungen),
- Verschlechterung der Börsenstimmung (psychologische Einflüsse),
- Verschlechterung der Bonität (Rating) der im Fonds enthaltenen Aktiengesellschaften (Bonitätsrisiko).

Aufgabe 3.2 (4 Punkte)

Erträge aus Rentenfonds:

Ausschüttungen und steigender Anteilswert, z. B. durch

- Erträge durch laufende Verzinsung der Anleihen,
- Kursgewinne bei sinkenden Kapitalmarktzinsen und eine Verbesserung der Bonität der Emittenten der Anleihen.

Erträge bei Aktienfonds:

Ausschüttungen und steigender Anteilswert, z. B. durch

- Dividendenerträge,
- Kursgewinne bei den Aktien.

Aufgabe 3.3 (3 Punkte)

Der WEKANord schüttet die Erträge (Dividenden, realisierte Kursgewinne etc.) jährlich aus. Der NordGlobal schüttet die Erträge nicht aus, d. h. sie verbleiben im Sondervermögen.

Beim Fonds WEKANord fällt ein Ausgabeaufschlag (5 % des Rücknahmepreises) an. Berechnung: 98,74 EUR – 93,80 EUR = 4,94 EUR. Ausgabeaufschlag = 4,94 : 98,74 x 100 = 5 % gerundet. Beim Fonds NordGlobal fällt kein Ausgabeaufschlag an. Hier sind Rücknahme- und Ausgabepreis identisch.

Die Verwaltungsvergütung ist beim WEKANord (1,00 % p. a.) deutlich niedriger als beim NordGlobal (2,25 % p. a.).

Aufgabe 3.4 (2,5 Punkte)

A

Investmentgesellschaften sind Unternehmen, deren Geschäftsbetrieb darauf gerichtet ist, Sondervermögen zu verwalten und die Verwahrung und Verwaltung von Anteilen zu übernehmen. Es können mehrere Sondervermögen von einer Investmentgesellschaft gebildet werden. Sie sind aber getrennt zu halten. Die Stimmrechte der in den Fonds gehaltenen Aktien werden von der Investmentgesellschaft ausgeübt. Geschäftsberichte, Halbjahresberichte, Verkaufsprospekte sowie die Ausgabe- und Rücknahmepreise der Anteile sind laufend zu veröffentlichen. Der Anleger hat keinen Einfluss auf die Anlage- und Ausschüttungspolitik des Fondsmanagements.

Aufgabe 3.5 (2,5 Punkte)

D

Thesaurierende Investmentfonds sind Wachstumsfonds. Die Erträge bleiben im Sondervermögen und werden wieder angelegt.

Aufgabe 3.6 (2,5 Punkte)

0,75 % von 10,80 EUR = 0,081

20 EUR : 0,081 = 246,9136 = **247 Aktien**

247 x 10,80 = 2.667,60 EUR

0,75 % von 2.667,60 EUR = 20,007 EUR

4. Fall: Staatlich geförderte Altersvorsorge (22,5 Punkte)

Aufgabe 4.1 (4 Punkte)

- Beiträge für die Altersvorsorge mindern in der Ansparphase das zu versteuernde Einkommen.
- Die daraus entstehenden Renten unterliegen in der Auszahlphase (Rentenphase) der Besteuerung.

(2 Punkte für eine ausführliche Beschreibung)

Aufgabe 4.2 (3 Punkte)

- verzinsliches Ansparen von Guthaben zum Bau eines Hauses
- bedingter Anspruch auf ein zinsgünstiges Darlehen für den Wohnungsbau
- staatliche Förderung während der Anspar- und der Tilgungsphase möglich
- von Anfang an festgelegte Darlehenszinsen

Aufgabe 4.3 (2 Punkte je Rechenschritt, max. 4 Punkte)

Beitrag 1000,00 EUR/Jahr : 12 = 83,33 EUR/Monat = 4 ‰

83,33 : 4 x 1000 = 20.832,50 EUR aufgerundet auf volle 1000 EUR = **21.000,00 EUR**

Aufgabe 4.4 (4 Punkte)

Sparleistung = 300,00 EUR x 12 = 3.600,00 EUR

max. geförderter Betrag = 1.400,00 EUR

davon 10 % = **140,00 EUR pro Jahr**

Das zu versteuernde Einkommen des Ehepaars von 50.400 EUR liegt unter der Einkommensgrenze von zusammen 70.000 EUR. Damit ist das Ehepaar prämienberechtigt.

Aufgabe 4.5 (2,5 Punkte)

C

Riester-Rente	
Voraussetzungen für die staatliche Förderung	- Der Anleger gehört zum förderungsfähigen Personenkreis. - Die Anlage erfolgt in einem zertifizierten Altersvorsorgevertrag. - Der Anleger erbringt einen einkommensabhängigen Eigenbeitrag.
Geförderter Personenkreis	- Arbeitnehmer, die in der gesetzlichen Rentenversicherung pflichtversichert sind. - Bezieher von Lohnersatzleistungen, z. B. Arbeitslosengeld I und II. - Beamte - nicht erwerbstätige Eltern in den Kindererziehungszeiten - Wehr- und Zivildienstleistende - Bezieher von Vorruhestandsgeld
Nicht geförderter Personenkreis	- Selbstständige, die nicht in der gesetzlichen Rentenversicherung pflichtversichert sind. - geringfügig Beschäftigte - Rentner und Pensionäre
Besonderheiten bei Eheleuten	Jeder Ehegatte kann unabhängig vom Partner einen eigenen Altersvorsorgevertrag mit dem Anspruch auf staatliche Förderung abschließen. Auch wenn nur ein Ehegatte zum förderfähigen Personenkreis gehört, erhält der eigentlich nicht förderberechtigte Ehegatte ebenfalls die staatliche Förderung, sofern er einen Altersvorsorgevertrag auf seinen Namen abschließt (abgeleiteter Zulagenanspruch).
Anlageformen	Private Altersvorsorge: Banksparplan, Investmentsparplan, Rentenversicherung Betriebliche Altersvorsorge Direktversicherungen, Pensionskassen, Pensionsfonds Beachte: Förderungsfähig sind nur Anlageformen, die im Alter durch lebenslange Zahlungen die gesetzliche Rente ergänzen.
Zertifizierung der geförderten Anlageformen durch BaFin	Merkmale: - Die Auszahlungen dürfen nicht vor dem 60. Lebensjahr beginnen, bei Verträgen ab 2012 nicht vor dem 62. Lebensjahr. Das Risiko Erwerbsunfähigkeit und die Hinterbliebenen können zusätzlich abgesichert werden.

	- Zu Beginn der Auszahlungsphase muss mindestens das eingezahlte Kapital zur Verfügung stehen (Kapitalgarantie). - Die Auszahlung erfolgt grundsätzlich als lebenslange Leibrente (Kapitalverrentung). Bis zu 30 % des bei Rentenbeginn zur Verfügung stehenden Kapitals kann sich der Anleger jedoch zu Beginn der Auszahlungsphase direkt auszahlen lassen. - Die Abschluss- und Vertriebskosten sind auf 5 Jahre zu verteilen. - Der Anleger hat das Recht, den Vertrag ruhen zu lassen, zu kündigen und zu wechseln sowie vorübergehend Mittel zum Wohnungsbau zu entnehmen. Der Anleger ist bei Vertragsabschluss zu informieren über: - die Anlage des Geldes, - die kalkulierte Rendite, - das mit der Anlage verbundene Risiko, - die Höhe und Verteilung der Abschluss- und Vertriebskosten, - die Kosten für die Verwaltung der Geldanlage sowie die Kosten beim Wechsel zu einem anderen Produkt. Der Anleger ist jährlich zu informieren über - die Beitragsverwendung, - die Kapitalverwendung, - die Kosten und Erträge und - ob der Anbieter ethische, soziale oder ökologische Belange bei der Geldanlage berücksichtigen will.
Beiträge und staatliche Förderung	Die Einzahlungen auf den Altersvorsorgevertrag (Gesamtbeitrag) setzen sich zusammen aus dem Eigenbeitrag des Anlegers und der staatlichen Altersvorsorgezulage, die aus einer Grundzulage und einer Kinderzulage besteht. Zum Erhalt der vollen staatlichen Förderung ist ein jährlicher Gesamtbeitrag (Eigenbeitrag) zu leisten. Bei einem niedrigeren Eigenbeitrag verringert sich die staatliche Förderung anteilig.
Gesamtbeitrag pro Jahr	4 % des sozialversicherungspflichtigen Vorjahreseinkommens max. aber 2.100,00 EUR
maximale jährliche Grundzulage	175,00 EUR
maximale jährliche Kinderzulage je Kind	185,00 EUR Kinder, die nach dem 01.01.2008 geboren sind, erhalten eine Kinderzulage von 300,00 EUR. Eine Kinderzulage gibt es für jedes Kind, für das Kindergeld gezahlt wird. Bei Eheleuten wird die Kinderzulage grundsätzlich der Mutter zugeordnet, auf Antrag beider Eltern dem Vater. Bei Alleinerziehenden steht die Kinderzulage dem Elternteil zu, in dessen Haushalt das Kind lebt.

	Wenn beide Eheleute zum geförderten Personenkreis gehören, ist der Mindestgesamtbeitrag für jeden Ehegatten getrennt zu ermitteln. Das Einkommen des Ehegatten ist dabei nicht zu berücksichtigen. Ein Ehegatte mit abgeleitetem Zulagenanspruch muss auf seinen Vertrag keine eigenen Mittel einzahlen. Der Mindesteigenbeitrag ist nur für den förderfähigen Ehegatten zu ermitteln. Dabei mindern die den beiden Eheleuten zustehenden Zulagen seine selbst aufzubringenden Eigenleistungen.
Sockelbetrag von 60,00 EUR	Der Gesamtbeitrag besteht aus der Summe von Eigenbeitrag des Anlegers und der staatlichen Förderung. Dies würde bei einem niedrigen Einkommen dazu führen, dass der Anleger selbst nur sehr niedrige oder gar keine eigenen Zahlungen leisten müsste. Deshalb verlangt der Staat vom Anleger zumindest die Zahlung eines Sockelbetrages von 60,00 EUR. Bei Eheleuten ist der Sockelbetrag getrennt festzustellen. Bei nicht berufstätigen Ehegatten mit abgeleitetem Zulagenanspruch entfällt der Sockelbetrag (Ausnahme: Erziehungsurlaub).
Übertragbarkeit von Ansprüchen aus dem Riester-Vertrag	Die Ansprüche aus einem Riester-Vertrag sind übertragbar und vererbbar.
Sonderausgabenabzug und Günstigerprüfung	Altersvorsorgeaufwendungen (Eigenbeitrag des Anlegers plus staatliche Zulagen) sind grundsätzlich bis zu einem bestimmten Höchstbetrag als Sonderausgaben bei der Einkommensteuer abzugsfähig. Die Gewährung einer Zulage schließt jedoch den Sonderausgabenabzug aus. Im Rahmen einer sog. Günstigerprüfung prüft das Finanzamt von Amts wegen, ob die Steuerersparnis höher als die Zulagen ist. Ggf. erstattet das Finanzamt die Differenz im Rahmen der Einkommensteuerveranlagung.
Zulagenantrag	Die staatlichen Zulagen sind beim Anbieter des Altersvorsorgesparplanes zu beantragen, der den Antrag an die Zulagenstelle für Altersvermögen (ZfA) weiterleitet. Diese überweist die Zulage auf das Anlagekonto des Anlegers. Bei einem Dauerzulagenantrag bevollmächtigt der Anleger den Anbieter zur jährlichen Antragstellung, sodass der Anleger selbst keinen Antrag stellen muss. Der Anleger ist jedoch verpflichtet, alle Änderungen, die sich auf die Höhe der Zulage auswirken können, z. B. Streichung des Kindergeldes, unverzüglich dem Anbieter mitzuteilen. Zur Feststellung des auf den Vertrag einzuzahlenden Gesamtbeitrages fragt die ZfA direkt beim Rentenversicherungsträger das sozialversicherungspflichtige Einkommen des Anlegers ab.
Zulagenschädliche Verwendung des angesparten Kapitals	Bei förderschädlichen Verfügungen sind alle Zulagen und Steuervorteile zurückzuzahlen. Zudem sind die die im Auszahlungsbetrag enthaltenen Erträge zu versteuern.

Aufgabe 4.6 (2,5 Punkte)

D

Bei förderschädlichen Verfügungen sind alle Zulagen und Steuervorteile zurückzuzahlen. Zudem sind die im Auszahlungsbetrag enthaltenen Erträge zu versteuern.

Gründe:

- außerplanmäßige Verfügungen vor oder nach Rentenbeginn (Ausnahme: Entnahme zur Finanzierung von Wohneigentum)
- Auszahlungen an Erben oder an die im Todesfall bezugsberechtigte Person
- Verlagerung des Wohnsitzes in ein Land außerhalb der EU und der Staaten des EWR-Abkommens (Liechtenstein, Island, Norwegen)

Aufgabe 4.7 (2,5 Punkte)

C

vgl. § 20 Bundesdatenschutzgesetz: Personenbezogene Daten sind zu berichtigen, wenn sie unrichtig sind.

2 Finanzierungsvorhaben begleiten

1. Fall: Immobilienerwerb, Bausparen (50 Punkte)

Aufgabe 1.1 (5 Punkte)

Grundbuchauszug: Feststellung der rechtlichen Verhältnisse des Grundstücks (Eigentümer, Vorlasten); wird voraussichtlich noch den alten Eigentümer ausweisen

Auszug aus der Flurkarte: Beschreibung der Lage und des Zuschnitts des Grundstücks

Bauzeichnung: Zeigt die Umrisse des Gebäudes und dient der Ermittlung des umbauten und der Marktgängigkeit des Objekts

Baubeschreibung: Gibt Auskunft über die Bauqualität

Kostenvoranschlag: Ermittlung der vom Architekten veranschlagten Baukosten

Aufgabe 1.2 (4 Punkte)

600 qm x 150,00 EUR (Bodenwert)	90.000,00 EUR
1100 cbm x 300 EUR (Bauwert)	330.000,00 EUR
Nebenkosten	23.000,00 EUR
Summe	**443.000,00 EUR**

Aufgabe 1.3 (4 Punkte)

Die Beleihung darf gemäß den Vorschriften des Hypothekenbankgesetzes 60 % des Sachwertes nicht übersteigen: 60 % von 420.000,00 EUR = 252.000,00 EUR

Die Nebenkosten in Höhe von 23.000,00 EUR gehören nicht in den Beleihungswert. Der Beleihungswert ist demnach 420.000,00 EUR. Die Summe aus Bau- und Bodenwert entsprechend der Lösung b).

Aufgabe 1.4 (4 Punkte)

26,19 %

110.000 : 420.000 x 100

Die Ermittlung des Eigenkapitalanteils kann auch durch das Verhältnis Eigenmittel : Gesamtkosten des Objekts ermittelt werden, also 110.000 x 100 : 443.000 = 24,83 %

Aufgabe 1.5 (6 Punkte)

Ablauf eines Immobiliarkredit-Beratungsgesprächs

Phase 1: Bereitstellung allgemeiner Produktinformationen durch jeden Mitarbeiter bzw. Primärbetreuer nach § 675 a Abs. 2 BGB

Phase 2: Beratungsgesprächsanbahnung entweder Online oder stationär durch den Primärbetreuer, vgl. § 511 BGB/Art. 247 § 18 e GBGB

Aushändigung vorvertraglicher Informationen, Beratungsvertrag

Aushändigung des standardisierten Informationsblatts zur Kreditwürdigkeitsprüfung, vgl. Art. 247 § 1 Abs. 1 Satz 2 EGBGB

Phase 3: Kundenkontakt und Beratungsgespräch mit dem Baufinanzierungsspezialisten

Darlehensvermittlung nach § 655 a BGB

Beratung und Dokumentation

Phase 4: Produktauswahl und Bonitätsanalyse durch den Baufinanzierungsspezialisten

Kreditwürdigkeitsprüfung nach § 505 a, b, d BGB - § 511 Abs. 3 BGB –

Schriftliche Produktempfehlung nach Art. 247 § 1 Abs. 2 EGBGB – und Bereitstellung ESIS – Formular (Europäisches Standardinformationsblatt)

Phase 5: Beleihungswertermittlung/Beschlussvorlage/Bewilligung/Verträge

Immobilienbewertung nach § 505 c BGB

Phase 6: Vertragslaufzeit vereinbaren;

Hinweis auf vorzeitige Rückzahlung und Vorfälligkeitsentschädigung bei vorzeitiger Rückzahlung nach § 493 Abs. 5 und § 500 Abs. 2 BGB – Art. 247 § 15 Abs. 2 EGBGB - Hinweis auf Änderungszinssatz bei Folgefinanzierung

Hinweis auf außerordentliche Kündigung § 498 BGB

Aufgabe 1.6 (9 Punkte)

443.000,00 EUR - 110.000,00 EUR Eigenmittel = **333.000,00 EUR Fremdmittel**

1 Punkt für die Berechnung des Fremdmittelbedarfs)

252.000,00 EUR zu 5,91 %	14.893,20 EUR
81.000,00 EUR zu 7,0 %	5.670,00 EUR
Summe	20.563,20 EUR
Belastung im Monat	**1.713,60 EUR**

(1 Punkt für jeden Belastungsbetrag = 4 Punkte)

Einnahme-/ Ausgabesituation	**vor Einzug**	**nach Einzug**
Nettoeinkommen	3.500,00 EUR	3.500,00 EUR
Monatliche Mieteinnahme	(erst nach Einzug wirksam)	330,00 EUR
Gesamteinkommen	3.500,00 EUR	3.830,00 EUR
- monatliche Belastung	1.713,60 EUR	1.713,60 EUR
- derzeitige Miete	750,00 EUR	
- Haushaltsausgaben	800,00 EUR	800,00 EUR
Noch verfügbares Einkommen	236,40 EUR	**1.316,40 EUR**

(1,5 Punkte für jede Einnahme/Ausgabesituation = 3 Punkte)

Die Summe von 1.316,40 EUR ist das monatlich noch frei verfügbare Einkommen. Die Miete von 750,00 EUR wird in Zukunft nach Einzug ins neue Haus entfallen und damit das frei verfügbare Einkommen des Ehepaares erhöhen. Sie befinden sich in gesicherten Arbeitsverhältnissen. Das Ehepaar kann die anfänglichen finanziellen Belastungen tragen.

(1 Punkt für die Entscheidung)

Aufgabe 1.7 (3 Punkte)

Mit dem dinglichen Zinssatz von 15 % p. a. verschafft sich die Nordbank AG für den Fall einer späteren Zinserhöhung einen entsprechenden Sicherungsrahmen.

Die Nordbank AG muss im Verwertungsfall die Grundschuld nicht erst kündigen, um aus ihr einen sofortigen Zahlungsanspruch ableiten zu können.

Mit der dinglichen Zwangsvollstreckungsklausel verschafft sich die Nordbank AG den zu einer Zwangsvollstreckung erforderlichen Titel. Die Nordbank AG kann im Verwertungsfall die sofortige Zwangsvollstreckung in den Grundbesitz betreiben.

(1 Punkte für jeden Aspekt, max. 3 Punkte)

Aufgabe 1.8 (5 Punkte)

A **2**

B **4** außergewöhnlicher Ertrag

C **1**

D **3**

E **5** der Kauf ist noch erlösneutral, erst die spätere Abschreibung ist erlöswirksam!

Aufgabe 1.9 (2,5 Punkte)

0,45% p. a.

Berechnung der zurechenbaren Betriebskosten in Prozent: p = Z * 100 / K / i = 900 * 100 / 100.000 / 2 Jahre = 0,45 % p. a.

Aufgabe 1.10 (2,5 Punkte)

2,25 %

Die Lösung nach der IHK-Formelsammlung Punkt 1.1

Ermittlung der Preisuntergrenze eines Aktiv-Produktes:	
Alternativzinssatz für Anlagen am GKM	2,50 %
+ Mindestkonditionenmarge, bestehend aus:	
direkt zurechenbare Betriebskosten in %	0,45 %
Risikokosten in %	0,65 %
Eigenkapitalkosten in %	0,90 %
= Preisuntergrenze Aktivprodukt in %	4,50 %

Die Gewinnmarge wird nach der IHK-Formelsammlung nicht mit in die Preisgrenze eingerechnet! (im Gegensatz zu manchen Büchern)

Aufgabe 1.11 (2,5 Punkte)

1.540 Tsd. EUR 950 Tsd. EUR Festgeldzinsen + 500 Tsd. EUR Mietwert + 90 Tsd. EUR Abschreibung

Aufgabe 1.12 (2,5 Punkte)

1.680 Tsd. EUR 100 Tsd. EUR Debitorenzinsen + 80 Tsd. EUR Provisionserträge + 1.500 Tsd. EUR Kreditzinsen

2. Fall: Firmenkredit (50 Punkte)

Aufgabe 2.1 (1 Punkt je Investitionsbetrag, max. 2 Punkte)

120.000 EUR (84.000 + 36.000)

Aufgabe 2.2 (4 Punkte)

84.000 x 45 %	37.800,00 EUR
36.000,00 x 60 %	21.600,00 EUR
Beleihungswert insgesamt	59.400,00 EUR
Auf 1.000 EUR abgerundet	**59.000,00 EUR**

(1 Punkt für jede Beleihungswertermittlung = 2 Punkte, je 1 Punkt für Summierung und Abrundung, max. 4 Punkte)

Aufgabe 2.3 (4 Punkte)

- Aufnahme neuer Gesellschafter in die GmbH, verbunden mit einer Erhöhung des Stammkapitals
- Erhöhung des Stammkapitals durch Zuführung eigener Mittel von Herrn Buschmann

(2 Punkte je Möglichkeit der Kapitalbeschaffung, max. 4 Punkte)

Aufgabe 2.4 (2 Punkte)

Die Beleihungssätze stehen im Zusammenhang mit der erwarteten Verwertbarkeit der Betriebsausstattung im Falle der Kreditstörung. Die Nordbank AG sieht in der Verwertungsmöglichkeit der Gabelstapler das geringere Risiko. Daher genügt ein geringerer Sicherungsabschlag. Gabelstapler sind in vielen Branchen einsetzbar und haben somit einen breiteren Markt als eine Druckmaschine.

Aufgabe 2.5 (6 Punkte)

Es wird das Tilgungsdarlehen mit einer Laufzeit von 4 Jahren empfohlen. Die Laufzeit entspricht der Nutzungsdauer der Druckmaschinen/Gabelstapler. Die durch die Tilgung jährlich kleiner werdende Kreditsumme entspricht in etwa der Abnutzung der Druckmaschinen/Gabelstapler. Das Festdarlehen kommt nicht in Frage, weil die Laufzeit weit über die Nutzungsdauer der Investitionsobjekte hinausgeht. Die Lumoprint GmbH müsste demnach den Kredit noch zu einer Zeit bedienen, wo die Investitionsobjekte bereits nicht mehr benutzt werden. Ein Kontokorrentkredit wird nur kurzfristig gewährt, er ist daher nicht für die Finanzierung der Investitionsobjekte geeignet, da hierfür Mittel benötigt werden, die langfristig zur Verfügung stehen. Außerdem wäre ein Kontokorrentkredit zu teuer.

Aufgabe 2.6 (3 Punkte)

Sicherungsübereignungen der Druckmaschinen und der Gabelstapler: Die Sicherungsübereignung bietet den Vorteil, dass die Lumoprint GmbH im Besitz der Investitionsobjekte bleibt und sie für den Produktionsprozess weiter nutzen kann. Die GmbH kann somit die für die Bedienung des Kredits notwendigen Mittel erwirtschaften.

(3 Punkte mit ausführlicher Erläuterung)

Aufgabe 2.7 (3 Punkte)

- Genaue Bestimmung der Sicherungsgüter
- Einigung über den Eigentumsübergang

- Errichtung eines Besitzkonstituts mittels eines Vertrages, der den Aufenthalt und die Nutzung der übereigneten Gegenstände bei der Lumoprint GmbH gestattet, z. B. Leihvertrag

(1 Punkt je Erklärung, max. 3 Punkt)

Aufgabe 2.8 (4 Punkte)

- Aufnahme von an den Druckmaschinen befindlichen Fabrikationsnummern in den Sicherungsvertrag
- Anfertigen einer Standortskizze
- Markierung der Druckmaschinen mit einem Aufkleber oder einer Plakette

(2 Punkte je Möglichkeit, max. 4 Punkte)

Aufgabe 2.9 (2 Punkte)

Eigentümer ist zu diesem Zeitpunkt der Lieferant der Gabelstapler. Er hat sie unter Eigentumsvorbehalt geliefert, der Vorbehalt besteht noch, da die Rechnung noch nicht bezahlt ist.

Aufgabe 2.10 (2 Punkte)

Eigentümer ist jetzt die Nordbank AG. Da der Nordbank AG im Sicherungsübereignungsvertrag von der Lumoprint GmbH ein Anwartschaftsrecht auf Eigentumserwerb an den Gabelstaplern eingeräumt wurde, geht das Eigentum mit Bezahlung der Rechnung der Gabelstapler auf die Nordbank AG und nicht auf die Lumoprint GmbH über.

Aufgabe 2.11 (3 Punkte)

Rechnungsbetrag 2 Gabelstapler	36.000,00 EUR
- 3 % Skonto	1.080,00 EUR
Neuer Rechnungsbetrag	34.920,00 EUR
Kreditkosten für 80 Tage zu 10 % auf 34.920,00 EUR (3.492 x 80 : 360)	776,00 EUR
Vorteil des Kredits	**304,00 EUR**

Aufgabe 2.12 (2,5 Punkte)

4,24 % Kundenzinssatz 7,99 % - Marktzinssatz 3,75 %

Aufgabe 2.13 (2,5 Punkte)

4,39 % 4,24 % Konditionenbeitrag Aktiva (siehe Aufgabe 2.12) + 0,15 % Konditionenbeitrag Passiva (Marktzinssatz 2,50 % - Kundenzinssatz 2,35 %)

Aufgabe 2.14 (2,5 Punkte)

2,00 % Marktzinssatz 3,75 % - Tagesgeld 1,75 %

Aufgabe 2.15 (2,5 Punkte)

1,25 % 2 % Strukturbeitrag Aktiva (siehe Aufgabe 2.14) + (-0,75) % Strukturbeitrag Passiva (Tagesgeld 1,75 % - Marktzinssatz 2,50 %) oder Marktzinssatz Aktiva 3,75 % - Marktzinssatz Passiva 2,50 %

Aufgabe 2.16 (5 Punkte)

A und **F**

Aussagen (B) und (D) sind falsch, da Aktiv- und Passivgeschäft bei der Marktzinsmethode getrennt voneinander betrachtet werden. Preisuntergrenzen gibt es im Aktivgeschäft (C). Der Konditionsbeitrag wird dem Sachbearbeiter als Erfolgsbeitrag zugerechnet (E).

3 Wirtschafts- und Sozialkunde

100 Punkte, gleichmäßig auf alle Aufgaben verteilt!

Aufgabe 1

D

Aufgabe 2

C und **F**

Aufgabe 3

A, vgl. § 438 Abs. 1 und § 476 BGB (Beweislastumkehr in den ersten 6 Monaten) und

F, vgl. § 439 Abs. 1 BGB (Wahlrecht bei Nacherfüllung durch den Verbraucher)

Zu E: Nach § 439 BGB hat der Käufer das Wahlrecht zwischen Neulieferung und Nachbesserung. Dieses Wahlrecht kann durch die AGB des Kaufhauses ausgeschlossen werden. Nachrangige Rechte des Käufers werden aber dadurch nicht berührt.

Aufgabe 4

A	B	C	D	E
4 § 107 BGB	**3** § 118 BGB	**1**	**4** § 107 BGB	**3** § 123 BGB

D: Rechtswirksam nach § 110 BGB ist der Vertrag nicht, da die Zustimmung der gesetzlichen Vertreter über die freien Mittel, die die Auszubildende von der Patentante bekommen hat, fehlt.

Aufgabe 5

A	B	C	D
2	**4**	**1**	**3**

Aufbau der Gerichtsbarkeit

Im modernen Staat ist die Rechtssprechung vielfältig gegliedert. In Aufbau und Zuständigkeit der Gerichte spiegeln sich der Umfang des modernen Rechts und das rechtsstaatliche Bedürfnis nach umfassendem Rechtsschutz wieder. In der BRD ist die rechtsprechende Gewalt in 5 selbstständige Gerichtszweige aufgegliedert. Neben der Ordentlichen Gerichtsbarkeit gibt es die Verwaltungs-, Sozial-, Finanz- und Arbeitsgerichtsbarkeit. Der Begriff der Ordentlichen Gerichtsbarkeit erklärt sich aus der geschichtlichen Entwicklung und bedeutet keine Hervorhebung gegenüber den anderen Gerichtszweigen. Sie ist der geschichtliche Stamm, aus dem sich die übrigen Zweige der Gerichtsbarkeit entwickelt haben. Im Folgenden soll ein knapper Überblick über die Gliederung der Rechtssprechungsorgane gegeben werden.

Strafgerichte und Zivilgerichte

Die Ordentliche Gerichtsbarkeit umfasst Strafgerichte und Zivilgerichte. Den Strafgerichten obliegt die Anwendung des Strafrechts. Sie führen Prozesse durch, denen die Staatsanwaltschaft eine Verletzung strafrechtlicher Normen vorwirft. Die Zivilgerichte sind für die Entscheidung bürgerlicher (ziviler) Rechtsstreitigkeiten zuständig, also immer dann, wenn sich der Streitgegenstand zwischen einzelnen Bürgern (Kläger und Beklagtem) auf Vorschriften des Privatrechts bezieht (z. B. bei Streitigkeiten um die Rechte und Pflichten aus einem Mietverhältnis oder einem Kaufvertrag). Aus der Zuständigkeit der Zivilgerichte herausgenommen ist jedoch das Arbeitsrecht als ein heute besonders wichtiges Sondergebiet des Privatrechts.

Verwaltungsgerichte

Die Verwaltungsgerichtsbarkeit ist ein Gerichtszweig, der zuständig für Streitigkeiten zwischen den Bürgern und der Staatsgewalt ist. Die Verwaltungsgerichtsbarkeit bietet den Bürgern Rechtsschutz, wenn er sich durch eine Maßnahme der öffentlichen Verwaltung in seinen Rechten verletzt glaubt. Der Vielgestaltigkeit des Verwaltungsrechts entsprechend sind die Zuständigkeiten der Verwaltungsgerichte breit aufgefächert. Verwaltungsgerichte entscheiden, wenn der Bürger bei Alltagskonflikten mit den Verwaltungsbehörden gerichtlichen Schutz begehrt (wenn z. B. die Ablehnung einer Baugenehmigung oder die Nichtversetzung eines Schülers angefochten werden). Die Verwaltungsgerichte haben zunehmend aber auch über wichtige Konflikte der politisch-gesellschaftlichen Entwicklung zu entscheiden, z. B. bei Streitigkeiten um die Genehmigung des Baus von Kernkraftwerken.

Finanzgerichte und Sondergerichte

Aus der allgemeinen Verwaltungsgerichtsbarkeit sind die Finanzgerichtsbarkeit und die Sozialgerichtsbarkeit ausgegliedert. Die Finanzgerichte sind bei Streitigkeiten um Verwaltungsakte der Finanzbehörden (Steuerbescheide) zuständig. Da das moderne Steuerrecht außerordentlich kompliziert ist, ist die Möglichkeit, ein Finanzgericht anzurufen, ein wichtiger Rechtsbehelf für den Bürger, der die rechtmäßige Anwendung bestimmter steuerrechtlicher Vorschriften durch das Finanzamt in seinem Fall bezweifelt. Sehr bedeutsam ist auch die Sozialgerichtsbarkeit, die bei Streitigkeiten in Angelegenheiten der Sozialversicherung (z. B. Kranken-, Renten- und Unfallversicherung) zu entscheiden hat.

Arbeitsgerichte

Die Errichtung einer besonderen Arbeitsgerichtsbarkeit entspricht der herausragenden Bedeutung des Arbeitslebens in der modernen Gesellschaft. In die Zuständigkeit der Arbeitsgerichte fallen Streitigkeiten zwischen Arbeitnehmern und Arbeitgebern, die sich auf Rechte und Pflichten aus dem einzelnen Arbeitsverhältnis beziehen (z. B. Konflikte um die Lohnzahlung oder die Rechtmäßigkeit von Kündigungen). Die Arbeitsgerichte sind auch zuständig für Rechtsstreitigkeiten zwischen den Tarifvertragsparteien, also zwischen Gewerkschaften und Arbeitgeberverbänden (z. B. bei Konflikten um die Rechtmäßigkeit eines Streiks) und bei Konflikten um die betriebliche Mitbestimmung.

Instanzen

Die verschiedenen Gerichtszweige sind also Einrichtungen der Rechtsprechung für die einzelnen Gebiete des Rechts. Innerhalb der einzelnen Gerichtszweige gibt es jeweils mehrere Instanzen, die einander über- bzw. untergeordnet sind. Die Instanzen der Ordentlichen Gerichtsbarkeit sind – von unten nach oben – die Amtsgerichte, die Landgerichte, die Oberlandesgerichte und der Bundesgerichtshof. Die übrigen Gerichtszweige sind dreistufig aufgebaut, mit Ausnahme der Finanzgerichtsbarkeit, die nur zwei Instanzen hat. Besondere Verfahrensordnungen für die einzelnen Gerichtszweige regeln im Einzelnen, welche Instanz zuständig ist, wenn eine bestimmte Rechtsangelegenheit vor Gericht gebracht werden soll. Diese Regelungen richten sich nach der Art und Bedeutung der betreffenden Angelegenheit und sind im Einzelnen sehr kompliziert. Die Instanzen der einzelnen Gerichtszweige unterscheiden sich auch hinsichtlich der personellen Zusammensetzung der Gerichte (Zahl der Richter, Mitwirkung von Laienrichtern).

Das Verfahrensrecht ist deshalb so kompliziert, weil es auf die Besonderheiten der jeweils anhängigen Rechtsstreitigkeit abstellen muss. Es ist sehr wichtig, weil es der Rechtssicherheit dient und Willkür ausschließt. Die Verfahrensgesetze regeln die Einleitung des Gerichtsverfahrens, den Ablauf des Prozesses und die Beweiserhebung, das Zustandekommen des Urteils und die Voraussetzungen für die Anrufung eines übergeordneten Gerichts (einer übergeordneten Instanz) nach ergangenem Urteil.

Der letztgenannte Punkt ist für die Rechtsprechung im Rechtsstaat besonders wichtig. Die an einem Prozess Beteiligten haben grundsätzlich die Möglichkeit, ein gerichtliches Urteil anzufechten, um es durch ein Gericht der höheren Instanz nachprüfen zu lassen. Der Fall wird dann von einer bzw. zwei weiteren Instanzen überprüft.

Aufgabe 6

A	B	C	D	E
3	**3**	**1**	**4**	**2**

zu B: Zunächst prüft die Deutsche Rentenversicherung Bund die Kostenübernahme für die Nachbehandlung. Hier kommt es darauf an, ob der Versicherte erwerbstätig oder bereits im Ruhestand ist. Ferner muss die Dauer der Erwerbstätigkeit geprüft werden, ob ggf. Wartezeiten bereits erfüllt wurden. Übernimmt die Deutsche Rentenversicherung Bund die Kosten nicht, dann tritt die gesetzliche Krankenversicherung an die Stelle der Deutsche Rentenversicherung Bund und übernimmt die Nachbehandlung. Bei Bankauszubildenden kann davon ausgegangen werden, dass noch keine Wartezeiten erfüllt wurden, sodass die gesetzliche Krankenversicherung die Kostenübernahme vornimmt.

Aufgabe 7

E, vgl. § 87 Abs. 1 Ziffer 2 Betriebsverfassungsgesetz (Mitbestimmung bei der Festlegung des Beginns und des Endes der täglichen Arbeitszeit einschl. der Pausen sowie der Verteilung der Arbeitszeit auf die einzelnen Wochentage) und

F, vgl. §§ 94, 95 und 102 Betriebsverfassungsgesetz

Zu A: Da sich bei der Änderung der Geschäftszeiten die Arbeitszeit der Mitarbeiter nicht ändert, hat der Betriebsrat bei dieser Änderung kein Mitbestimmungsrecht nach § 87 Betriebsverfassungsgesetz.

Aufgabe 8

1	2	3	4	5
D	**B**	**C**	**E**	**A**

Vgl. §§ 60 ff. Betriebsverfassungsgesetz

§ 80 Betriebsverfassungsgesetz: (Allgemeine Aufgaben)

(1) Der Betriebsrat hat folgende allgemeine Aufgaben:

1. darüber zu wachen, dass die zugunsten der Arbeitnehmer geltenden Gesetze, Verordnungen, Unfallverhütungsvorschriften, Tarifverträge und Betriebsvereinbarungen durchgeführt werden;
2. Maßnahmen, die dem Betrieb und der Belegschaft dienen, beim Arbeitgeber zu beantragen; ...
3. Anregungen von Arbeitnehmern und der Jugend- und Auszubildendenvertretung entgegenzunehmen und ... durch Verhandlungen mit dem Arbeitgeber auf eine Erledigung hinzuwirken; ...
4. die Eingliederung Schwerbehinderter ... zu fördern;
5. die Wahl einer Jugend- und Auszubildendenvertretung vorzubereiten und durchzuführen ...; er kann von der Jugend- und Auszubildendenvertretung Vorschläge und Stellungnahmen anfordern;

Aufgabe 9

B

Auszug aus dem Gesetz zum Schutze der arbeitenden Jugend (JArbSchG)

§ 10 (Prüfungen und außerbetriebliche Ausbildungsmaßnahmen)

(1) Der Arbeitgeber hat den Jugendlichen

1. für die Teilnahme an Prüfungen und Ausbildungsmaßnahmen, die auf Grund öffentlich-rechtlicher oder vertraglicher Bestimmungen außerhalb der Ausbildungsstätte durchzuführen sind,
2. an dem Arbeitstag, der der schriftlichen Abschlussprüfung unmittelbar vorangeht, freizustellen.

(...)

§ 11 (Ruhepausen, Aufenthaltsräume)

(1) Jugendlichen müssen im Voraus feststehende Ruhepausen von angemessener Dauer gewährt werden. Die Ruhepausen müssen mindestens betragen

1. 30 Minuten bei einer Arbeitszeit von mehr als viereinhalb bis zu 6 Stunden,
2. 60 Minuten bei einer Arbeitszeit von mehr als 6 Stunden.

Als Ruhepause gilt nur eine Arbeitsunterbrechung von mindestens 15 Minuten.

(2) Die Ruhepausen müssen in angemessener zeitlicher Lage gewährt werden, frühestens eine Stunde nach Beginn und spätestens eine Stunde vor Ende der Arbeitszeit. Länger als viereinhalb Stunden hintereinander dürfen Jugendliche nicht ohne Ruhepause beschäftigt werden.

(...)

§ 13 (Tägliche Freizeit)

Nach Beendigung der täglichen Arbeitszeit dürfen Jugendliche nicht vor Ablauf einer ununterbrochenen Freizeit von mindestens 12 Stunden beschäftigt werden. (...)

§ 15 (5-Tage-Woche)

Jugendliche dürfen nur an 5 Tagen in der Woche beschäftigt werden. Die beiden wöchentlichen Ruhetage sollen nach Möglichkeit aufeinander folgen. (...)

Aufgabe 10

C und **F**

Zu den Einkünften aus nichtselbstständiger Arbeit gehören:

- Gehälter,
- Löhne,
- Gratifikationen,
- Tantiemen, aber auch andere Bezüge und Vorteile, die ein Arbeitnehmer im Rahmen seines Beschäftigungsverhältnisses erhält. Hierzu gehören insbesondere Sachbezüge, wie Mahlzeiten oder Waren. Auch das Urlaubsgeld, das Weihnachtsgeld sowie die vermögenswirksamen Leistungen zählen zu den Einkünften aus unselbstständiger Arbeit und sind lohnsteuerpflichtig.

Eine nichtselbstständige Arbeit liegt vor, wenn der Steuerpflichtige in einem Beschäftigungsverhältnis (Arbeitsvertrag) steht und gegenüber seinem Arbeitgeber weisungsgebunden ist. Mit seinen Einkünften aus nichtselbstständiger Arbeit unterliegt der Arbeitnehmer der Lohnsteuer. Diese Steuer wird bereits vom Arbeitgeber einbehalten und direkt an das Finanzamt abgeführt. Erst im Rahmen der jährlichen Einkommensteuerklärung kann der Arbeitnehmer die bereits gezahlte Lohnsteuer zum Teil zurückerhalten, wenn er zum Beispiel Werbungskosten, Sonderausgaben sowie außergewöhnliche Belastungen nachweist oder er im Rahmen anderer Einkunftsarten Verluste erzielt hat.

Aufgabe 11

D und **F**

Bestimmte Ausgaben können bei der Einkommensteuer als Sonderausgaben vom Gesamtbetrag der Einkünfte abgezogen werden, wenn sie weder Betriebsausgaben noch Werbungskosten sind. Sonderausgaben sind entweder unbeschränkt (z. B. gezahlte Kirchensteuer) oder im Rahmen von gestaffelten Höchstbeträgen beschränkt (Vorsorgeaufwendungen = Versicherungsbeiträge mit Vorsorgecharakter) oder bis zu einem festen Höchstbetrag (z. B. Aufwendungen für die eigene Berufsausbildung, Aufwendungen für die zusätzliche Altersvorsorge) abziehbar.

Werden keine höheren unbeschränkt abziehbaren Sonderausgaben nachgewiesen, so wird für diese ein Pauschbetrag von 36,00 Euro/72,00 Euro (Alleinstehende / Verheiratete) abgezogen (Sonderausgaben-Pauschbetrag).

Bei den Vorsorgeaufwendungen wird unterschieden zwischen Beiträgen zugunsten einer Basisversorgung im Alter und den sonstigen Vorsorgeaufwendungen.

Beiträge zugunsten einer Basisversorgung im Alter sind z. B. Beiträge zu den gesetzlichen Rentenversicherungen.

Für die Sozialversicherungsbeiträge (Kranken-, Pflege- und Arbeitslosenversicherung) und andere Vorsorgeaufwendungen (z. B. private Haftpflicht- und Risikoversicherungen) gibt es einen separaten Höchstbetrag.

Unterhaltszahlungen an den geschiedenen oder dauernd getrennt lebenden Ehegatten können vom Arbeitgeber bis zur Höhe von 13.805,00 Euro jährlich zuzüglich der übernommenen Beiträge zur Kranken- und Pflegeversicherung als Sonderausgaben abgezogen werden. Der **Abzug als außergewöhnliche Belastung** ist dagegen einfacher, da man hier keine Zustimmung des Ex-Partners braucht. Dafür kann man pro Jahr bis zu 9.408 Euro absetzen.

Auch Ausgaben zur Förderung mildtätiger, kirchlicher, religiöser, wissenschaftlicher und gemeinnütziger Zwecke sowie Zuwendungen an politische Parteien können als Sonderausgaben berücksichtigt werden. Als gemeinnützige Zwecke anerkannt sind neben vielen anderen Zwecken z. B. die Förderung des Sports, der Erziehung, des Naturschutzes oder der Entwicklungshilfe.

Abziehbar sind Zuwendungen grundsätzlich bis zur Höhe von 20 Prozent des Gesamtbetrags der Einkünfte des Zuwendenden.

Zu A, B und E: Ausgaben zählen zu den Werbungskosten, Werbungskosten-Pauschbetrag 1.230,00 EUR.

Zu C: Sofern der Anzug keine von der Bank gestellte Berufskleidung ist, sind die Reinigungskosten nicht als Werbungskosten absetzbar.

Werbungskosten sind alle Aufwendungen zur Erwerbung, Sicherung und Erhaltung der Einnahmen, z. B. Aufwendungen eines Arbeitnehmers, die durch seinen Beruf veranlasst sind. Grundsätzlich müssen im Rahmen der Überschusseinkünfte die Werbungskosten einzeln nachgewiesen oder zumindest glaubhaft gemacht werden. Damit nicht wegen geringfügiger Beträge ein Nachweis geführt werden muss, regelt der § 9a EStG zur Vereinfachung des Besteuerungsverfahrens Werbungskosten-Pauschbeträge, zurzeit 1.230,00 EUR, die ohne jeglichen Kostennachweis berücksichtigt werden.

Aufgabe 12

E

Für die Durchführung des Lohnsteuerabzugs werden unbeschränkt einkommensteuerpflichtige Arbeitnehmer Lohnsteuerklassen zugewiesen. Ehepartner können zwischen einzelnen Lohnsteuerklassen wählen. Im Einzelnen gilt Folgendes:

Lohnsteuerklasse I: In die Steuerklasse I gehören Arbeitnehmer, die ledig, verheiratet, verwitwet oder geschieden sind und bei denen die Voraussetzungen für die Steuerklasse III oder IV nicht erfüllt sind.

Lohnsteuerklasse II: Hierzu gehören die Arbeitnehmer, die ledig, verheiratet, verwitwet oder geschieden sind, wenn bei ihnen der Haushaltsfreibetrag zu berücksichtigen ist.

Lohnsteuerklasse III: In diese Steuerklasse gehören Arbeitnehmer:

1. die verheiratet sind, wenn beide Ehegatten unbeschränkt einkommensteuerpflichtig sind und nicht dauernd getrennt leben und der Ehegatte des Arbeitnehmers keinen Arbeitslohn bezieht oder der Ehegatte des Arbeitnehmers auf Antrag beider Ehegatten in die Steuerklasse V eingereiht wird,

2. die verwitwet sind, wenn sie und ihr verstorbener Ehegatte im Zeitpunkt seines Todes unbeschränkt einkommensteuerpflichtig waren und in diesem Zeitpunkt nicht dauernd getrennt gelebt haben, für das Kalenderjahr. Dies gilt für das Kalenderjahr, in dem der Ehegatte verstorben ist.

Lohnsteuerklasse IV: In die Steuerklasse IV gehören Arbeitnehmer, die verheiratet sind, wenn beide Ehegatten unbeschränkt einkommensteuerpflichtig sind und nicht dauernd getrennt leben und der Ehegatte ebenfalls Arbeitslohn bezieht.

Lohnsteuerklasse V: Diese ist einzutragen, wenn beide Ehepartner berufstätig sind und einer von beiden die Steuerklasse III gewählt hat.

Lohnsteuerklasse VI: Diese gilt bei Arbeitnehmern, die nebeneinander von mehreren Arbeitgebern Arbeitslohn beziehen.

Bis zum 30.11. eines Jahres können Ehegatten bei der Gemeinde einen Steuerklassenwechsel vornehmen lassen.

Aufgabe 13

A	B	C	D	E
2	**2**	**1**	**3**	**5**

Wirkungen der Eintragungen ins Handelsregister:

Deklaratorisch: Die Eintragung bekundet einen bestehenden Rechtszustand, z. B. Erteilung und Widerruf der Prokura.

Konstitutiv: Die Eintragung erzeugt einen neuen Rechtszustand, z. B. Erlangung der Rechtsfähigkeit bei einer GmbH.

Aufgabe 14

A	B	C	D	E	F
2	**2**	**3**	**2**	**1**	**1**

Umfang der Handlungsbefugnis eines Prokuristen: Die Prokura ermächtigt zu allen Arten von gerichtlichen und außergerichtlichen Geschäften und Rechtshandlungen, die der Betrieb eines Handelsgewerbes mit sich bringt. Zur Veräußerung und Belastung von Grundstücken ist der Prokurist nur ermächtigt, wenn ihm diese Befugnis besonders erteilt ist (§ 49 HGB).

Umfang der Befugnis einer Handlungsvollmacht: Die Handlungsvollmacht erstreckt sich auf alle Geschäfte und Rechtshandlungen, die der Betrieb eines derartigen Handelsgewerbes oder die Vornahme derartiger Geschäfte gewöhnlich mit sich bringt. (§ 54 HGB).

Umfang der Befugnis eines Komplementärs: Zur Vertretung der Gesellschaft ist jeder voll haftender Gesellschafter (Komplementär) ermächtigt (§ 125 HGB). Die Vertretungsmacht der Komplementäre erstreckt sich auf alle gerichtlichen und außergerichtlichen Geschäfte und

Rechtshandlungen einschließlich der Veräußerung und Belastung von Grundstücken sowie der Erteilung und des Widerrufs einer Prokura (§ 126 HGB) und der Unterzeichnung des Jahresabschlusses.

Aufgabe 15

D

Eine Fusion ist im weiteren Sinne ein Zusammenschluss von mindestens zwei rechtlich unabhängigen, selbstständigen Unternehmen zu einer wirtschaftlichen und rechtlichen Einheit, wobei im Zuge dieses Verschmelzungsvorganges zumindest eine Unternehmung ihre rechtliche Selbstständigkeit verliert. Die Fusion im engeren Sinne bezieht sich auf die Verschmelzung nach Aktienrecht und setzt bestimmte Rechtsformen der an der Verschmelzung beteiligten Unternehmungen sowie eine liquidationslose Übertragung des Vermögens im Wege der Gesamtrechtsnachfolge voraus. Das Aktienrecht regelt zwei Formen der Fusion, zum einen die Verschmelzung durch Aufnahme (§ 339 Abs. 1 Ziff. 1 AktG). Diese Fusionsart sieht die Übertragung des Vermögens der Gesellschaft als Ganzes auf eine bereits bestehende Gesellschaft vor. Die andere Form der Fusion ist die Verschmelzung durch Neubildung (§ 339 Abs. 1 Ziff. 2 AktG). Sie regelt die Bildung einer neuen Gesellschaft, auf welche das Vermögen jeder der sich vereinigenden Gesellschaften als Ganzes übergeht.

Aufgabe 16

A	B	C	D	E	F
2	**1**	**4**	**2**	**2**	**3**

Preiselastizität: Bei nicht so dringlich benötigten Gütern, z. B. MP3-Player, reagieren die Verbraucher preisempfindlicher als bei Gütern des täglichen Bedarfs, z. B. Brot. Bei einer hohen Preiselastizität führen daher bereits kleine Preisänderungen zu einer großen Veränderung der nachgefragten Menge. Ist die Nachfrage nach einem Gut unabhängig von seinem Preis, z. B. der Preis eines Porsche, spricht man von einer preisunelastischen Nachfrage.

Aufgabe 17

B Die Produktpolitik befasst sich mit einer Auswahl der am Markt anzubietenden Bankleistungen. Die Produktpolitik umfasst die Aufgabenbereiche Produktinnovation, Produktdifferenzierung, Produktvariation, Produktgestaltung und Produkteliminierung.

Aufgabe 18

A	B	C	D	E	F
2	**4**	**1**	**2**	**2**	**3**

B: Linksverschiebung der Angebotskurve, daher Bewegung auf der Nachfragekurve nach links

F: Rechtsverschiebung der Angebotskurve, daher Bewegung auf der Nachfragekurve nach rechts

Aufgabe 19

4.050,00 EUR (4.500 - 10 % von 4.500 = 4.500 - 450)

Aufgabe 20

10 (100 : 10)

Der Geldschöpfungsmultiplikator ist der reziproke Liquiditätsreservesatz.

Aufgabe 21

40.500,00 EUR (4.050,00 x 10)

Aufgabe 22

A	B	C	D	E	F
2	**3**	**1**	**2**	**3**	**2**

Angebotsorientierte Wirtschaftspolitik: Sie bedeutet, dass der Staat die Antriebskräfte der Wirtschaft stärken und die Anreize zu investieren, zu Innovationen, zur Anpassung an neue Umweltbedingungen verbessern möchte. Dabei geht man davon aus, dass die Beschäftigungslage und die Höhe des Volkseinkommens durch die Rentabilität der Produktion bestimmt werden. Beispiele für Maßnahmen: Privatisierung öffentlicher Unternehmen, Senkung der Lohnnebenkosten usw.

Nachfrageorientierte Wirtschaftspolitik: Sie bedeutet, dass der Staat in den Wirtschaftsprozess eingreift, um Arbeitsplätze zu schaffen, Investitionen zu fördern und die Preise zu stabilisieren. Zum Beispiel wird in der Hochkonjunktur wird durch eine Steuererhöhung eine Verringerung der gesamtwirtschaftlichen Nachfrage angestrebt.

Aufgabe 23

Die Leistungsbilanz besteht aus den Positionen
1.Warenhandel,
2.Dienstleistungen,
3.Primäreinkommen (Erwerbs- und Vermögenseinkommen),
4.Sekundäreinkommen (regelmäßige Zahlungen).

Dienstleistungen - Saldo	- 3,4
Sekundäreinkommen - Saldo	- 2,4
Warenhandel – Saldo	+ 10,1
Summe in Mrd. EUR	**+ 4,3**

Aufgabe 24

A	B	C	D
1	**2**	**2**	**3**

Die Position Warenhandel umfasst alle Warenausfuhren (FOB) und alle Wareneinfuhren (FOB). Übersteigen die Exporte die Importe, wird von einer aktiven Handelsbilanz gesprochen. Die Handelsbilanz ist passiv, wenn die Importe größer sind. Der Dienstleistungssektor ist im Außenhandel sehr wichtig. Er umfasst Dienstleistungsein- und -ausfuhren, z. B. Finanzdienstleistungen, Transportdienstleistungen, Reiseverkehrsdienstleistungen.

Die Position Sekundäreinkommen umfasst Leistungen, denen keine unmittelbaren Gegenleistungen gegenüberstehen, z. B. Zuwendungen an Entwicklungsländer, Beiträge zum Haushalt der UNO sowie Überweisungen der Gastarbeiter.

Aufgabe 25

2,58 % Wachstumsrate des BIP ((2025 – 1974) : 1974 x 100)

Aufgabe 26

1.701,39 EUR = (1,75 Mio. EUR x 35 x 1) : (100 x 360)

Aufgabe 27

A

Ein Exportüberschuss gegenüber den USA führt tendenziell zu einer Verschlechterung des US-Dollar-Wechselkurses gegenüber dem Euro.

Der Außenwert einer Währung (auch: Geldwertstabilität, neben dem inneren Wert) gibt an, wie viele Einheiten ausländischer Währung(en) auf dem Devisenmarkt für eine Einheit des inländischen Geldes gezahlt werden (Mengennotierung). Der bilaterale Außenwert ist demnach der Kehrwert des – in Preisnotierung ermittelten – Wechselkurses, z. B. des Preises für einen Dollar in Euro.

Kolibri 360 GmbH
Ferdinand-Jühlke-Straße 7
99095 Erfurt, Deutschland
produktsicherheit@kolibri360.de